新时代新理念职业教育教材·电动汽车系列

电动汽车充电技术及系统

（修订本）

主　编　姜久春
副主编　牛利勇　陈洛忠　张维戈

北京交通大学出版社
·北京·

内容简介

由于电动汽车在缓解社会对石油等化石能源的过分依赖，减轻和避免交通工具对环境所造成的污染及促进人类社会的可持续发展等方面有着重要的作用和积极的意义，因此，目前世界上许多国家都对电动汽车的研发和生产予以越来越多的重视和投入，与电动汽车相关的各种技术和产业也获得了飞速的发展。本书在介绍电动汽车的种类、性能、结构和工作原理的基础上，重点论述了作为电动汽车应用领域中重要部分的电动汽车充电机和充电站的相关技术，包括电动汽车充电机和充电站的工作原理、系统组成部分、主要技术特性、电气参数和运行维护等内容，并从实用的角度出发，详细介绍了电动汽车充电机和充电站的主要电路、控制策略、相关参数的计算方法及典型设计实例等。

本书可作为大专院校相关专业的学生教学用书，也可供从事电动汽车相关领域研究与设计的工程技术人员及对电动汽车技术感兴趣的人士阅读和参考。

图书在版编目（CIP）数据

电动汽车充电技术及系统/姜久春主编．— 北京：北京交通大学出版社，2017.2（2025.1 重印）

ISBN 978-7-5121-3119-4

Ⅰ. ① 电… Ⅱ. ① 姜… Ⅲ. ① 电动汽车-充电-基本知识 Ⅳ. ① U469.72

中国版本图书馆 CIP 数据核字（2016）第 302931 号

电动汽车充电技术及系统

DIANDONG QICHE CHONGDIAN JISHU JI XITONG

责任编辑：陈跃琴

出版发行：北京交通大学出版社　　电话：010-51686414　　http：//www.bjtup.com.cn

地　　址：北京市海淀区高梁桥斜街 44 号　　邮编：100044

印 刷 者：北京鑫海金澳胶印有限公司

经　　销：全国新华书店

开　　本：185 mm×260 mm　　印张：12.5　　字数：306 千字

版 印 次：2024 年 1 月第 1 版第 2 次修订　　2025 年 1 月第 6 次印刷

定　　价：38.00 元

本书如有质量问题，请向北京交通大学出版社质监组反映。对您的意见和批评，我们表示欢迎和感谢。

投诉电话：010-51686043，51686008；传真：010-62225406；E-mail：press@bjtu.edu.cn。

电动汽车系列教材
编　委　会

前言

当前，全球正面临着严重的能源危机与环境污染的压力。一方面随着社会经济的发展和人们生活水平的提高，能源消耗日益增多，造成能源供应紧张和价格的不断上涨。另一方面，随着以化石类燃料作为动力的各类汽车等交通工具的大量使用，这些交通工具所排放的二氧化碳等污染物又会对环境带来严重的污染与破坏。

为了应对能源供应压力的上升和环境污染加剧，各种新能源技术正得到越来越多的重视和研究，其中大力发展包括电动汽车在内的新能源汽车已经在全球范围内获得共识，各国纷纷制定了各自的新能源汽车发展战略，力图在缓解能源消费压力、改善环境质量的同时，占领汽车技术革命的前沿。我国更是将大力发展新能源汽车列入未来七大战略性新兴产业之中，作为我国减少对石油资源的依赖和降低二氧化碳等温室气体排放的重要举措之一。中央和地方各级政府对电动汽车及相关产业的发展予以高度的重视，并不断推出各种鼓励和扶持政策，为新能源汽车的快速发展营造良好的环境。近年来，在国家有关部门的组织和推动下，我国在新能源汽车的政策法规、技术攻关、技术标准、产业布局等方面都取得了明显进展。虽然各国在新能源汽车的发展中还面临着一些共同的难题，例如技术的标准化问题、电池应用技术、产品成本、充电基础设施的建设，以及消费者的观念和消费习惯的转变等，但可以确信的是，新能源汽车一定会得到日新月异的快速发展。

从长远来看，纯电动汽车将是新能源汽车的主要技术发展方向，这类汽车正在日益获得人们的青睐。电动汽车的正常行驶和推广应用离不开便捷、可靠的电能补给和保障体系，各种充电设施通过对电网电能进行变换和控制来为电动汽车的动力电池充电，从而使车辆获得行驶所需的能量。因此，作为电动汽车产业的重要组成部分，电动汽车充电机和充电站的技术性能和位置分布都对保证电动汽车的正常使用和推广发展至关重要。详细研究和重点发展电动汽车充电机和充电站的相关技术和系统非常必要。

正是基于以上考虑，本书力求全面、系统地涵盖电动汽车充电机和充电站涉及的各个技术领域，通过深入浅出的原理分析和详尽细致的实例介绍，尽可能反映电动汽车充电技术的最新发展和实际应用情况，为读者提供有益的参考。

全书共分8章，第1章主要介绍了电动汽车的基本概念，电动汽车充电系统与充电技术的基本原理及发展现状等内容；第2章论述了电动汽车充电机的分类，各类充电机的工作原理及试验与测试技术等内容；第3章论述了电动汽车充电桩的相关内容，包括充电桩的基本形式、技术要求、工作原理、充电接口及试验与测试方法等；第4章论述了电动汽车充电站的结构运行的相关内容，包括所服务的对象与特点、电能补给方式与要求、充电站的结构组成与建设方案等；第5章论述了电动汽车充电站供配电系统的设计，包括供配电系统的要求、供配电线缆的连接方式、充电站对电网的谐波污染问题、谐波的工程算法及其治理方法等内容；第6章论述了电动汽车充电站监控系统的相关技术与设计方法，包括充电站监控网络的发展现状与工作原理、监控网络的结构与组成、关键技术和综合系统设计等内容；第7章论述了电动汽车充电机和充电站的安全防护技术，包括电击防护要求、间接接触防护措施、充电机安全要求、动力蓄电池的安全性要求、充电站建筑与使用中的安全要求及人员操作的安全防护要求等内容；第8章介绍了电动汽车充电系统的设计实例，包括一种典型的纯电动公交车充电系统的分析与设计和某变电所电力工程车充电站的设计实例。

本书由北京交通大学电气工程学院姜久春任主编，牛利勇、陈洛忠和张维戈任副主编。其中第1、3、6章主要由牛利勇执笔，第2、4、5、7章由陈洛忠执笔、第8章由张维戈执笔。

在此感谢北京交通大学电气工程学院沈茂盛老师的支持，并由衷地感谢北京交通大学出版社贾慧娟老师为本书所做的努力和帮助。由于编者能力有限，书中难免出现一些谬误，敬请读者指正。

编　者

2016年12月

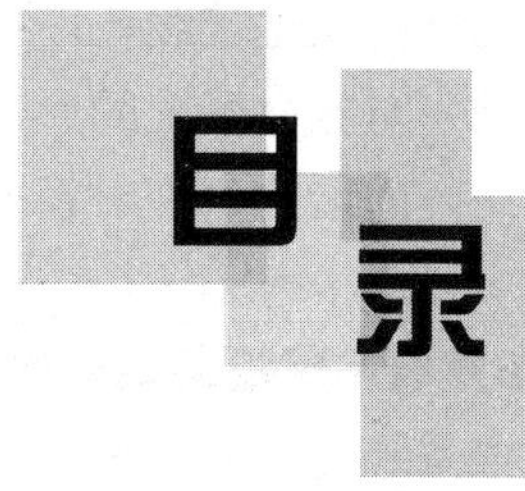

目录

第1章

概述

1.1 电动汽车概述

1.1.1 电动汽车的类型

电动汽车（electric vehicle）是指以车载电源为主要或辅助动力源，由电机单独或与其他类型的动力装置共同驱动车轮行驶、符合道路交通安全法规各项要求的汽车，一般采用高效率充电电池或燃料电池作为动力源。按照车辆的驱动原理和技术现状，电动汽车一般可分为纯电动汽车（battery electric vehicle，BEV）、混合动力电动汽车（hybrid electric vehicle，HEV）、插电式混合动力电动汽车（plug in hybrid clectric vchiclc，PHEV）和燃料电池电动汽车（fuel cell electric vehicle，FCEV）4 种类型。

1. 纯电动汽车

纯电动汽车是指以动力电池作为储能动力源并向驱动电机提供电能，从而驱动车辆行驶的一种新能源汽车。与燃油汽车相比，纯电动汽车具有以下优点：

① 可以实现真正意义上的零排放和零污染，车辆运行安静、平稳，噪声小；

② 车辆的驱动装置结构简单，便于使用和维修；

③ 能量转换效率高，并且可以回收车辆制动和下坡时的能量，提高能量的利用效率；

④ 可在夜间利用电网的廉价峰谷时段进行充电，能够有效调节电网负荷，起到平抑电网峰谷差的作用。

2. 混合动力汽车

1）混合动力汽车的定义

混合动力汽车是指由 2 种或 2 种以上不同类型的能量源及与之对应的驱动系统为车辆提供动力，各驱动系统可以单独或联合工作的车辆。为了对混合动力汽车做进一步的阐述，参考国际能源组织（International Energy Agency，IEA）的有关文献，对混合动力车辆的详细定义如下：

① 传送到车轮推进车辆运动的动力至少来自两种不同的能量转换装置（如内燃机、燃气涡轮发动机、斯特林发动机、电动机、液压马达、燃料电池发动机等）；

② 这些能量转换装置至少要从两种不同的能量储存装置（如燃油箱、蓄电池、飞轮、超级电容、高压储氢罐等）中吸取能量；

③ 从储能装置流向能量转换装置及车轮的能量传递通道，至少有一条是可逆的（既可以放出能量，也可以吸收能量），并至少还有一条是不可逆的；

④ 如果车辆包含可逆的能量传递通道，并且该通道与储能装置之间传递的是电能时，则这种类型的车辆称为混合动力电动车辆。

2）混合动力汽车的分类

混合动力汽车根据驱动原理的不同主要可以分为串联式混合动力电动汽车、并联式混合动力电动汽车和混联式混合动力电动汽车几种形式。

（1）串联式混合动力电动汽车。串联式混合动力电动汽车的驱动力仅由电动机提供，其驱动系统的特点为发动机带动发电机发电，电能通过电机控制器输送给电动机，由电动机带动变速箱驱动车辆行驶。另外，动力电池也可以单独向电动机提供电能驱动汽车行驶。

（2）并联式混合动力电动汽车。并联式混合动力电动汽车的驱动力由电动机和发动机同时或单独提供，并联式驱动系统的特点为既可以单独使用发动机或电动机作为动力源，也可以同时使用发动机和电动机共同驱动车辆行驶。当使用电动机驱动时，由电池组给电动机提供能量，电动机带动变速箱驱动车辆行驶；当使用内燃机驱动时，其工作原理与普通汽车相同。

（3）混联式混合动力电动汽车。混联式混合动力电动汽车是一种同时具有串联式和并联式驱动方式的混合动力电动汽车。其驱动系统既可以在串联混合动力模式下工作，也可以在并联混合动力模式下工作，兼顾了串联式和并联式混合动力的特点。车辆的内燃机驱动系统和电机驱动系统各有一套变速机构，两者通过行星齿轮结合并综合调节彼此间的转速关系。

根据电池电能补给方式的不同，混合动力汽车又可以分为非插电式混合动力电动汽车和插电式混合动力电动汽车两种。

（1）非插电式混合动力电动汽车。非插电式混合动力电动汽车即传统的混合动力汽车，其充电主要依靠两种方式，分别为发动机带动发电机产生电能为电池充电和通过回收制动时的能量为电池充电。

（2）插电式混合动力电动汽车。插电式混合动力电动汽车是在传统的混合动力汽车的基础上派生而来的一种可外接充电的新型混合动力电动汽车，并兼有传统混合动力电动汽车和纯电动汽车的基本功能特征。插电式混合动力电动汽车与传统混合动力电动汽车的区别主要体现在以下几个方面：

① 插电式混合动力汽车可以直接由外接电源充电，而传统的混合动力汽车大多通过发动机发电和制动能量的回收等途径为电池补给电能；

② 插电式混合动力汽车的电池容量较大，可以靠电池行驶较远的距离，在日常使用中可以进一步降低尾气污染和噪声污染，而普通混合动力汽车的电池容量较小，仅在车辆启动和加速时供应能量，在车辆减速、制动时回收能量；

③ 在插电式混合动力汽车中，电力驱动所占的比例更高，由电动机承担主要的动力输

出，而发动机仅作为辅助动力，在电池电量消耗完之后才投入使用，其功率也小于传统的混合动力电动汽车，因此插电式混合动力电动汽车对于发动机的依赖少于传统的混合动力汽车。

插电式混合动力汽车的驱动系统也可以分为串联式混合动力驱动系统、并联式混合动力驱动系统和混联式混合动力驱动系统三种类型，其结构特点与传统混合动力电动汽车相似。

插电式混合动力电动汽车在仅依靠电池作为动力源时就能够行驶较长距离，并且在需要时仍然可以像通常的内燃机动力汽车一样工作。

3. 燃料电池电动汽车

燃料电池电动汽车是一种用车载燃料电池装置产生的电力作为动力的汽车。燃料电池是一种不经过燃烧而是直接以电化学反应的方式将燃料的化学能转变为电能的高效发电装置，以氢氧燃料电池为例，在催化剂的作用下，作为燃料的氢与空气中的氧在电解质中发生电化学反应，从而产生出电能驱动电动机带动车轮行驶。甲醇、天然气和汽油也可以作为燃料电池的燃料源，但是会产生极少量的二氧化碳和氮氧化物。但总的来说，燃料电池汽车在运行过程中对环境造成的影响是微乎其微的。因此，燃料电池汽车可以被称为一种非常环保的车型。

1.1.2　电动汽车的发展简史

电动汽车在诞生和发展的初期曾有着辉煌的历史。早在 19 世纪后半叶的 1873 年，英国人罗伯特·戴维森（Robert Davidsson）就制作出了世界上最初的实用型电动汽车，比德国人戈特利布·戴姆勒（Gottlieb Daimler）和卡尔·本茨（Karl Benz）发明的汽油发动机汽车还早了 10 年以上。1899 年法国人考门·吉纳驾驶一辆以双电机为动力，总功率 44 kW 的后轮驱动电动汽车创造出了时速 106 km 的纪录。在 19 世纪末 20 世纪初，电动汽车迎来了发展中的高峰期。在 1900 年美国制造的汽车中，电动汽车达到了 15 755 辆，占据了绝大部分的比重，蒸汽机汽车则为 1 684 辆，而汽油机汽车只有 936 辆。

进入 20 世纪以后，随着内燃机技术的不断进步，特别 1908 年美国福特汽车公司的 T 型车问世标志着以流水线生产方式大规模批量制造汽车成为可能，因而汽油机汽车开始得到普及并迎来飞跃式的发展。在市场竞争中，由于蒸汽机汽车与电动汽车存在技术、性能及经济性等方面的不足，因而导致蒸汽机汽车被岁月无情地淘汰，电动汽车的制造与生产也逐渐萎靡。

进入 20 世纪 60 年代后，内燃机汽车的大批量应用带来的空气污染和环境问题开始凸显并日渐严重，并且由于内燃机汽车对石油资源的过度依赖，还导致了一系列的政治问题和国家安全问题。70 年代初的世界石油危机对美国乃至全球的经济产生了重大的冲击和影响，而电动汽车由于其良好的环保性能和能够摆脱对石油资源的依赖，开始重新得到社会各界的关注和重视。

进入 21 世纪以来，以能源安全、环境保护和可持续发展为主要目的，电动汽车的研发得到了世界各国的空前投入和支持，并以前所未有的规模在美国、日本、欧洲和中国等国家全面展开，并持续向产业化、实用化的方向发展。

自诞生之后的一个多世纪的时期里，电动汽车的发展经历了曲折起伏的几个阶段，而其中起到重要影响作用的因素则是动力电池技术和人们对环境、能源的关注程度。由于电动汽车具有显著的优点，决定了它必将成为新能源汽车技术发展的一个重要方向和21世纪的重要交通工具。

1.1.3 电动汽车的种类和运行特点

1. 电动汽车的种类

根据城市电动汽车的目标市场定位，按照电动汽车的发展趋势，电动汽车将逐步在城市交通的各个领域中得到应用，按用途的不同可分为以下4类：

① 特定区域用车：如博览会园区、公园景区和奥运会场馆核心区等特殊园区用车；

② 集团车队用车：如市政工程车、政府机关公务车、企业商务车和出租车等；

③ 公用事业用车：如公交车、环卫车和邮政车等；

④ 私人乘用车辆。

2. 电动汽车的运行特点

由于不同用途的电动车辆在行驶线路、行驶里程及行驶时间上不尽相同，因此需要对各类不同用途的电动车辆的运行特点进行分析，以便能够更好地对车辆、电池系统及充电配套基础设施进行设计和优化，促进电动汽车的推广和发展。

1）特殊园区用车

特殊园区用车的服务目标明确，车辆的使用相对集中和频繁，一般在园区内部建有集中停车场，夜间停运。

2）工程车

如市政工程抢险车、建筑材料运输车等，车辆主要用于市政建设或抢险维修，所属单位或企业内设有停车场，车辆为特定区域提供服务，要求随时待命、随时出动。

3）政府公务车、企业商务车

满足公务、商务出行需要，所属单位或企业内设有停车场，一般夜间停运。

4）公交车

用来满足公共交通的需要，由城市公交公司或企业投资运营，配备专职司机负责驾驶并由专业人员维护，行驶路线固定，一般在首末站建有大型停车场，夜间停运。

5）城市环卫、邮政车辆

满足城市环境卫生及邮件运送的需求，如街道清扫车、垃圾清运车、道路清障车、冲洗车、洒水车及邮政车等，一般在所属单位或企业内建有停车场，有停运时段。

6）出租车

运行线路和区域具有不确定性，具有很大的随机性。

7）私家车

满足个人出行需要，车辆停放在家庭车库或小区停车场，夜间基本停运。

公交车、环卫车和邮政车等公用事业用车通常具有相似的运行特点，即在行驶线路、行驶里程及行驶时间等方面相对固定；私人乘用车辆一般用于上下班的通勤，行驶线路和行驶里程等也较为固定；博览会园区和公园景区等特殊园区的服务用车、观光车行驶在一定的小范围区域内，也相对有规律可循；公务车、商务车等车辆一般按照预先的安排使用，因此车辆的行驶路线和行驶里程一般能够预估；而工程车、出租车等车辆由于其服务范围和服务对象的不确定性，导致这类车辆的行驶路线和行驶里程等是不固定的，变化较大。

1.2　电动汽车的充电技术

纯电动汽车和插电式混合动力电动汽车需要为车载储能装置补充电力，也就是通常所说的充电。根据我国国家标准 GB/T 19596—2004《电动汽车术语》中的定义，电动汽车的充电是指以受控的方式将电能传输到电动汽车的蓄电池或其他车载储能装置中的过程，这一过程主要通过充电装置来完成。

电动汽车的充电过程需要应用到多个领域的技术和装置，如输入电能的供给方式、输入—输出之间的电能变换方式、电能的传输方式及充电装置与电动汽车的连接方式等。为了规范电动汽车的充电技术，实现充电装置与电动汽车之间的互连互通，中国、美国、日本等国的政府及国际电工委员会等国际组织制定了一系列的技术标准，国际上电动汽车充电领域的主要相关标准体系如表 1-1 所示。

表 1-1　国际上电动汽车充电领域的主要相关标准体系

标准化组织	标准号	标　准　名　称
国际电工委员会(International Electrical Commission，IEC)	IEC 61851-1/EN 61851-1	电动车辆传导式充电系统　第 1 部分：通用要求
	IEC 61851-21/EN 61851-21	电动车辆传导式充电系统　第 21 部分：交流/直流接口要求
	IEC 61851-22/EN 61851-22	电动车辆传导式充电系统　第 22 部分：电动车辆交流充电站
	IEC 61851-23/EN 61851-23	电动车辆传导式充电系统　第 23 部分：电动车辆直流充电站
	IEC 61851-24：2014	电动车辆传导式充电系统　第 24 部分：直流充电站和采用直流充电的电动汽车间的数字通信
	IEC 62196-1/EN 62196-1：2014	电动车辆传导充电用插头、插座、车辆连接器和车辆插孔　第 1 部分：通用要求
	IEC 62196-2：2011	电动车辆传导充电用插头、插座、车辆连接器和车辆插孔　第 2 部分：交流充电接口和附属连接线路的尺寸互换性要求
	IEC 62196-3：2014	电动车辆传导充电用插头、插座、车辆连接器和车辆插孔　第 3 部分：直流充电接口和附属连接线路的尺寸互换性要求
美国汽车工程师协会(Society of Automotive Engineers，SAE)	SAE J 2953-1：2013	插入式电动汽车和电动汽车供电设备的互操作性
	SAE J 2953-2：2014	混合动力电动汽车和电动汽车供电设备的互操作规程
	SAE J 1772：2012	SAE 电动车辆和插电式混合动力电动车辆传导式充电接口
	SAE J 2836-1：2010	插电式车辆与输电网间通信的应用案例
	SAE J 2836-2：2011	插电式车辆与非车载充电机之间的通信应用案例

续表

标准化组织	标准号	标 准 名 称
美国汽车工程师协会（Society of Automotive Engineers，SAE）	SAE J 2836-3：2013	纯电动汽车在作为分布式能量源时的通信
	SAE J 2836-6：2013	插电式电动汽车在无线充电中的通信的应用案例
	SAE J 2847-1：2013	使用了智能能源协议 2.0 的插电式电动车辆在智能充电中的通信
	SAE J 2847-2：2012	插电式车辆与非车载直流充电机间的通信
	SAE J 2847-3：2013	插电式车辆作为分布式能量源时的通信
	SAE J 2931-1：2014	插电式电动车辆的数字通信
	SAE J 2931-4：2014	插电式车辆的 PLC 宽带通信
美国保险商试验室（Underwriters' Laboratories，UL）	UL 2202：2009	电动车辆充电系统设备
	UL 2251：2007	电动车辆用插头、插座和电缆连接器
日本电动汽车辆协会（Japan Electric Vehicle Association，JEVA）	JEVS G104：1994	电动汽车　在经济充电站快速充电系统使用的通信协议
	JEVS G105：1993	电动汽车　在经济充电站快速充电系统使用的连接器
	JEVS G106：2000	电动汽车感应式充电系统：通用要求
	JEVS G107：2000	电动汽车感应式充电系统：手动连接器
	JEVS G108：2001	电动汽车感应式充电系统：软件接口
	JEVS G109：2001	电动汽车感应式充电系统：通用要求
国际标准化组织（International Organization for Standardization，ISO）	ISO 15118-1：2013	道路车辆　电动车辆与充电电网的通信接口　第 1 部分：基本信息和应用定义
	ISO 15118-2：2012	道路车辆　电动车辆与充电电网的通信接口　第 2 部分：网络和应用协议要求
	ISO 15118-3：2015	道路车辆　电动车辆与充电电网的通信接口　第 3 部分：物理层和数据链路层要求
全国汽车标准化技术委员会（SAC/TC 114）	GB/T 18487.1—2001	电动车辆传导充电系统　第 1 部分：一般要求
	GB/T 18487.2—2001	电动车辆传导充电系统　第 2 部分：电动车辆与交流/直流电源的连接要求
	GB/T 18487.3—2001	电动车辆传导充电系统　第 3 部分：电动车辆交流/直流充电机（站）
	GB/T 20234.1—2011	电动汽车传导充电用连接装置　第 1 部分：通用要求
	GB/T 20234.2—2011	电动汽车传导充电用连接装置　第 2 部分：交流充电接口
	GB/T 20234.3—2011	电动汽车传导充电用连接装置　第 3 部分：直流充电接口
	QC/T 841—2010	电动汽车传导式充电接口
	QC/T 842—2010	电动汽车电池管理系统与非车载充电机之间的通信协议
	QC/T 895—2011	电动汽车用传导式车载充电机
	QC/T 897—2011	电动汽车用电池管理系统技术条件

续表

标准化组织	标准号	标　准　名　称
能源行业电动汽车充电设施标准化技术委员会	GB/T 27930—2011	电动汽车非车载传导式充电机与电池管理系统之间的通信协议
	NB/T 33001—2010	电动汽车非车载传导式充电机技术条件
	NB/T 33002—2010	电动汽车交流充电桩技术条件
	NB/T 33003—2010	电动汽车非车载充电机监控单元与电池管理系统通信协议
	NB/T 33004—2013	电动汽车充换电设施工程施工和竣工验收规范
	NB/T 33005—2013	电动汽车充电站及电池更换站监控系统技术规范
	NB/T 33006—2013	电动汽车电池箱更换设备通用技术要求
	NB/T 33007—2013	电动汽车充电站/电池更换站监控系统与充换电设备通信协议
	NB/T 33008. 1—2013	电动汽车充电设备检验试验规范　第 1 部分：非车载充电机
	NB/T 33008. 2—2013	电动汽车充电设备检验试验规范　第 2 部分：交流充电桩
	NB/T 33009—2013	电动汽车充换电设施建设技术导则
中国电力企业联合会	GB/T 28569—2012	电动汽车交流充电桩　电能计量
	GB/T 29316—2012	电动汽车充换电设施　电能质量技术要求
	GB/T 29317—2012	电动汽车充换电设施　术语
	GB/T 29318—2012	电动汽车非车载充电机　电能计量
	GB/T 29772—2013	电动汽车电池更换站通用技术要求
	GB/T 29781—2013	电动汽车充电站通用要求
	GB 50966—2014	电动汽车充电站设计规范
	GB/T 51077—2015	电动汽车电池更换站设计规范
全国低压电器标准化技术委员会（SAC/TC 189）	GB 29303—2012	用于Ⅰ类和电池供电车辆的可开闭保护接地移动式剩余电流装置（SPE-PRCD）

1. 2. 1　输入电能的供给方式

电动汽车在充电时，输入的电能既可以来源于交流电源，也可以来源于直流电源。

1. 交流供电

交流电源与交流电网连接。我国标准规定的电动汽车充电用交流电源电压的额定值最大可为 660 V，交流标称电压为单相 250 V、三相 415 V，允许偏差为标称电压的±10%，频率的额定值为 50 Hz±1 Hz。交流标称电流可以为 16 A、32 A、60 A、100 A、150 A 或 250 A。

将电动汽车和交流电网相连时，可以采用下述 3 种方式中的一种或多种。

（1）连接方式 A：将电动车辆和交流电网相连时，使用和电动车辆连在一起的供电电缆和插头，如图 1－1（a）所示。

（2）连接方式 B：将电动车辆和交流电源连接时，使用带有电动车辆连接器和电源连接器的独立活动电缆，如图 1－1（b）所示。

（3）连接方式 C：将电动车辆和交流电源连接时，使用和交流电网连在一起的供电电缆和连接器，如图 1－1（c）所示。

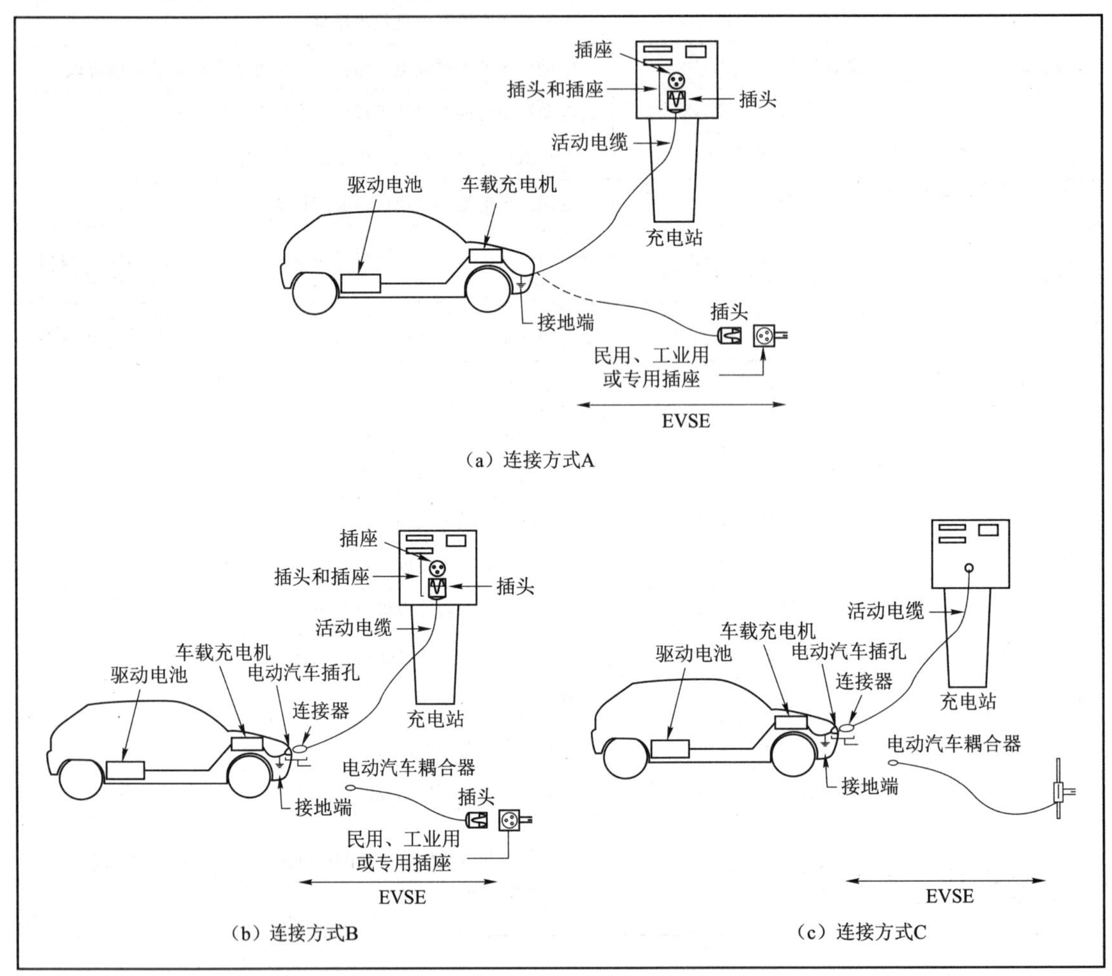

图 1－1　电动汽车的充电连接方式

2. 直流供电

如果电动汽车采用直流充电，直流电源通常是在对交流电源进行整流后得到，但由于单独设置的整流装置或直流电源并不仅限于为电动汽车提供输入电能等原因，所以在充电过程中将该整流环节、排除在外，而认为电动汽车充电的输入电源是直流电源。如某充电站利用城市无轨电车的供电网作为输入电源，则对该充电站内的充电装置而言，输入电源即为直流电源。

我国标准规定用于电动汽车充电的直流电源的电压最高为 1 000 V。

1.2.2　电能变换方式

输入电能一般均需要通过电能变换装置在受控的方式下将交流电能或直流电能变换成蓄电池或其他车载储能装置可接受的直流电能，这样的电能变换装置称为充电机（或充电器）。充电机根据安装位置的不同，可以分为非车载充电机（安装在电动汽车车体外）和车载充电机（固定安装在电动汽车上）两种类型。

当输入电源为交流电源时，充电机的基本工作流程主要包括输入整流环节、功率因数校正（power factor correction，PFC）环节、DC/DC 功率变换环节及输出滤波环节，具体流程如图 1－2 所示。

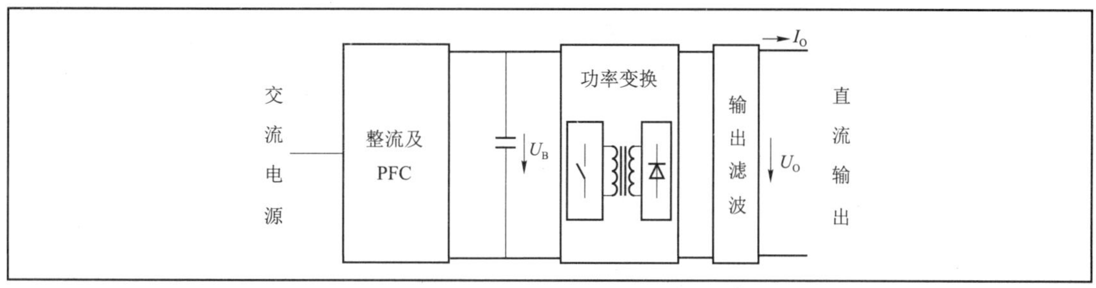

图 1－2　充电机的基本结构

输入整流及功率因数校正环节对单相或三相交流电进行整流并完成功率因数的校正，再经过滤波后形成稳定的直流母线电压，从而提供给后级的 DC/DC 功率变换环节。完整的输入整流环节需要应用到包括快速熔断器、预充电电阻和继电器、单相或三相整流桥、PFC 电路、滤波电感、直流母线支撑电容和滤波电容等元件。一种最简单的二极管整流方式如图 1－3 所示。

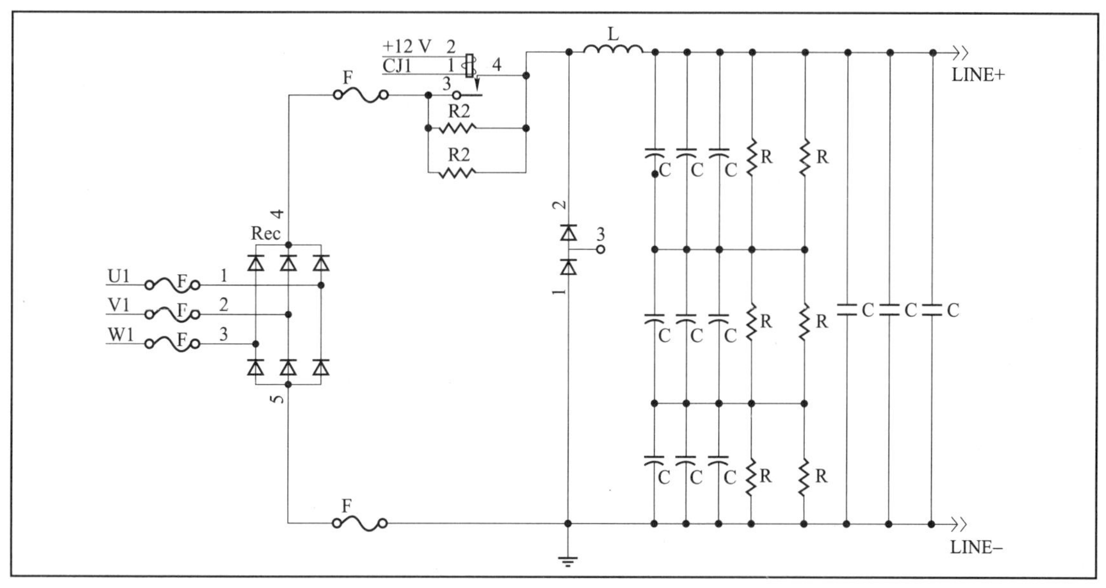

图 1－3　整流环节的基本结构

DC/DC 变换环节通常采用隔离型变换方式，主要元件包括主功率开关管（IGBT）、高频变压器、输出整流桥、输出滤波电感和电容、输出防逆流二极管、快速熔断器及开关器件缓冲电路等。DC/DC 变换环节的基本结构如图 1－4 所示。

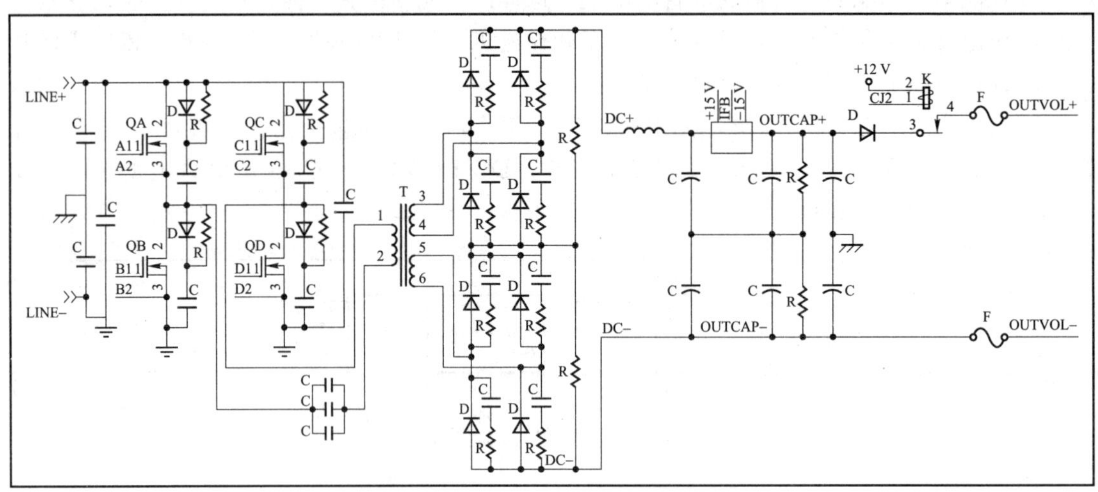

图 1－4　DC/DC 变换环节的基本结构

当输入电源为直流电时，充电机的基本组成一般只包括 DC/DC 变换环节。

在电能变换的过程中，常用的控制技术是脉宽调制（PWM）技术。功率电路中的功率器件在控制系统的控制下完成对输入电能的变换，从而在输出侧提供恒定的电流或电压输出，满足蓄电池系统的充电要求。

1.2.3　电能的传输方式

根据充电装置与车辆接收装置连接方式的不同，电动汽车的整车充电方式可以分为传导式充电和非接触式充电两种。

1. 传导式充电

在将电能传输到电动汽车的蓄电池或其他车载储能装置的过程中，如果电能的传输经由连接电缆实现，则称为传导式充电。

2. 非接触式充电

与传导式充电相对的是非接触式充电，也称为感应式充电或无线充电。在非接触式充电中，充电装置与车辆接收装置之间无须直接接触即可实现电能的补给，一种典型的非接触式充电方案如图 1－5 所示。非接触式充电主要采用无线电能传输（wireless power supply，WPS）技术，利用电磁场或电磁波进行能量传递。与传导式充电相比，无线电能传输技术具有很多优点，主要包括：

① 由于系统完全绝缘，可以避免高压触电的危险；

② 全密封的设计可以避免短路和漏电的危险；

③ 有利于接口的标准化，也便于实现自动化和无人操作；

④ 无机械磨损和相应的维护问题，可适应多种恶劣环境和天气。

无线电能传输目前主要包括电磁感应式、电磁谐振式和微波式3种方式。

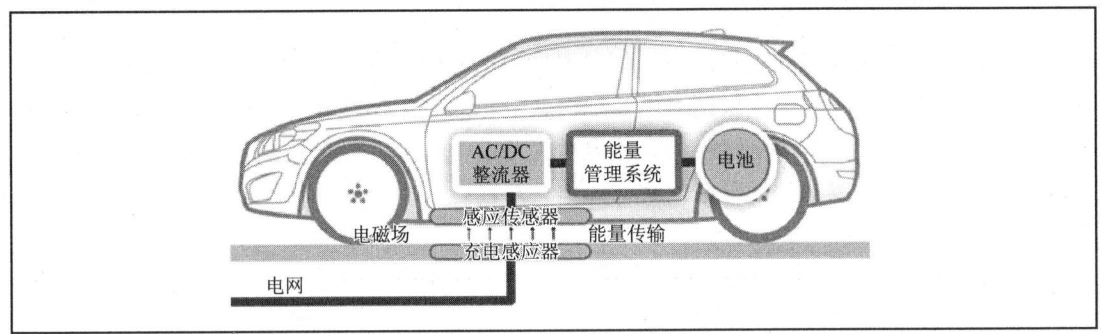

图1-5　一种典型的非接触式充电方案

1.3　电动汽车的充电系统

将各种供电电源形式、电能变换方式、电能传输方式及其他相关技术进行合理的选择和整合，就可以构成一个完整的电动汽车充电系统。

电动汽车的充电系统可以分为家庭充电（home charge，HC）系统、泊车充电（park-and-charge，PAC）系统、行驶充电（move-and-charge，MAC）系统等多个种类。

1.3.1　家庭充电系统

家庭充电系统适用于装备有车载充电机的纯电动汽车，可以在夜间利用家中普通单相交流电对动力蓄电池进行慢速充电，该系统如图1-6所示。根据蓄电池容量和放电深度的不同，充电时间一般需要6～8 h。由于车载充电机的重量一般要求限制在5 kg以下，因此结构紧凑的轻便型车载充电机对于家庭充电系统来说是至关重要的，这种需求也促进了具有高功率密度和高效率的单相AC/DC变换器的研究。此外，由于夜间的电力需求较低，处于波谷阶段，使用家庭充电系统对电动汽车进行充电有利于电网的峰谷调节控制。

图1-6　家庭充电系统

1.3.2 泊车充电系统

当纯电动汽车在停车场中停放时，可以根据停车时间的长短通过固定在地面或壁挂式的非车载充电机进行常规充电或快速充电。地面充电机通常采用三相交流电作为输入电源，并通过计算机控制将三相交流电转换为直流电后为蓄电池充电。充电过程控制及充电均衡控制都通过计算机实现，以避免蓄电池出现过充电，从而延长蓄电池的使用寿命。泊车充电系统如图 1-7 所示。

图 1-7 泊车充电系统

1.3.3 行驶充电系统

对纯电动汽车的蓄电池进行充电的最理想情况是在行驶过程中完成充电，行驶充电(MAC) 系统的概念正是基于以上构想而提出的。MAC 系统可以嵌入在某些特定区域的路面上，如高速公路的充电区等，该系统如图 1-8 所示。该系统既可以采用传导式充电，也可以采用感应式充电。对于传导式 MAC 系统，纯电动汽车的车体底部需要安装接触受电弓，通过与路面上的供电元件接触接受大电流充电；对于感应式 MAC 系统，其原理与感应式充电机类似，纯电动汽车在驶过充电区域时，就可以完成一次充电过程。

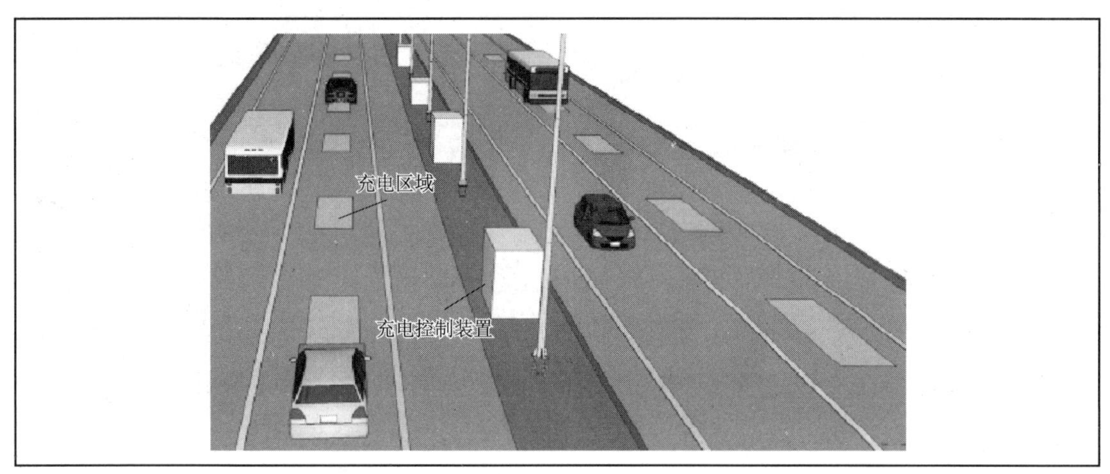

图1-8 行驶充电系统

1.4 电动汽车的换电技术

在电池更换方式中，由于电池在充电时与车体分离，因而在充电时段的选择上相对自由，既可以利用电网低谷时段给蓄电池充电，同时又能在很短的时间内完成电动汽车的电能补给，整个电池更换过程可以在10 min内完成，与现有燃油汽车的加油时间大致相当。根据车辆类型的不同，电池更换技术可以分为乘用车电池更换和商用车电池更换两种。

1. 乘用车的电池更换

根据电池箱在车辆中的布置位置，乘用车的电池更换方式可分为底盘更换和后备箱更换两种，分别如图1-9（a）和图1-9（b）所示。在底盘更换方式中，电池箱安装在车辆底盘上，与乘员舱隔离，车辆整体重量分布均匀，可更好地满足车辆运行的技术性能指标、车辆行驶的安全性和舒适性要求。但底盘更换方式对电池箱的标准化程度要求较高，同时整车的技术难度较大。在后备箱更换方式中，电池箱安放在车辆的后备箱中，相比于底盘更换方式，后备箱更换方式更容易实现，整车不需要进行太大的改造。但后备箱更换方式也存在一定的缺点，由于电池组占用了后备箱的空间，因而牺牲了车辆后备箱的储藏功能；同时由于该方式中的电池箱与乘员舱没有隔离，因而安全性不如底盘更换方式。此外，由于电池箱具有一定的重量，电池箱安放在后备箱中会导致整车重心后移，车辆运行的技术性能也有所下降。

2. 商用车的电池更换

商用车辆的电池箱一般位于车辆两侧，通常需要使用更换设备从车辆两侧对电池组进行

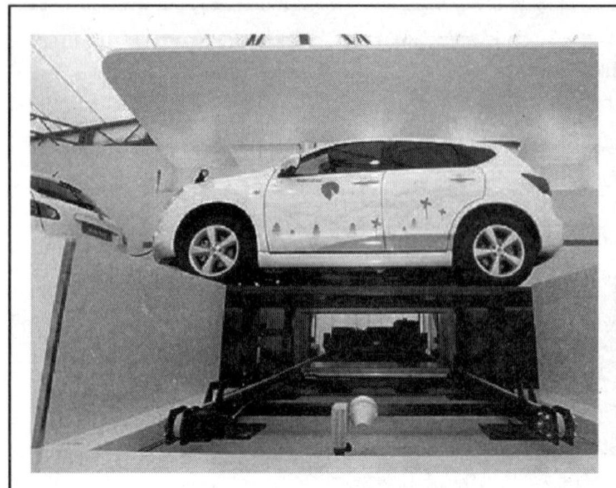

（a）底盘更换

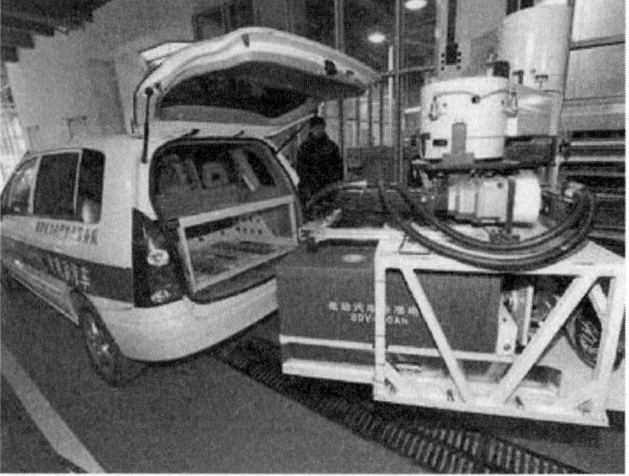

（b）后备箱更换

图 1－9　乘用车换电系统

更换。由于商用车所携带的电池箱数量较多，每辆车通常需要携带 8～12 箱的电池，电池箱的质量也较大，因此商用车的电池更换一般采用自动化更换设备来实现。为了提高商用车电池的更换效率，缩短电池的更换时间，可以采用不同模式的商用车电池更换方法。根据更换操作程序的不同，商用车辆的电池更换又可以进一步分为一步式方案和两步式方案。在一步式更换模式中，更换设备首先将电池从电池架上取下后并旋转 180°，然后安装在车上，两个动作由同一套装置完成；而在两步式更换模式中，电池取放设备和更换设备分离，整个电池的更换动作分两步完成。商用车辆的换电系统如图 1－10 所示。

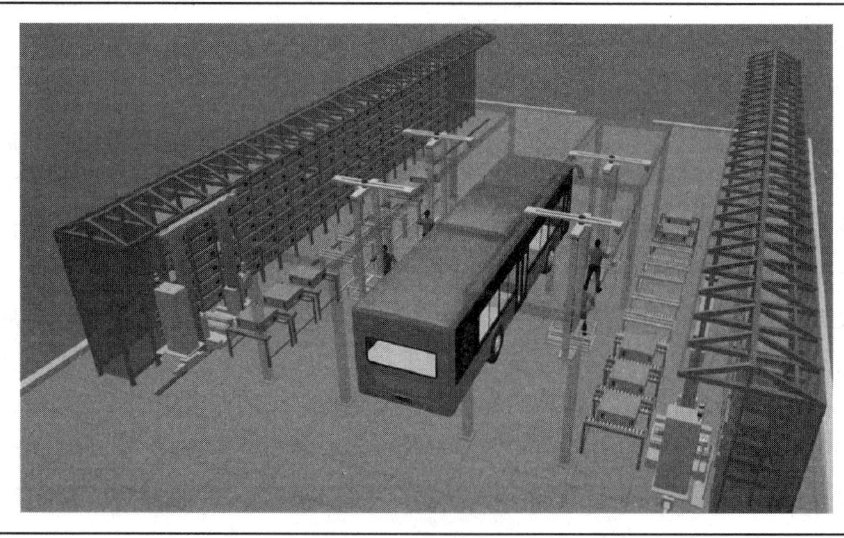

图 1－10　商用车换电系统

1.5 电动汽车充（换）电站

基于上述充电技术、换电技术、充电系统结构及不同的服务对象和服务需求，并结合其他的支撑性技术和系统，就可以构成一个完整的电动汽车充（换）电站，为电动汽车提供充（换）电服务。

充（换）电站的结构按功能可划分为若干个子系统模块，如充电站供电系统、能源调度与管理系统、整车充电系统、更换式充电系统、充电监控系统、电池维护与检测系统及车辆运营管理系统等，电动汽车充（换）电站的构成如图1－11所示。

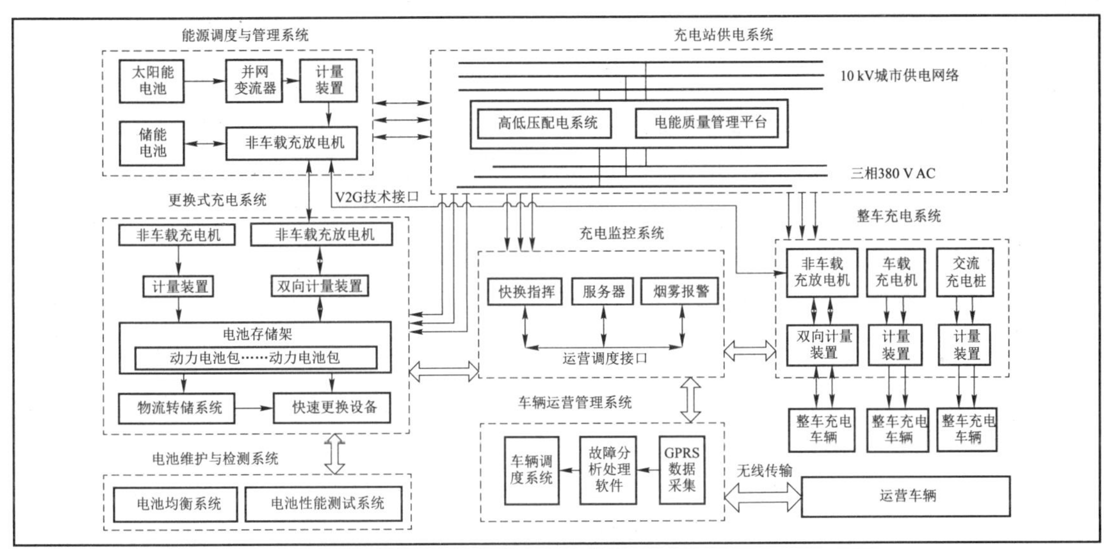

图1－11 电动汽车充（换）电站的构成

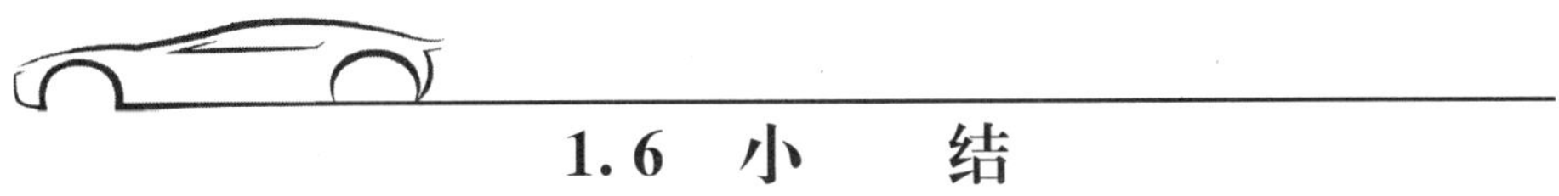

1.6 小 结

由于电动汽车具有无（低）污染物排放、噪声低、能效高、维修及运行成本低等优点，因此大力推广和普及电动汽车将是缓解大气环境污染和能源紧缺的最有效的方式之一，也是人们在21世纪的必然选择。与燃油汽车依赖于加油站进行燃油补充类似，电动汽车的发展也需要完备的电能补给体系。充电系统及相关基础设施是纯电动汽车运行的必要支撑和保障。

第 2 章

电动汽车充电机

随着电动汽车产业的快速发展，为了延长电动汽车的行驶里程，在电池能量有限的条件下，研发和生产具有高效、可靠、使用方便、体积小、质量轻及价格适宜等优点的充电机，以便及时为各类电动汽车的电池组补充电能，不仅十分必要，而且也有助于电动汽车的推广应用。

电动汽车充电机可以看作是一个 AC/DC 电能变换器，即将从供电电网获取的交流电能经过整流等环节转换为合适的直流电输出，从而给电动汽车的动力电池组充电。目前，电动汽车充电机已有了很大的发展，根据不同的划分方式，可分为以下多种类型。

1. 按照连接方式划分

按照充电机与电池组连接方式的不同，电动汽车的充电机可分为传导式充电机和非接触式充电机两种。传导式充电机的输出端直接连接到电池组上，两者之间存在实际的物理连接，非接触式充电机由地面设备和车载设备两部分组成，利用电磁感应耦合原理，以无线传输电能的方式为电池组充电，充电机与电动汽车及电池组之间没有实际的物理连接。

2. 按照安装位置划分

根据安装位置的不同，电动汽车的充电机可分为非车载充电机和车载充电机两种。非车载充电机通常固定安装在地面上，输入侧的交流电经过电能变换后转变为直流输出，并给电动汽车的电池组充电，因此也称为直流充电机；车载充电机的整流等电能变换环节都在电动汽车内完成，车外仅需要一个交流输入供电电源，因此也称为交流充电机，但因车内空间有限，其功率、体积和重量等都小于非车载充电机。

3. 按照充电时间划分

按照充电时间的不同，电动汽车的充电机可分为快速充电机和慢速充电机：快速充电机的供电侧多采用三相交流电，经整流等环节转变为直流输出，且输出功率较大，一般仅需 15 min 即可充电至电池组 80%左右的电量，充电 30 min 就能充满电池组所需全部电量；而慢速充电机则采用单相 220 V 交流供电，输出功率小，电池充电时间较长，一般为 8～10 h，但慢速充电方式对电池的寿命有益，而且通常是在夜间用电低谷时段充电，不仅可以平衡电网用电负荷，还能享受优惠电价。

4. 按照充电机的功能划分

电动汽车充电机按照功能的不同可分为普通充电机和多功能充电机两种。普通充电机仅具有对蓄电池的充电功能，而多功能充电机除了提供对蓄电池的充电功能以外，还能够提供诸如对蓄电池进行容量测试、对电网进行谐波抑制、无功功率补偿和负载平衡等功能。目前，一部分充电机还进一步提供了良好的人机交互界面，可人为设定充电模式或实现远程监控及计价交费等。

2.1　电能变换技术

电动汽车充电机的核心部件是功率变换器，即对电能进行控制和变换的装置，需要应用到电能变换技术。根据转换方式的不同，功率变换器包括将交流电能转换成直流电能的 AC/DC 变换器、将直流电能转换成另一种直流电能的 DC/DC 变换器、将直流电能转换成交流电能的 DC/AC 变换器和将一种交流电能转换成另一种交流电能的 AC/AC 变换器。

相对于线性变换器，开关变换器由于采用的是功率晶体管，通过调整集电极与射极之间的压降，使输出电流维持在稳定状态，尽管具有输出电流纹波小、波形质量高的优点，但在调整过程中功率管始终工作在放大区，即电流保持连续，导致功耗较大、需要的散热片体积也很大，不仅电能变换效率低，且变换器的体积及重量也很大，难以应用于大功率场合。因此，目前的电动汽车充电机普遍采用高频开关变换器，其原理是采用 IGBT 等高频开关器件，其工作在开关状态下，使开关损耗减少、电能变换效率提高，而开关频率的提高不仅能使输入、输出电量的波形得到有效改善，而且还能同时降低变压器、滤波电感及电容等磁性元件的体积和价格，可广泛用于各种功率等级的变换器中。特别是 20 世纪 90 年代兴起的软开关技术，利用谐振原理，可以极大地减小功率开关器件的开关损耗，消除了随着开关频率提高所导致的开关损耗增加和电磁（EMI）增大的弊端，具有能够使变换器效率及功率密度进一步提高、体积及重量相应减小等优势。

对于不同的充电方式，充电机主要用到的电能变换方式包括整流、斩波和逆变等。其中，整流电路拓扑可以采用二极管桥式或 IGBT 组成的全控桥式两种，斩波和逆变部分则多采用隔离型全桥电路，以便满足充电机对于大功率和安全性等方面的需要。在满足动力电池充电所需的基础上，充电机技术正向着高频化、高效率、高功率密度和多功能等方向发展。

2.2　传导式车载充电机

传导式车载充电机安装在电动汽车上，可采用单相或三相交流供电，通过插头和电缆与交流插座连接，因此也称为交流充电机。由于车上空间的限制，功率等级和输出的充电电流均较小，因此只能对电池组进行慢速充电，充电时间相对较长；同时，由于车载工况较为复杂，因此对此类充电机的性能要求也较高，必须达到体积小、质量轻、效率高、密封情况下的自然冷却效果好、抗震性好和安全等级高等方面的要求，但是其结构简单、成本低，且只要有普通的交流电源插座即可随时随地为电动汽车补充能量，充电方便，因此很适合于家用电动汽车和服务于园区等场所的电动汽车。

2.2.1 车载充电机的技术要求

传导式车载充电机由于安置在电动汽车上，因此除了要实现为动力电池组充电所需的功率变换外，还应满足体积小、质量轻、可靠性高及便于在车辆上安装和使用等要求。充电机内的动力电池组在通过电缆与供电电源插座连接时，插头内应该具有与车载充电设备相配套的控制检测电路，主要作用为判断充电接口连接与否，调节充电模式和在充电过程中实施保护等，并将这些信息通过数据线传输给充电机。在充电过程中，充电机应能够自动检测整个电池组的充电电压和充电电流，能够自动控制充电过程，可根据设定的充电模式自动调节输出电压；具备软启动、软关断的功能，可承受突然停机、开路或带负载启动等工况条件。当电池组充满电后，可自动断开充电电源；一旦出现充电过程突然断电等情况时，再次上电后充电机应能恢复至原来的充电状态，继续对电池组充电，直至充电结束。对于智能化的电池管理系统来说，必须保证在电动汽车充电过程中操作者的人身安全和电动汽车电池组的安全，不需要过多的人为干预，且操作简单，能够高效、快速、安全地对电池组进行充电。

由于充电机采用电力电子技术进行电能变换，因此其对电网而言是一个非线性负载，将产生危害电网及其他用电设备的谐波污染，而且二极管整流电路还会导致网侧功率因数降低，使无功损耗增加，特别是多台充电机同时运行时产生的系统负载增加，其影响更加不能忽视。因此，在满足充电机基本功能的前提下，应选择适宜的电能变换电路拓扑和控制策略，从而有效减小对供配电网的谐波污染和无功损耗，使电动汽车技术更具有优越性，获得更快、更健康的发展。

2.2.2 车载充电机技术

目前，车载充电机主要由配电网输入的单相 220 V 或三相 380 V、频率为 50 Hz 的交流电源供电，主电路一般包括二极管桥式整流、有源功率因数校正、LC 滤波、高频 DC/DC 斩波变换等组成部分，作用是把来自电网的单相或三相交流输入电能变换成稳定、可控的直流输出，并按一定的充电模式给动力电池组充电。由二极管组成的桥式不控整流电路具有结构简单、价格低廉及使用方便等优点，缺点是网侧谐波电流含量高、功率因数较低，但由于传导式车载充电机的功率一般较小，单独使用时对电网造成的谐波污染较小，因此一般不采用谐波抑制技术。为了提高网侧输入功率因数和输入电能的利用效率，通常在二极管整流桥后接一个由 Boost DC/DC 斩波电路组成的有源功率因数校正环节，通过对其中 IGBT 等全控型功率开关器件的高频通断控制，使输入电流与输入电压的相位相同或反向，即使网侧功率因数达到±1。LC 滤波器中的大容量电解电容一般称为支撑电容，主要起到平波和稳压的作用，并给后端的高频 DC/DC 斩波电路提供稳定的直流电压。综合考虑功率等级、成本、控制难易程度和安全性等方面，车载充电机所用的高频 DC/DC 斩波电路宜选用 Back 或 Boost 等单管电路拓扑。

此外，为了掌握电池组的充电状态，需要由充电机的充电控制系统来实施或调整充电机的工作模式，同时对充电过程中电池组的电压、电流、温度等参数进行采样，一般通过 CAN 总线接口与电动汽车内的电池管理系统（BMS）进行实时通信，也可以通过 BMS 的人机交互界面进行充电模式的选择或控制指令的输入等操作来控制充电过程。通过采取上述措施，充电机在充电过程中可以随时监控电池的充电状态，避免电池组在充电过程中出现过充和过热的现象，并防止电池组的端电压及电池单体的电压、电流和温度等超过限值。此外，充电机还可实现充电完成或出现故障时的自动断电等功能。

2.3　传导式非车载充电机

非车载充电机的体积和重量均较大，通常安装在充电站中使用，因而在便利性上不如车载充电机，无法随时随地为电动汽车补充能量。传导式非车载充电机通常可以安装在充电站、停车场、汽车维修站和住宅小区等场所。根据充电时间的不同，非车载充电机可以分为快速充电机和慢速充电机两种类型，分别采用 380 V 三相和 220 V 单相交流电供电，经过电力电子器件变换后转变为直流输出，为各类电动汽车的电池组进行快、慢速充电，因此也称为直流充电机。其中，快速充电机的功率等级较高，多在 50 kW 左右，只需 30 min 即可为电池充入约 80%的电量。非车载充电机的功能一般比较完善，如具有良好的人机界面，具有自动计费和远程监控等功能；慢速充电机可以安装在办公场所或住宅的停车位处，一般具有体积小、质量轻、安装方便、可靠性好及操作简便等优点，并具备基本的电量、电费显示和充电过程的自动化控制等功能，但功率等级较低，一般低于 10 kW，充电时间通常约为 10 h。由于私家车一般是在夜间充电，故不仅可对电网具有“削峰填谷”的作用，平衡电网供电，还能享受到用电低峰时段的优惠电价，节省用户的电费支出。

2.3.1　非车载充电机的技术要求

为保证传导式非车载充电机安全、可靠、高效地工作，要求其能够满足稳流精度和稳压精度都低于 1%，满载时的效率和功率因数分别大于 91%和 0.9；使用环境温度在 −20～50 ℃之间；输出电压不能超过电池组的充电限制电压和低于电池组的放电限制电压；充电电流应满足电池组的额定参数等要求。此外，电池组在充电时，非车载充电机还应能够在雨雪天气等恶劣外部环境条件、充电机发生故障、人员接触电动汽车车体或在进行插拔充电接头等操作时，保证人员、设备和电池组的安全；充电插头和插座在进行连接或断开的插拔操作时，其上应有明确的极性标示，防止连接错误。

目前，较为先进的快速充电机具有的功能主要包括：

① 能与车载电池管理系统通信，接收电池的充电参数，自动对充电过程进行调整以保证充电期间电池组的单体电池电压不超过其充电电压的上限；

② 当电池管理系统检测到电池故障后能立刻自动停止充电；

③ 具有人机交互操作面板和远程操作功能，并能和充电机监控系统连接，以便在监控计算机上完成除闭合和切断输入电源外的所有功能；

④ 具有在输入欠压、输入过压、输出短路、输出过压、过温、电池反接及电池故障等情况下的保护功能，能通过远程网络向监控计算机传送电池管理系统的数据，具有故障报警功能，能主动向监控系统发送并记录故障信息，为事故分析和运行测试提供历史数据；

⑤ 对于拥有多台充电机的充电站，充电机还需要为充电站监控系统提供事件记录数据；

⑥ 充电机内需包含一条充电电缆连接确认信号线，以便当充电插头连接到车辆后，车辆控制逻辑系统可根据此信号来禁止车辆驱动系统在充电期间工作，以保证充电安全。此外，在充电期间，该信号线还应与充电线缆形成闭锁，以保证人员的安全，如果充电机与电池管理系统的连接脱离，充电机应停止充电；

⑦ 具有良好的人机界面，提供包括充电模式、充电参数和缴费等功能，能够完成充电机充电过程的闭环自动控制，当故障导致充电机中断充电过程进行保护时，能显示故障类型并提供一定的故障排除指示；

⑧ 当对整车进行充电时，一般还要为车载电池管理系统提供所需的直流工作电源；

⑨ 由于充电机功率较大，因而其带电部分不可外露，同时应保证充电机和车体可靠接地；

⑩ 接口、插座、插头等的型式应有统一标准，可以兼容各种不同类型的充电制式，以利于电动汽车的推广使用。

2.3.2 非车载充电机的组成

为电池组提供快速充电的传导式非车载充电机往往功率较大，一般采用 380 V 三相交流电源作为供电电源，然后将其变换成一定幅值的直流输出为电池组进行充电。目前，传导式非车载充电机主要使用两种电路拓扑来进行电能变换：一种是由二极管三相桥式整流经 LC 滤波环节获得直流母线电压，再接高频隔离型 PWM DC/DC 桥式斩波电路组成交—直—直系统；另一种是由 IGBT 四象限变流经 LC 滤波环节获得直流母线电压，再接高频 PWM DC/DC 桥式斩波电路组成交—直—直系统。前者具有电路简单、控制方便等优点，但功率因数低、谐波污染大；后者由全控型开关器件组成单相或三相桥式整流电路，采用 PWM 控制技术，电路复杂、控制较难，但具有功率因数高、网侧电流谐波含量少、体积小、动态响应快和电能变换效率高等优点，因此成为发展的主流。以下内容将对非车载充电机主电路的各组成部分进行介绍。

1）整流部分

整流部分的主要作用是将由配电网中获得的三相交流电变换成直流电，包含快速熔断器、继电器与预充电电阻组成的软启动电路及三相整流桥等。当采用二极管三相桥式整流电路拓扑时，具有电路结构简单、造价低廉等优点，但一般要在直流侧增加有源功率因数校正电路和（或）在交流网侧增加无源或有源滤波器，以便消除这种整流电路产生的谐波电流畸变严重和功率因数下降的缺陷；当采用 IGBT 等全控型开关器件组成的四象限 PWM 整流器时，尽管增加了器件的成本、控制的难度和电路的复杂性，但由于开关器件运行于高频状态，不仅能够使输出直流的纹波较小，还可以减小滤波元件的容量、体积和成本，以及能够很大程度上降低网侧输入的交流电流中的谐波含量，使功率因数接近为 1，从而可以省去谐波抑制和功率因数校正装置，因此也越来越成为新建充电机整流电路拓扑的首选。

2）滤波环节

整流后的电流一般要经过 LC 滤波环节以得到纹波较小的稳定的直流母线电压，然后提供给后级的 DC/DC 斩波电路。LC 滤波环节主要由滤波电感、直流母线支撑电容、滤波电容和电感能量释放二极管等元件组成。

3）斩波部分

考虑到充电机的功率等级和系统安全因素，斩波电路拓扑一般为隔离型全桥 DC/DC 变换器，主要由如 IGBT 等全控型开关器件组成的主功率开关管、高频变压器、输出二极管整流桥、输出滤波电感与电容、输出逆止二极管、输出继电器、快速熔断器和开关器件缓冲电路等构成，采用脉宽调制（PWM）技术，能输出恒定电流或电压以满足电池组的充电要求。对斩波器的控制由控制电路和驱动电路完成，控制电路主要包括信号采集电路、PWM 脉冲信号生成集成电路、故障保护逻辑电路和闭环控制调节电路等，通过对电压测量值与基准值进行比较，根据差值控制高频开关功率管的开关占空比，生成相应的 PWM 脉冲控制信号；驱动电路将 PWM 信号进行功率放大和电气隔离后生成驱动信号，控制功率开关管的通断动作，从而调节输出电压的大小。此外，驱动电路还具有检测输出电流的相关参数并与设定值相比较的功能，以便及时发现过流等故障，并在故障发生时采取完善的保护功能，如采用封锁脉冲等措施。

4）功率因数校正部分

采用电力电子技术的充电机是一种高度非线性的设备，会产生对供电网及其他用电设备有害的谐波污染，而且，也导致充电机的功率因数降低，在充电机负载增加时，其对供电网的影响也不容忽视。充电机主电路在采用不同的拓扑结构时所产生的谐波污染和功率因数下降的程度各不相同，因此采取的谐波抑制或无功补偿方式也不同。在综合考虑充电机的性能参数、设备造价和运营成本等基础上，选用适宜的充电机功率变换主电路拓扑，有助于充电机（站）的建设和电动汽车行业的发展。

功率因数校正技术的目的是使网侧交流输入电流跟随输入正弦交流电压的基波变化，保持两者的相位相同，从而实现网侧功率因数为 1。功率因数校正装置可分为无源型和有源型两种，无源型结构简单，但只在负载不变时有效；有源型采用全控型开关器件组成的变换电路，通过控制其中功率开关器件的导通和关断实现功率因数的校正，但电路结构较复杂，控制也较难。目前，单相有源功率因数校正技术应用广泛，其主电路一般可以看作是一个 BOOST 型 DC/DC 变换器。三相功率因数校正由于相关理论还不成熟，因此还无法有效投入到实际的应用中。

5）充电控制管理系统

充电控制管理系统作为充电机的顶层控制系统，是整个充电机的核心控制器，管理着整个充电机的操作流程，其功能主要包括处理人工输入或其他设备发来的控制指令，通过驱动电路生成的信号来控制充电机的启停动作。该系统主要包括中央处理器及其外围电路、数字处理电路、模拟量处理电路、RS-485 通信接口、CAN 通信接口、按键输入电路及显示电路等部分。同时，系统还能够对充电模块的串、并联均流进行控制，并可将充电机的实时运行数据进行显示或传输给上层监控计算机。

6）人机交互单元

人机交互单元一般由按键或触摸式液晶显示屏等组成，主要用于计算机远程监控和电池充电的控制。充电机通过采集人机交互单元的信息，按照人为设定的充电参数控制充电机的启停，同时通过自身的通信接口与上位机组成计算机监控网络，实时监控、记录和传输充电机的运行数据，并能接受远程运行参数设置、启动及停机控制等操作。此外，充电机在发生运行故障时也能够通过人机交互单元与充电站的监控网络通信，由监控系统自动、及时地采取保护措施，同时在液晶显示屏上显示故障相关信息和处置方法等。

7）远程通信接口

充电机应配置有能够与供电网调度系统建立基于 Internet 的远程通信网络的接口，统一充电机通信协议与电网通信协议，从而实现对充电机（站）的有效管理，并依据其运行状况来合理调配供电量，既保证充电站用电量，又达到错峰运营的目的。同时，还能实现对每台充电机甚至整个充电站的远程监控和无人值守充电站的数据自动上传功能。

8）电量计费部分

具有完成统计充电用户所消耗电能并支付相应电费的功能，交流慢速充电机一般在电动汽车与充电机输出电源的接口处安装交流电表，而交流快速充电机则选用直流电表测量电动汽车与充电机输出端之间传输的直流电能，并且所用的交流或直流电量均在人机交互的液晶显示屏上显示，具有电力系统远程自动抄表、计费和支付自动化的潜力。

2.4 非接触式充电机

以传导式充电方式对整车或更换下来的电池进行充电时，所需时间一般较长，而且由于传导式充电需要通过电缆连接实现，因此还存在操作上的不便及在雨雪等天气条件下作业时的安全性问题等不足。相对而言，非接触式充电装置无须使用电缆将车辆与供电系统连接即可直接进行快速充电，并且能够布置在停车场、住宅和路边等多种场所为各种类型的电动汽车提供充电服务，从而使电动汽车随时随地充电变为可能。对于电动公交车而言，可以将充电设施布置在终点站、枢纽站和换乘站等地点，利用短暂的停车时间便可以完成快速充电。

2.4.1 非接触式充电的原理

非接触式充电机不需要使用电缆将车辆与供电系统连接，而是利用电感耦合的原理进行电能的传输从而实现对电池组的充电。非接触式充电主要有电磁感应、磁共振和微波 3 种方式，这 3 种方式使用的频率范围、输出功率、传输距离和充电效率等各不相同。其中，电磁感应方式的原理是当充电线圈通入交流电并产生磁场时，磁力线穿过相隔一定距离的受电线圈，交流电产生的交变磁场使受电线圈生成感应电动势，并可对外输出电流；磁共振方式的基本原理与电磁感应方式相同，只是充电与受电部分共用同一共振周波，从而可将阻抗限制在最低值，并能够增大能量的传输距离；而微波方式则是在充电和受电部分分别采用微波传送与接受技术实现电能的传输。

非接触式充电方式自问世以来便得到了世界各国的普遍关注与重视，与充电站、充电桩的建设投资相比，非接触式充电设施的成本较低，并且能够节省接线所需的操作和等待时间，具有布置灵活、使用便利、操作安全及可靠性高等优势。

1. 电磁感应方式

电磁感应式充电通常采用非接触式电磁耦合变压器进行无线电能传输，是最接近实用化的一种无线充电方式。这种变压器将传统变压器的紧密型耦合磁路分开，变压器的原边绕组流过高频交流电，当送电线圈中有交变电流通过时，发送（初级）和接收（次级）线圈之间产生交替变化的磁束，从而在次级线圈产生随磁束变化的感应电动势，并通过该线圈的端子对外输出交变电流，将电能传输到副边绕组及用电设备，从而实现在电源和用电负载之间的能量传输而无须物理连接。这种初、次级分离的感应耦合电能传输技术不仅消除了摩擦、触电的危险，而且大大提高了系统电能传输的灵活性，显著减小了负载系统的重量。但是，利用电磁感应原理的无线电能传输方式的缺点为两个线圈必须严格对齐，线圈间的距离也必须足够近（约 100 mm），否则会导致输电效率大幅下降。此外，该系统传输功率的大小与线圈的尺寸直接相关，当需要以大功率传输电力时，须在基础设施建设和电力设备方面加大投入。

2. 电磁谐振（磁共振）方式

电磁谐振式电能传输技术（又称 WiTricity 技术）是由麻省理工学院（MIT）以 Marin Soljacic 为首的研究团队在 2007 年提出的，该团队的研究人员最大限度地利用了近场，开发出了这种无线电能传输系统。该系统自公诸于世以来，一直备受世界各国的关注。

该系统主要由电源、电力输出、电力接收和整流器等部分组成，其原理与电磁感应方式基本相同。当电源传送部分有电流通过时，所产生的交变磁束使接收部分产生感应电动势，从而输出电流为电池充电。该方法与电磁感应方式的不同之处在于加装了一个高频驱动电源，采用兼备线圈和电容器的 LC 共振电路，而并非由简单的线圈构成送电和接收两个单元。该技术通过将发射端和接收端的线圈调校成一个谐振系统，当发送端的振荡磁场频率和接收端的固有频率相同时，接收端产生谐振，从而实现最大效率的能量传输。当发射线圈的原边和副边的内阻为 0 时，效率可达 100%，所以传输效率在理论上与传输距离、线圈大小及电磁耦合大小无关。

由于在实际应用中内阻不能为 0，因此耦合系数和谐振频率等都会影响到传输效率。其中，共振频率的数值会随送电单元与接收单元之间距离的变化而改变，当传送距离发生改变时，传输效率也会像电磁感应一样迅速降低。因此，可通过控制电路调整共振频率，使两个单元的电路保持在磁共振状态（该状态也被称为“磁共鸣”）。在控制回路的作用下，通过改变传送与接收的频率，可将电力传送距离增大至数米左右，同时将两单元电路的电阻降至最小，以提高传送效率。此外，传输效率还与发送与接收电单元的直径相关，传送面积越大，传输效率也越高。目前的传输距离达到了 400 mm 左右，传输效率可达 95%。

目前，谐振式无线电能传输技术上的难点是实现小型化和高功率化。现有的技术仅能实现直径 0.5 m 的线圈在 1 m 左右的距离提供 60 W 的电力，而要提供一辆电动汽车所需的电能，在技术上还有很长一段距离。

3. 微波方式

微波式（也称电磁辐射式）无线电能传输技术是以微波（频率在 300 MHz～300 GHz 之间的电磁波）为载体在自由空间无线传输电磁能量的技术。该系统利用微波转换装置把直流电转变为微波，由天线发射（发送装置与微波炉使用的“磁控管”基本相同，通常使用 2.45 GHz 的电波发生装置传送电力），传送的微波属于交流电波，大功率的电磁射束通过自由空间后可被天线在不同方向接收，最后经微波整流器等重新转换为直流电，为汽车电池充电。充电部分装有金属屏蔽装置，在使用中，通过送电与接收之间的有效屏蔽可以防止微波外泄。

该技术的实质是用微波束来代替传输导线，通过自由空间传输电能，可以实现极高功率的无线电能传输。但在能量传输的过程中，发射器必须对准接收器，能量传输的方向受到限制，并且不能绕过或穿过障碍物。此外，由于磁控管产生微波时的效率低，造成许多电力变为热能而浪费掉；微波在空气中的损耗也较大，对人体和其他生物也有伤害。因此，目前该技术一般应用于特殊场合，如低轨道军用卫星、天基定向能武器、微波飞机和卫星太阳能电站等许多新的、意义重大的科技领域。

在电动汽车无线充电技术的各种方案中，最被看好的是电磁感应方式和磁共振方式两种。如果从传输距离的角度来看，后者在技术上的优势较为突出，但在市场开拓方面，根据相关数据显示，电磁感应方式处于领先地位，而在技术开发方面比较活跃的则是磁共振方式。

2.4.2 非接触式充电机的技术实现方式

一般非接触式充电机可视为实现 AC/DC/AC/DC 转换的功率变换器，以电磁感应式为例，其具体的工作过程如下：将来自于配电网的 380 V 三相或 220 V 单相交流电经二极管不控或 IGBT 全控桥式整流电路转变成直流电，接功率因数校正电路和电容滤波电路，输出给 IGBT 高频全桥逆变电路，变换成 PWM 高频脉冲交变电流，再经隔离变压器原边输入，利用磁场耦合原理在隔离变压器的副边感应产生高频交变电流，从而实现非接触式电能传输，最后经中心抽头式二极管整流器及电感与电容组成的滤波电路转换为所要求的稳定直流输出，从而给电池组充电。其中，隔离变压器是实现能量传输的关键器件，它可以使能量相隔一定距离进行非接触式传输，而且根据需要，此变压器可以是静止的也可以是运动的，以适用于不同的应用场合。由于隔离变压器存在气隙，导致耦合系数较小，因而系统的传输效率降低。系统中的逆变器工作在高频开关状态，可有效减小变压器的体积及重量，同时还能减小变换器的体积，以及减少变压器绕组的线径和损耗。但是，随着频率的升高，变换器中的变压器磁芯中的损耗也会升高，因此无法采用普通工频变压器中的磁芯种类，必须选用铁氧体、非微晶等导磁率高、磁感应强度大、磁损耗小及饱和磁密高的高频磁芯材料。

非接触式充电机可以避免传导式充电机工作时需要配备接插端口所带来的不便及可能造成的电火花、人身触电、金属连接点因氧化或灰尘覆盖而导致的接触不良等问题，有较强的通用性和安全性，适用于对充电有不同需求的场合。但由于非接触式充电机属于分离式结构，导致能量传输的效率较低，造成的能量损耗较大，而且结构复杂、成本高，加之目前还有一些相关技术有待进一步研究，因此还没有得到广泛应用。

2.5　充电机的试验与测试

为保证充电机安全、可靠地工作，必须对其进行全面的性能测试，试验项目包括机械性能试验、电气性能试验、通信功能试验和保护功能试验等。下面根据某型充电机的技术规范，介绍电动汽车充电机主要性能参数的试验及测试指标和要求，具体执行标准及条款要求可参照相关内容。

2.5.1　测试仪器

对充电机的测试主要涉及电阻、电压、电流、功率、功率因数、相位和频率等参数，因此可选择相应的电气仪器和仪表，也可以开发专用的充电机试验与测试综合平台。

2.5.2　充电机的功能测试

1. 外观检查

外形及安装尺寸应符合设计要求，表面平整、油漆均匀且无流痕，有防飞石的保护措施；柜门开闭灵活，防水和防尘措施齐全、可靠；柜内配线符合相关标准，器件安装牢靠且有高压标志和接地螺栓。

2. 电气测试

（1）绝缘电阻。测试前，为防止电子线路发生电压击穿现象，应对充电机的所有电子电路采取相应的保护措施。对于 110 V DC 和 600 V DC 的线路，分别采用 500 V 和 1 000 V 的兆欧表测量。

（2）容量。在额定工况下进行测试，输出容量不小于 7.5 kW。

（3）效率和功率因数。在额定输入和输出状态下，分别测量充电机的输入和输出功率，然后计算得出充电机的变换效率，应不小于 90%。交流侧功率因数应符合相关标准中电网对负载的要求。

（4）控制电压波动范围。充电机在额定输入和输出状态下，控制电源电压在 77～137.5 V DC 范围内变化时，应能正常工作。

（5）输入电压突加试验。当输入电压突加时，充电机应能正常启动和工作。

（6）模拟过分相试验。充电机每工作 10 min，切断 600 V 电源 10 s，如此连续试验 10 次，每次试验后都应能正常工作。

（7）充电机启动性能。充电机的软启动时间应小于 5 s，600 V DC 线路由电压开始等于 490±5 V 到正常输出 600 V 的时间不得超过 5 s。

（8）负载突加、突减试验。充电机在额定输入状态下，突加或突减 50% 的额定负载后，仍能正常工作。

(9) 输入电压特性。充电机在额定输入状态下启动和工作时，测量直流输入电压，计算其相对峰-峰纹波因数应小于 10%。

(10) 输出特性。在额定工况（非限流充电状态）下，输出电压应为 120±1 V，纹波因数小于 10%；在有温度补偿时，输出电压应为 118～123 V。

(11) 输出电压稳态调整率。分别调整输入电压变化和负载变化，当充电机输出为满载、输入电压在 500～660 V DC 范围内变化时，输出电压调整率应符合±1%的要求；当充电机输入电压为额定值、输出负载在 5%～100%之间变化时，输出电压调整率应符合±1%的要求。

(12) 限流充电试验。将电池组放电至 92±0.5 V，记录电池组的初始电压，然后接通输入电源，从充电机开始工作时起，每隔 10 min 记录充电机的电压和电流值，应符合电池组限流充电值 30 A 的要求。

3. 保护功能测试

(1) 电池组欠压保护。欠压分别在 90～92 V 和 96～98 V 时，欠压继电器动作，充电机应无输出；此测试可与限流充电试验同时进行。

(2) 输入过压保护。输入电压不小于 700 V 时，充电机应停止工作，发送故障代码，并在 5 min 后发出故障信号。输入电压恢复正常时，充电机应恢复正常输出。

(3) 输入欠压保护。输入电压不大于 500 V 时，充电机应进行欠压保护，同时发送故障代码；输入电压恢复正常时，充电机应恢复正常输出。

(4) 输出过压保护。充电机输出电压超过保护值（125 V DC）时，应进行输出过压保护，停止输出，并发出故障信号和故障代码。

(5) 输出欠压保护。充电机输出电压低于欠压保护值（非限流输出欠压值为 115 V DC）时，进行输出欠压保护，恢复 3 次后，停止输出并发出故障信号和故障代码。

(6) 输出过流保护。充电机输出过流时，恢复 3 次后，停止输出并发出故障信号和故障代码。

(7) 输出过载保护。按充电机在可驱动额定负载的 120%下正常运行 1 min 的 I^2T 曲线进行保护，恢复 3 次后，停止输出并发出故障信号和故障代码。

(8) 短路保护测试。模拟输出短路，充电机应立即停机并发出故障信号和故障代码。

(9) 电池组反接保护测试。当电池组反接电源时，充电机应无法工作并发出故障信号。

4. 通信功能测试

充电机依据规定中的通信协议并按要求的数据格式向测试装置发送数据，后者应能接收并正常显示数据。另外，人机交互界面应具备所要求的功能，在电池管理系统与充电机之间的通信连线断开时，应使充电机立刻停机。

2.5.3 气候环境测试

在设计允许的环境温度、湿度和气压环境中，测试充电机在标称输入电压、最大功率输出和最大电流状态下的工作性能，检验充电机在每次测试后是否仍能够达到原有的性能要求。气候环境测试包括温升测试、低温测试、高温测试和湿热测试。

(1) 温升测试。充电机在 40 ℃±1 ℃的环境中连续工作，当散热器的表面温度在最后

1 h 内变化不超过 1 ℃时，视为达到稳定状态，要求散热器表面温升不得高于 40 K，表面温度不超过 85 ℃±5 ℃，可恢复 5 次。若仍超过此温度，则充电机停止工作，并发出故障信号并发送故障代码。

(2) 低温测试。充电机在－25 ℃的环境温度下保持 2 h 后，通电后应能正常工作；在－40 ℃ 的环境下保持 4 h，然后移出并除去水渍，在常温下恢复 1～2 h，通电后应能正常工作。

(3) 高温测试。充电机在 40 ℃的环境温度下连续工作 6 h，性能参数应符合标准要求；在 70 ℃的环境温度下存放 6 h，恢复常温通电后应能正常工作。

(4) 湿热测试。充电机在规定的湿度和温度下维持一定的时间，通电后应能正常工作。

2.5.4　机械环境测试

充电机主体在承受规定的最大机械冲击或振动后，应保证外壳的变形范围未接触到充电机内部的带电部分，不影响安全防护等级，通电后能正常工作。

2.5.5　允许温度及电介质绝缘测试

在规定的环境温度下，充电机壳体、把手等人体可接触到的金属或非金属部分应分别低于允许的最高温度。

在绝缘测试中，要求测试电压为频率 50 Hz 的正弦交流电压，且升至全值的时间小于 10 s，然后对输入电压为 DC 600 V 的线路进行工频 2 500 V 的耐压测试，历时 1 min；或对输入电压为 DC 110 V 的线路进行工频 1 000 V 的耐压测试，历时 1 min，测试中及测试后应无闪络、击穿等现象。

2.5.6　电磁环境测试

(1) 抗电磁干扰。在规定的电磁干扰强度下，充电机应能正常工作。

(2) 静电放电抗扰度。充电机接电阻性负载且输出额定功率时，应能承受规定幅值的静电放电。

(3) 低频传导干扰抗扰度。充电机接电阻性负载且输出额定功率时，应能承受电网中因接入其他非线性负载所产生的频率在 50～200 Hz 范围内的谐波干扰；应能承受电网故障导致的供电电压跳变或中断及能承受三相交流电网的不平衡。

(4) 高频传导干扰抗扰度。充电机接电阻性负载且输出额定功率时，应能承受标准规定的因电感性负载切换、继电器抖动或高压开关装置切换而引起的共模干扰，能承受标准规定的因电网换接、故障或闪电（间接电击）引起的浪涌电压冲击。

(5) 辐射电磁场抗扰度。充电机接电阻性负载且输出额定功率时，应能承受规定的射频电磁干扰强度。

(6) 电磁干扰。充电机接电阻性负载且输出额定功率时，输入端对外发射的传导干扰幅值应小于标准规定的大小，射频干扰强度在 10 m 处不能超过规定的值。

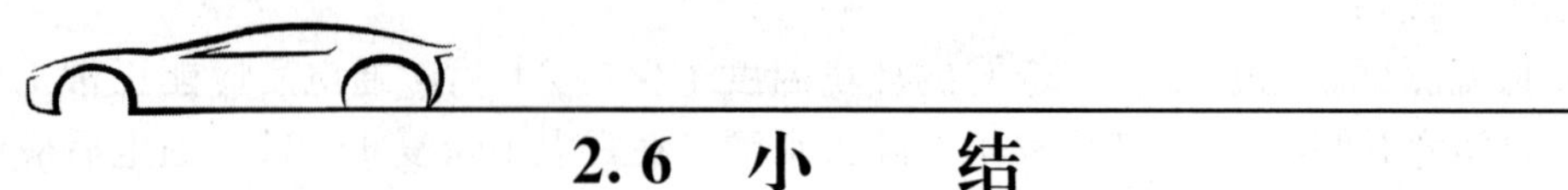

2.6 小　　结

本章首先介绍了电动汽车充电机的划分方法和电能变换的基本概念，详细分析了传导式车载充电机、传导式非车载充电机及非接触式充电机等充电设施的概念、原理和技术要求，并论述了充电机的试验和测试方法。

第 3 章

电动汽车充电桩

3.1 充电桩的基本形式

电动汽车充电桩的功能类似于加油站内的加油机，可以固定在地面或墙壁，也可以安装于公共建筑（如公共楼宇、商场和公共停车场等）或居民小区的停车场及充电站内，并且能够根据不同的电压等级为各种型号的电动汽车充电。充电桩通常可以分为交流充电桩和直流充电桩两种类型。

交流充电桩是指采用传导方式为具有车载充电装置的电动汽车提供交流电源的专用供电装置。交流充电桩的输入端连接至输入电源，输出端通过交流充电接口连接至电动汽车。

直流充电桩需要与非车载充电机配合使用，其发展过程可分为两个阶段。在第一阶段，非车载充电机和直流充电桩为分体式结构，非车载充电机的输出端连接至直流充电桩的输入端，直流充电桩的输出端通过直流充电接口连接至电动汽车。与此同时，直流充电桩通过通信接口实现对非车载充电机的控制。该模式的优点是可以将充电机置于室内，从而降低对充电机 IP 防护等级的要求，便于进行统一的散热管理；其缺点主要是布线较长，从而造成较大的压降和功率损耗，通信线路也易受干扰，对系统可靠性的影响较大。随着技术的进步，直流充电桩与非车载充电机的发展进入到了第二阶段，即非车载充电机和直流充电桩整合成为一体式结构。此时，直流充电桩的输入端直接连接至输入电源，输出端仍然通过直流充电接口连接至电动汽车。

3.2 充电桩的构成和功能

3.2.1 交流充电桩的构成和功能

交流充电桩一般由桩体、电气模块、计量模块等组成。桩体包括外壳和人机交互界面；电气模块和计量模块安装在桩体内部；电气模块包括充电插座、电缆转接端子排和安全防护装置等。交流充电桩的一般结构如图 3-1 所示。

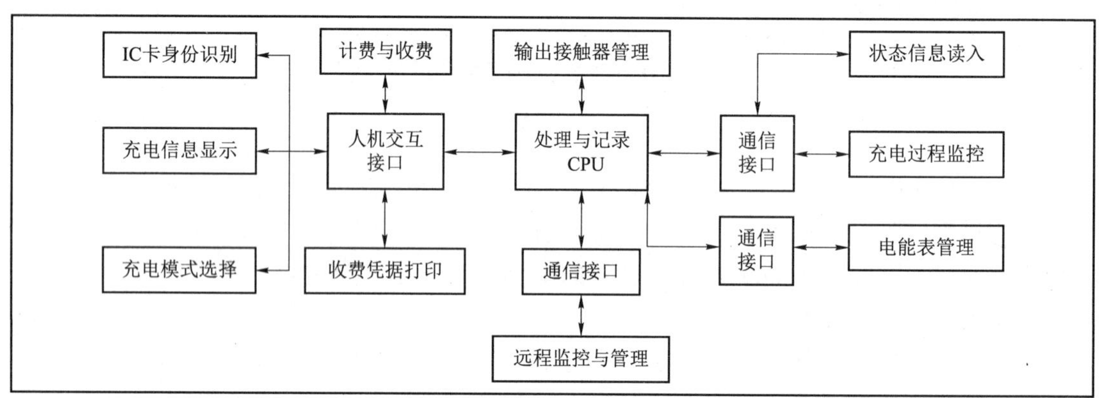

图 3-1 交流充电桩的一般结构

交流充电桩一般应具有人机交互功能、计量功能、外部通信功能和软件升级功能等。

人机交互界面提供人机交互功能，主要包括显示功能和输入功能。显示功能要求充电桩应能显示在各种状态下的相关信息，输入功能要求充电桩应具备手动设置充电参数的功能。计量模块提供对输出电能量的计量功能。充电桩的控制单元具备与外部通信的相关接口，并具备系统控制软件的升级功能。

3.2.2 直流充电桩的构成和功能

直流充电桩的系统结构如图 3-2 所示，主要由充电桩控制器、人机交互界面、IC 卡读写器、功率变换子系统及电量计量等部分组成。

各部分子模块的组成和主要功能如下：

① 充电桩主控制器完成对各个子系统的协调控制功能，接收多种输入指令，切换充电桩的工作状态及控制充电功率模块的输出等；

② 人机交互子系统包括 IC 卡读写器和人机交互界面等，用以实现用户与充电桩的人机

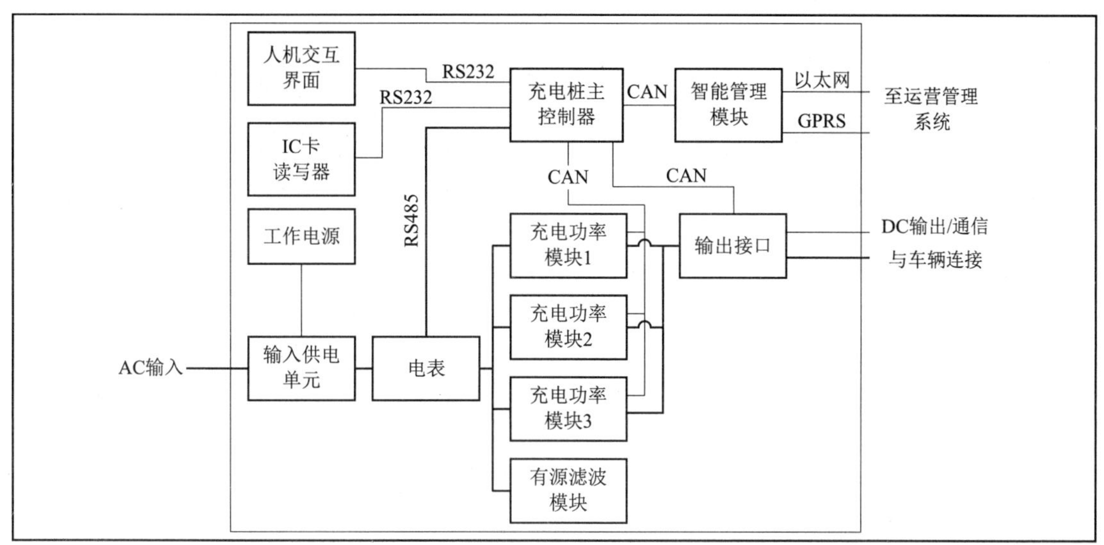

图 3-2　直流充电桩的系统结构

交互，完成用户身份鉴证、充电需求信息输入、充电过程中的数据显示及用户自主控制指令输入等功能；

③ 功率变换子系统包括交流供电输入单元、充电功率模块和有源滤波模块，充电功率模块可以实现并联时的自主均流，从而可以由一种标准功率模块并联组成多种规格的充电桩；

④ 电量计量单元采用成熟的交流计量技术；

⑤ 智能管理模块包括运营管理系统的通信接口、数据处理和数据存储等组成部分，用来实现各种运营管理策略。

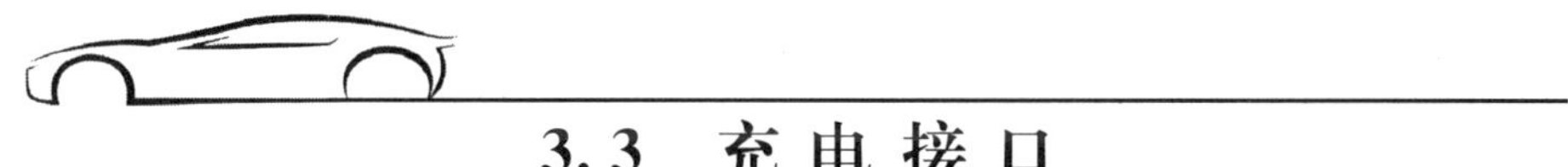

3.3　充电接口

3.3.1　交流充电接口

由于不同国家和地区的电网系统不同，因此不同国家在各自的交流充电标准中对充电连接器电压和电流的要求也不尽相同。国内外交流充电接口的技术方案如表 3-1 所示。IEC 62196-2《电动车辆传导充电用插头、插座、车辆连接器和车辆插孔　第 2 部分：交流充电接口和附属连接线路的尺寸互换性要求》包含有 3 种交流充电接口方案，其中 Type 1 的主要支持国家为美国和日本，Type 2 的主要支持国家为德国，Type 3 的主要支持国家为意大利和法国。

表 3-1　国内外交流充电接口的技术方案

接口参数	Type 1（美国）	Type 2（德国）		Type 3（意大利）			中国标准	
				单控制导引	双控制导引			
相数	单相	单相	三相	单相	单相	三相	单相	三相预留
电流/A	32（美国 80）	70	63	16	16	16	16/32	
电压/V	≤250	≤500		≤250	≤250	≤500	250/440	
针脚和锁止	5 芯，机械锁（电子锁未定）	7 芯，机械或电子锁		4 芯	4 芯	5 芯	7 芯，机械锁（电子锁可选）	
接口形式	L1 L2/N CP CS PE	CP PP PE N L1 L3 L2		L/+ pilot	control switch pilot L1 N earth	pilot control switch L1 N L2 earth L3	CC CP L N NC1 NC2 PE	

我国标准规定的交流充电接口的总体布局与 Type 2 最为接近，都采用 7 芯结构，以单相充电为主，预留三相充电。但是，由于在德国三相电的使用比较普遍，因此 Type 2 定义了 480 V 的交流充电电压和 63 A 的充电电流，实际充电功率可以达到 40 kW 以上。相比之下，由于我国的私人住宅及小区住户很少能够直接使用三相电，所以目前我国标准规定的交流充电电流最大只有 32 A，而实际多采用 220 V/16 A 进行充电。我国标准和 Type 2 在车辆插头的插芯上分别采用了母头和公头的规定，所以两者无法实现互换。在接口锁止方式上，我国标准与 Type 1 一致，首选简单可靠的机械锁，同时可以配合使用电子锁以提高安全性。虽然我国标准与国外标准在充电接口的物理结构上存在差异，但在控制导引电路和通信协议上已基本可以兼容，能够实现连接状态的判断、充电安全控制和充电功率的实时调节。

Type 1、Type 2、Type 3 及我国标准对交流充电接口各端子的功能定义如表 3 - 2 所示。其中，PE 为保护地端子，CP 为控制导引端子，PD/CS 为连接确认端子。

表 3 - 2　交流充电接口各端子的功能定义

功能定义 / 端子序号	Type 1	Type 2/Type 3		我国标准
	单相	单相	三相	单相
1	L1	L1	L1	L1
2	L2		L2	NC1
3	PE		L3	NC2
4	CP	N/L2	N	N
5	CS	PE	PE	PE
6		CP	CP	CC
7		PP/CS	PP/CS	CP

我国的电动汽车交流充电接口标准除了国家标准之外，还包括汽车行业标准 QC/T 841—2010《电动汽车传导式充电接口》和国家电网企业标准 Q/GDW 399—2009《电动汽车交流供电装置电气接口规范》，我国的交流充电接口技术方案，如表 3 - 3 所示。从表 3 - 3 中可以看出，国内各标准对于交流充电接口的规定相差不大，其中国家标准与汽车行业标准对交流充电接口在物理结构上的规定基本一致，基本功能要求也相同，均包括交流电源、中线、保护地线和确认控制线，仅在针脚排列上略有不同。国家标准的兼容性更强，不仅支持单相充电模式，还预留了今后要发展的三相充电模式。国家电网企业标准对交流充电接口的物理结构没有做出具体规定，并且将在国家标准与行业标准中预留的端口用作 CAN 通信，这是由于我国的电力企业考虑到电动汽车的无序充电会加重电网负荷的随机性，因此需要将电动汽车的交流充电纳入到统一的用电监控管理中来，以保证电网的运行安全，并且为实现智能电网的发展提供必要的条件。

虽然国内外充电接口的物理结构还未统一，但是经过不断地磋商和研究，各国在充电控制导引电路和 PWM 有序充电等方面已经达成共识。因此，到目前为止，国际上的充电接口方案已经基本趋于统一。

表 3-3　我国的交流充电接口技术方案

技术要求＼标准名称	GB/T 20234.2—2011	QC/T 841—2010	Q/GDW 399—2009
相数	单相（三相为预留）	单相	单相
电流/A	16/32	16/32	16
电压/V	220（440）	250	220
针脚和锁止	7 芯机械锁（电子锁可选）	7 芯 锁止装置	7 芯 锁紧装置
接口形式	CC CP L N NC1 NC2 PE	CC CP L N NC1 NC2 PE	无明确规定

3.3.2　交流充电的控制导引

对于电动汽车的充电接口而言，物理结构的标准化只是保证了接口物理连接的互换性，除此之外，还需要用控制导引电路来完成连接状态的判断和对充电过程的安全控制。

充电控制导引电路的主要功能包括判断充电连接状态、识别充电电缆承载的电流和实现带载安全切断保护等。在目前国内外的充电接口标准中，控制导引电路部分已基本可以兼容。我国的交流充电接口标准中规定的控制导引电路如图 3-3 所示（以 GB/T 20234.2—2011 中充电模式 3 连接方式 B 为例）。

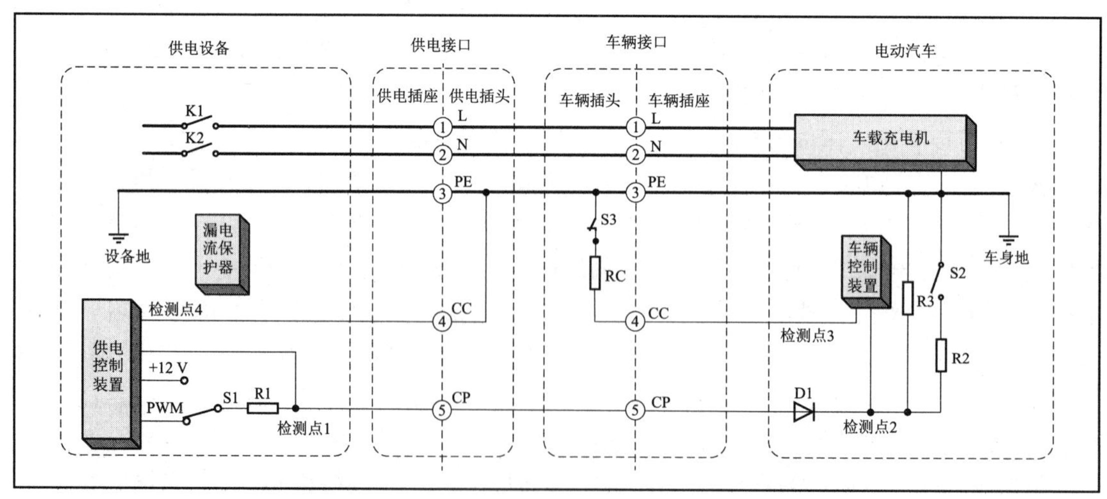

图 3-3　交流充电接口的控制导引电路（以 GB/T 20234.2—2011 中充电模式 3 连接方式 B 为例）

1）连接状态判断

在交流充电接口的 7 个针脚中，CC 针和 CP 针最短，当 CC 针或 CP 针与对应的插孔导体连接后，则表明所有的针脚都已经连接，这时可以通过检测点 1、检测点 2 和检测点 3 的电压变化进行判断。供电控制装置可以根据这些电压值判断连接状态是否正确，从而控制主回路开关 K1、K2 的闭合或打开。

2）充电电缆承载电流识别

目前，我国的交流充电连接装置可分为 16 A 和 32 A 两种电流等级。电阻 RC 是充电连接装置的内置电阻，其电阻值是与电缆承载电流的大小相匹配的。车载充电机可以通过判断检测点 3 的电压值来判断电缆的承载能力，从而确定充电电流的上限。

3）带载切断安全保护

在充电过程中，由于误操作或者意外原因，有可能使充电插头在带载时断开，控制导引电路需要降低或避免这种操作带来的危害。开关 S3 被设计成和机械锁按钮联动，当机械锁按下时，车载充电机可以通过检测点 3 的电压变化判断充电插头有拔出的趋势，从而在主回路断开前提前降低或切断电流输出，避免拉弧或其他危害。另外，由于 CC 针和 CP 针为短针，两个控制导引针会先于主回路的 L 针和 N 针断开，利用这个时间差，充电装置可以通过检测点 1 或检测点 4，车载充电机可以通过检测点 2 和检测点 3 的电压变化判断出充电插头将要断开，从而在主回路断开前提前降低或切断电流输出，避免拉弧或其他危害。

4）控制导引信号

供电控制装置生成 PWM（脉冲宽度调制）信号，利用其占空比来表示充电电流的允许限值，PWM 占空比与充电电流允许限值的映射关系如表 3 - 4 及图 3 - 4 所示。

表 3 - 4　PWM 占空比与充电电流允许限值的映射关系

PWM 占空比/D	最大充电电流 I_{max}/A
$D<10\%$	不允许
$10\%\leqslant D\leqslant 85\%$	$I_{max}=D\times 100\times 0.6$
$85\%<D\leqslant 89\%$	$I_{max}=(D\times 100-64)\times 2.5$
$D>89\%$	不允许

3.3.3　直流充电接口

国际电工委员会（IEC）关于直流充电接口的标准 IEC 62196 - 3：2014《电动车辆传导充电用插头、插座、车辆连接器和车辆接口　第 3 部分：直流充电接口和附属连接线路的尺寸互换性要求》已于 2014 年发布，该标准包括 4 种直流充电接口方案，分别为来自于日本的 CHAdeMO 标准、美国推荐的交流和直流引脚并存的 Combo Connector 方式、欧洲的 3 相交流方式和我国的直流充电标准。IEC 62196 - 3 对各类直流充电接口的电压、电流及接口形式的规定如表 3 - 5 所示。

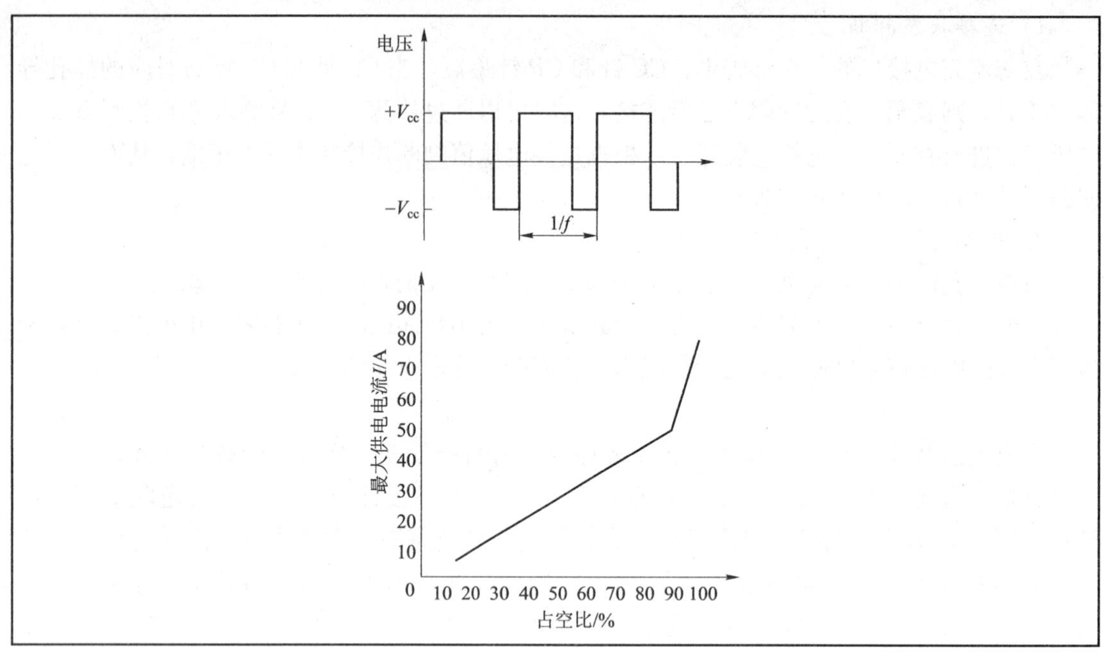

图 3-4　PWM 占空比与充电电流允许限值的映射关系

表 3-5　IEC 62196-3 对各类直流充电接口的电压、电流及接口形式的规定

接口类型	A	B	C Type		C Combo	
			1	2	1	2
电压/V	600	750	300	480	600	850
电流/A	200	250	80	80	200	200
接口形式	DCS1 FE ③ DCP DC+ DCC CA4L DCS2 CA4H DC−	S+ CC2 S− CC1 DC− DC+ A+ PE A−	DC− DC+ CP PE CS		N/L2 CP L1 CS/PP PE DC− DC+	PP CP L1 N L2 PE L3 DC− DC+

4 种直流充电接口各端子功能的定义如表 3-6 所示。其中，DC＋为直流电源正极端子，DC－为直流电源负极端子，PE 为保护地端子，CP 为控制导引端子 1，CP 2 为控制导引端子 2，CP 3 为控制导引端子 3，COM 1 为通信端子正极，COM 2 为通信端子负极，IM 为绝缘检测端子，PD/CS 为连接确认端子，AUX 1 为辅助电源端子正极，AUX 2 为辅助电源端子负极。

表 3-6　4 种直流充电接口各端子的功能定义

端　子	功能定义	接口引脚			
		A	B	C Type	C Combo
1	DC＋	DC＋	DC＋	DC＋	DC＋
2	DC－	DC－	DC－	DC－	DC－

续表

端　子	功能定义	接口引脚			
		A	B	C Type	C Combo
3	CP	DCP	CC1	CP	CP
4	CP2	DCS1			
5	CP3	DCS2			
6	COM1	CA4H	S+		
7	COM2	CA4L	S−		
8	IM				
9	PE	PE	PE	PE	PE
10	PP/CS	DCC	CC2	CS	PP
11	AUX1		A		
12	AUX2		A−		

日本的 CHAdeMO 标准为最早实施的直流充电标准，受益于日系车企对电动汽车的推广较早，该标准目前在欧洲和北美市场中影响最大。我国的直流充电接口采用 9 芯结构，日本的 CHAdeMO 标准采用 10 芯接口，并且都包含了在连接确认、充电导引及直流针脚之外的额外两根 CAN 通信端子。但是，CHAdeMO 标准规定的最大电流为 200 A，最大功率为 60 kW，主要用于满足电动乘用车的快速充电需求；而我国标准考虑到电动商用车的应用，增加了直流充电接口的输出功率，将最大电流设置为 400 A，充电功率可以达到 150 kW 以上，相比 CHAdeMO 标准 60 kW 的功率等级要高出一倍，需要在连接器设计中考虑到电气间隙及爬电距离的影响，在结构尺寸上与 CHAdeMO 制式有很人的不同。因此，我国的直流充电接口也能够用于城市纯电动公交车的电能补充。

在国家标准发布之前，国内的直流充电接口标准主要有汽车行业标准 QC/T 841—2010《电动汽车传导式充电接口》、深圳市地方标准 SZDB/Z 29.7—2010《电动汽车充电系统技术规范　第 7 部分：非车载充电机充电接口》（包括 600 V/300 A 和 750 V/600 A）、国家电网企业标准 Q/GDW 398—2009《电动汽车非车载充放电装置电气接口规范》和南方电网企业标准 Q/CSG 11516.5—2010《电动汽车非车载充电机充电接口规范》，国内各直流充电接口标准的对比如表 3-7 所示。从表 3-7 中可以看出，国内各直流充电接口标准之间的差别较大，接口的针脚个数、定义方式、物理尺寸及功能要求等都不统一。汽车行业标准采用 9 芯插头，而深圳市地方标准和南方电网企业标准均采用 8 芯接口，针脚功能定义基本一致，但都没有考虑充电控制导引电路，仅依靠针脚的长度实现连接确认。国家电网企业标准规定的直流充电接口不仅具有充电控制导引功能，而且还支持不同的服务对象，因此其针脚数也最多。针对此前国内各直流充电接口相关标准差别较大的情况，我国以汽车行业标准为基础，在 2011 年发布了 GB/T 20234.3—2011《电动汽车传导充电用连接装置　第 3 部分：直流充电接口》，从而实现了国内电动汽车直流充电接口的统一。

表 3－7　国内各直流充电接口标准的对比

标准名称 技术要求	QC/T 841—2010	SZDB/Z 29. 7—2010		Q/GDW 234—2009	Q/CSG 11516. 5—2010
最大电流/A	250	300	600	400	500
最高电压/V	750	600	750	600	600
针脚和锁止	9 芯，有锁止装置	8 芯，有锁紧装置	8 芯，有锁紧装置	11 芯，有锁紧装置	8 芯，有锁紧装置
接口形式	CC S− S+ CC1 DC+ DC− A− A+ PE	S+ CAN屏蔽 DC+ S− DC− A+ PE A−	A− A+ DC− DC+ S− S+ PE CAN屏蔽	无明确规定	CAN-H 数据地 充电电源+ CAN-L 充电电源− 辅助电源− 辅助电源+ 保护接地

3. 3. 4　非车载充电机与电池管理系统之间的通信协议

由于早期国内电动汽车的示范运行主要集中在公交领域，为了满足运营需求，电动公交车一般采用直流充电模式，非车载充电机通过直流充电接口给电池充电。在充电过程中，非车载充电机必须与电池管理系统进行通信，以完成充电控制和信息交互，因此国内的电动汽车充电通信协议标准的规定对象目前主要集中在非车载充电机与电池管理系统上。考虑到今后电动乘用车的普及，交流充电桩与车载充电机之间的通信协议标准也已经在编写规划的过程中。目前，国内的电动汽车充电通信协议标准主要包括国家标准 GB/T 27930—2011《电动汽车非车载传导式充电机与电池管理系统之间的通信协议》、汽车行业标准 QC/T 842—2010《电动汽车电池管理系统与非车载充电机之间的通信协议》、国家能源局行业标准 NB/T 33003—2010《电动汽车非车载充电机监控单元与电池管理系统通信协议》、深圳市地方标准 SZDB/Z 29. 8—2010《电动汽车充电系统技术规范　第 8 部分：非车载充电机监控单元与电池管理系统通信协议》、国家电网企业标准 Q/GDW 235—2009《电动汽车非车载充电机通信协议》和南方电网企业标准 Q/CSG 11516. 6—2010《电动汽车非车载充电机监控单元与电池管理系统通信协议》，各标准中对于具体性能指标的规定如表 3－8 所示。

表 3－8　各标准对于具体性能指标的通信协议的规定

标准名称 数据格式	GB/T 27930—2011	QC/T 842—2010	NB/T 33003—2010
通信协议	CAN 通信协议		
物理层	采用本标准的物理层应符合 ISO 11898－1：2003、SAE J 1939－11：2006 中的规定。BMS 与充电机的通信宜使用独立于动力总成控制系统之外的 CAN 接口	采用本标准的物理层应符合国际标准 ISO 11898、SAE J 1939－11 的规定。BMS 与充电机的通信宜使用独立于动力总成控制系统之外的 CAN 接口	采用本标准的物理层应符合国际标准 ISO 11898、SAE J 1939－11 的规定。BMS 与充电机的通信宜使用独立于动力总成控制系统之外的 CAN 接口

续表

<table>
<tr><th colspan="2">标准名称
数据格式</th><th colspan="2">GB/T 27930—2011</th><th colspan="2">QC/T 842—2010</th><th colspan="2">NB/T 33003—2010</th></tr>
<tr><td rowspan="9">数据链路层</td><td>帧格式</td><td colspan="2">采用CAN扩展帧的29位标识符。具体每个位分配的相应定义应符合SAE J 1939 - 21的规定</td><td colspan="2">CAN扩展数据帧被分成不同的位域，其中仲裁域有29位标识符。本标准的CAN数据帧格式参考SAE J 1939 - 21的规定</td><td colspan="2">使用CAN扩展帧的29位标识符。具体每个位分配的相应定义应符合SAE J 1939 - 21的规定</td></tr>
<tr><td>协议数据单元（PDU）</td><td colspan="6">收 → P：3；R：1；DP：1；PF：8；PS：8；SA：8；数据域：0～64
由7部分组成，分别为优先级（P）、保留位（R）、数据页（DP）、PDU格式（PF）、特定PDU格式（PS）、源地址（SA）和数据域</td></tr>
<tr><td>协议数据单元（PDU）格式</td><td colspan="2">选用SAE J 1939 - 21：2006中5.3定义的PDU1格式</td><td colspan="2"></td><td colspan="2">采用SAE J 1939：21规定的PDU1格式</td></tr>
<tr><td>参数组编号（PGN）</td><td colspan="2">第二个字节为PDU格式（PF）值，高字节和低字节均为00 H</td><td colspan="2"></td><td colspan="2">第二个字节为PDU格式（PF）值，高字节和低字节均为00 H</td></tr>
<tr><td>传输协议功能</td><td colspan="2">BMS与充电机之间传输9字节或以上的数据使用传输协议功能，具体连接初始化、数据传输和连接关闭应遵循SAE J 1939 - 21：2006的5.10和5.4.7中消息传输的规定</td><td colspan="2"></td><td colspan="2">BMS与充电机之间传输9字节或以上的数据使用传输协议功能，具体连接初始化、数据传输和连接关闭应遵循SAE J 1939 - 21中消息传输的规定</td></tr>
<tr><td rowspan="3">地址分配</td><td>装置</td><td>地址</td><td>装置</td><td>地址</td><td>装置</td><td>地址</td></tr>
<tr><td>BMS</td><td>86（56H）</td><td>BMS</td><td>224</td><td>充电机</td><td>229（E5H）</td></tr>
<tr><td>充电机</td><td>244（F4H）</td><td>充电机</td><td>229</td><td>BMS</td><td>244（F4H）</td></tr>
<tr><td>信息类型</td><td colspan="2">具有命令、请求、广播/响应、确认和组功能，具体定义应遵循SAE J 1939 - 21：2006中5.4关于消息类型的规定</td><td colspan="2"></td><td colspan="2">具有命令、请求、广播/响应、确认和组功能，具体定义应遵循SAE J 1939：21的规定</td></tr>
<tr><td colspan="2">应用层</td><td colspan="2">详见GB/T 27930—2011中第7节的规定</td><td colspan="2"></td><td colspan="2">主要遵循SAE J 1939 - 71的规定</td></tr>
<tr><td colspan="2">充电流程</td><td colspan="2">充电握手阶段、充电配置阶段、充电阶段和充电结束阶段</td><td colspan="2">握手阶段、配置阶段、充电阶段和充电结束阶段</td><td colspan="2">充电握手阶段、充电参数配置阶段、充电阶段和充电结束阶段</td></tr>
</table>

从表 3－8 可以看出，国内非车载充电机与电池管理系统的通信采用 CAN 通信协议，在充电过程中监测电压、电流和温度等参数，BMS 根据充电控制算法管理整个充电过程。通信协议的物理层和数据链路层一般采用 ISO 11898－1 和 SAE J 1939－11（21）两种标准，数据帧格式符合 CAN 总线 2.0B 的规定，通信速率为 250 kbit/s。应用层主要参考 SAE J 1939－71 的规定。深圳市地方标准的数据报文格式与南方电网企业标准一致，而国家标准主要由能源局主持编写，因此国家标准的数据报文格式与能源局行业标准基本一致。

1. 数据帧格式

在国内各非车载充电机与电池管理系统之间的通信标准中，除汽车行业标准对通信的数据报文进行了详细的规定之外，其他标准的数据帧格式基本参照 CAN 通信标准，但是由于各标准的编写背景不同，在各个阶段的参数配置及参数编码方面，深圳市地方标准与南方电网企业标准一致，而国家标准主要由能源局主持编写，因此国家标准与能源局行业标准基本一致。各标准对数据帧格式的规定如表 3－9 所示。

表 3－9　数据帧格式

阶段	GB/T 27930—2011			QC/T 842—2010		NB/T 33003—2010		
	报文代号	报文描述	PGN	报文代号	报文描述	报文代号	报文描述	PGN
充电握手阶段	CRM	充电机辨识报文	256	CRM	充电机辨识报文	CRM	充电机辨识	256
	BRM	BMS 和车辆辨识报文	512	BRM	BMS 辨识报文	BRM	电池组身份编码信息	512
				BIM	电池信息报文	VIN	车辆识别信息	768
参数配置阶段	BCP	动力蓄电池充电参数	1536	CMTCM	充电机最大输出能力报文	BCP	蓄电池充电参数	1536
	CTS	充电机发送时间同步信息	1792	BCRM	BMS 充电准备报文	CTS	充电机发送时间同步信息	1792
	CML	充电机最大输出能力	2048	CCRM	充电机充电准备报文	CML	充电机最大输出级别	2048
	BRO	电池充电准备就绪状态	2304			BRO	电池充电准备就绪状态	2304
	CRO	充电机输出准备就绪状态	2560			CRO	充电机输出准备就绪状态	2560

续表

阶段	GB/T 27930—2011			QC/T 842—2010		NB/T 33003—2010		
	报文代号	报文描述	PGN	报文代号	报文描述	报文代号	报文描述	PGN
充电阶段	BCL	电池充电需求	4096	BCLRM	电池充电级别需求报文	BCL	电池充电级别	4096
	BCS	电池充电总状态	4352	BCSM	电池充电状态报文	BCS	电池充电总状态	4352
	CCS	充电机充电状态	4608	CCSM	充电机充电状态报文	CCS	充电机充电状态	4608
	BSM	动力蓄电池状态信息	4864	BACM	BMS 终止充电报文	BS1	蓄电池状态信息 1	4864
	BMV	单体动力蓄电池电压	5376	CACM	充电机终止充电报文	BS2	蓄电池状态信息 2	5120
	BMT	动力蓄电池温度	5632			BMV	蓄电池各模块电压	5376
	BSP	动力蓄电池预留报文	5888			BMT	蓄电池组温度	5632
	BST	BMS 终止充电	6400			BSOC	蓄电池组荷电容量 SOC	5888
	CST	充电机终止充电	6656			BAV	蓄电池组平均模块电压	6144
						BST	BMS 终止充电	6400
						CST	充电机终止充电	6656
充电结束阶段	BSD	BMS 统计数据	7168	BCSM	BMS 充电统计报文	BSD	BMS 统计数据	7168
	CSD	充电机统计数据	7424	CCSM	充电机充电统计报文	CSD	充电机统计数据	7424
错误报文	BEM	BMS 错误报文	7680	BEM	BMS 错误报文	BEM	BMS 错误数据	7680
	CEM	充电机错误报文	7936	CEM	充电机错误报文	CEM	充电机错误数据	7936

2. 充电过程

如图 3－5 所示，国内已经发布的非车载充电机与 BMS 之间的通信协议的各相关标准对于整个充电过程的划分基本一致，主要包括充电握手、充电参数配置、充电和充电结束 4 个阶段。在各个阶段，充电机与 BMS 如果在规定的时间内没有收到对方报文或没有收到正确报文，即判定为超时。国家标准、汽车行业标准和能源局标准中规定的超时时间为 5 s，深圳市地方标准和南方电网企业标准中规定的超时时间为 10 s。当出现超时后，BMS 或充电机发送错误报文，并进入错误处理状态。下面将以 GB/T 27930—2011《电动汽车非车载传导式充电机与电池管理系统之间的通信协议》为例对充电机与 BMS 在整个充电过程中各阶段的通信流程进行分析。

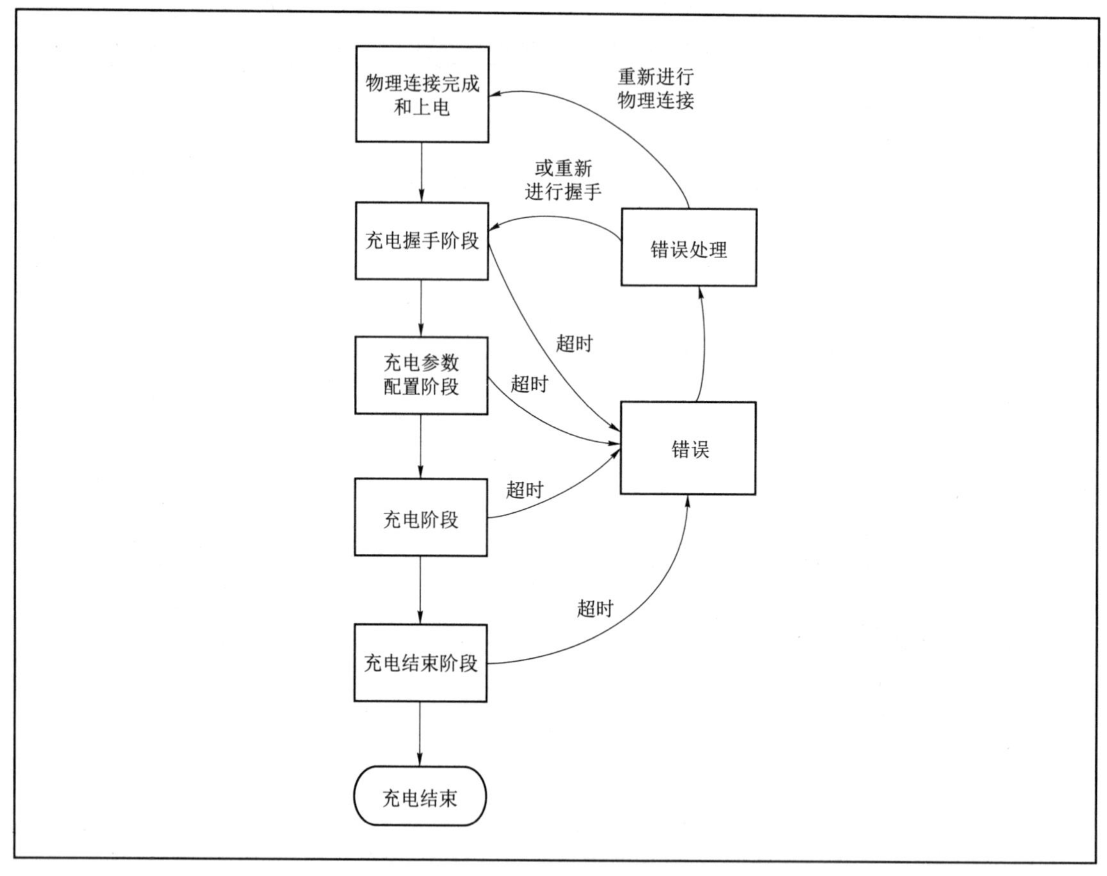

图 3－5　充电的整体流程

1）充电握手阶段

当充电机和 BMS 物理连接完成并上电后，BMS 首先检测低压辅助电源是否匹配，如果低压辅助电源匹配，双方进入充电握手阶段，确定充电机编号、BMS 通信协议版本号、电池类型、整车动力蓄电池系统的额定容量和额定总电压等信息。充电握手阶段的具体流程如图 3－6 所示。

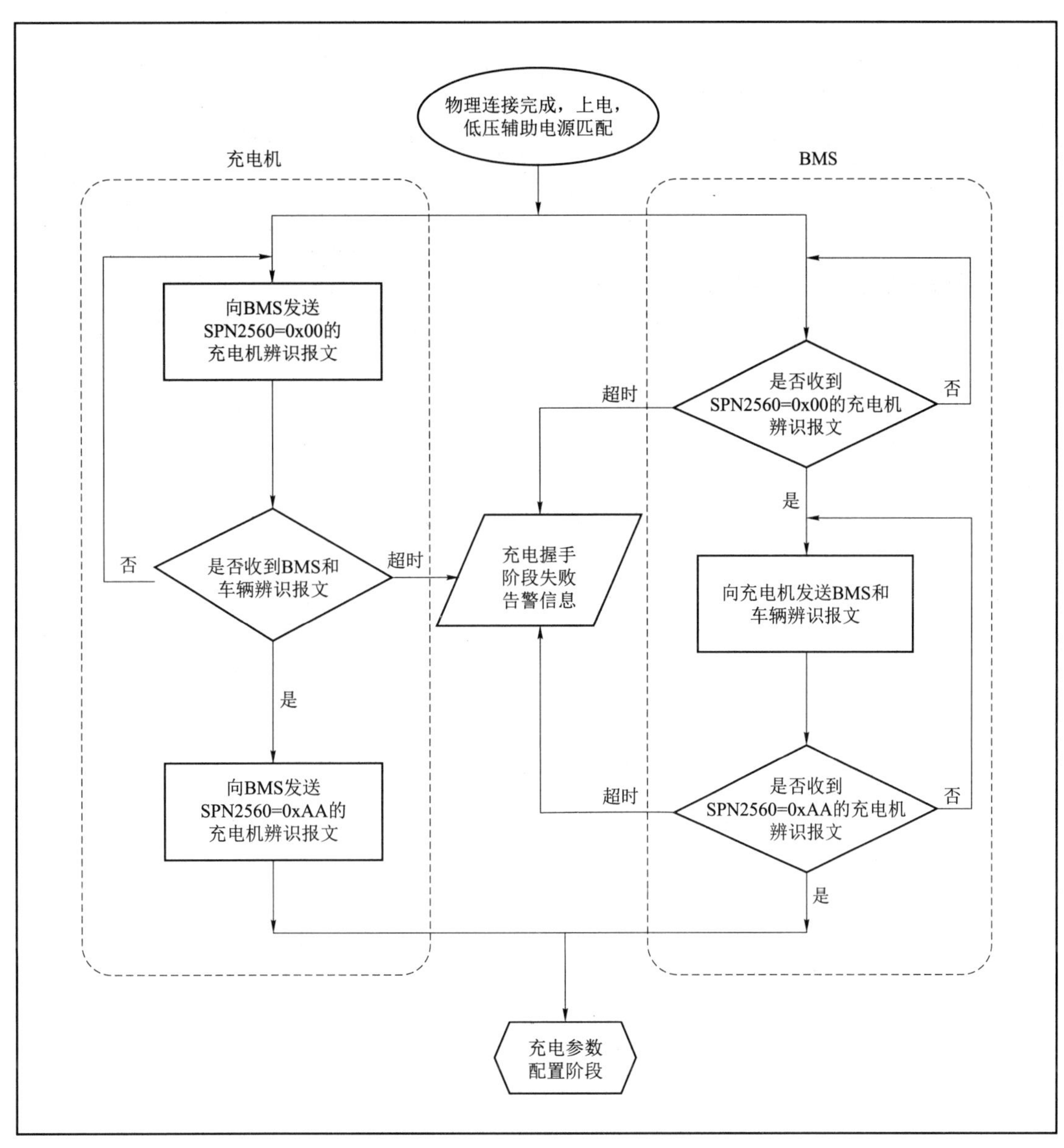

图 3-6　充电握手阶段的流程

2）充电参数配置阶段

充电握手阶段完成后，充电机和 BMS 进入充电参数配置阶段。BMS 向充电机发送电池充电参数报文，确定单体动力蓄电池的最高允许充电电压和电流、动力蓄电池的标称总能量、最高允许充电总电压、最高允许温度、整车动力蓄电池的荷电状态和总电压。充电机向 BMS 发送最大输出能力报文，包括最高输出电压、最低输出电压和最大输出电流，BMS 则根据充电机的最大输出能力判断是否能够进行充电。充电参数配置阶段的具体流程如图 3-7 所示。

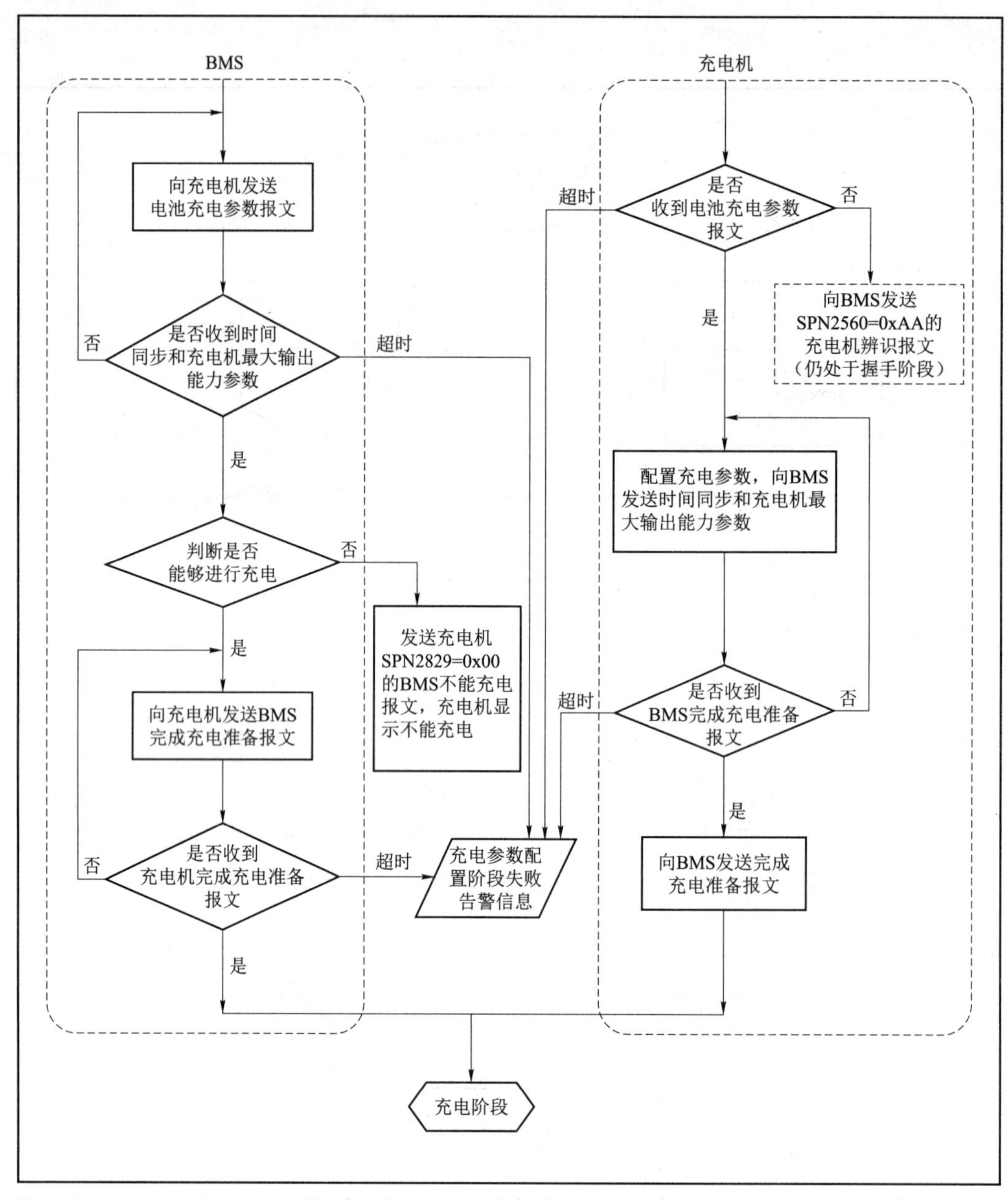

图 3-7　充电参数配置阶段的流程

3）充电阶段

充电配置阶段完成后，充电机和 BMS 进入充电阶段。在整个充电阶段，BMS 实时向充电机发送电池充电需求（电压需求、电流需求和充电模式），充电机根据电池充电需求调整充电电压和充电电流，以保证充电过程的正常进行。在充电过程中，充电机和 BMS 始终向对方发送各自的充电状态信息。电池充电信息包括充电电压、充电电流、最高单体电压、当前荷电状态、估算剩余时间、各单体电池的电压和温度；充电机充电信息包括输出电压、输出电流和累计充电时间。充电阶段的具体流程如图 3-8 所示。

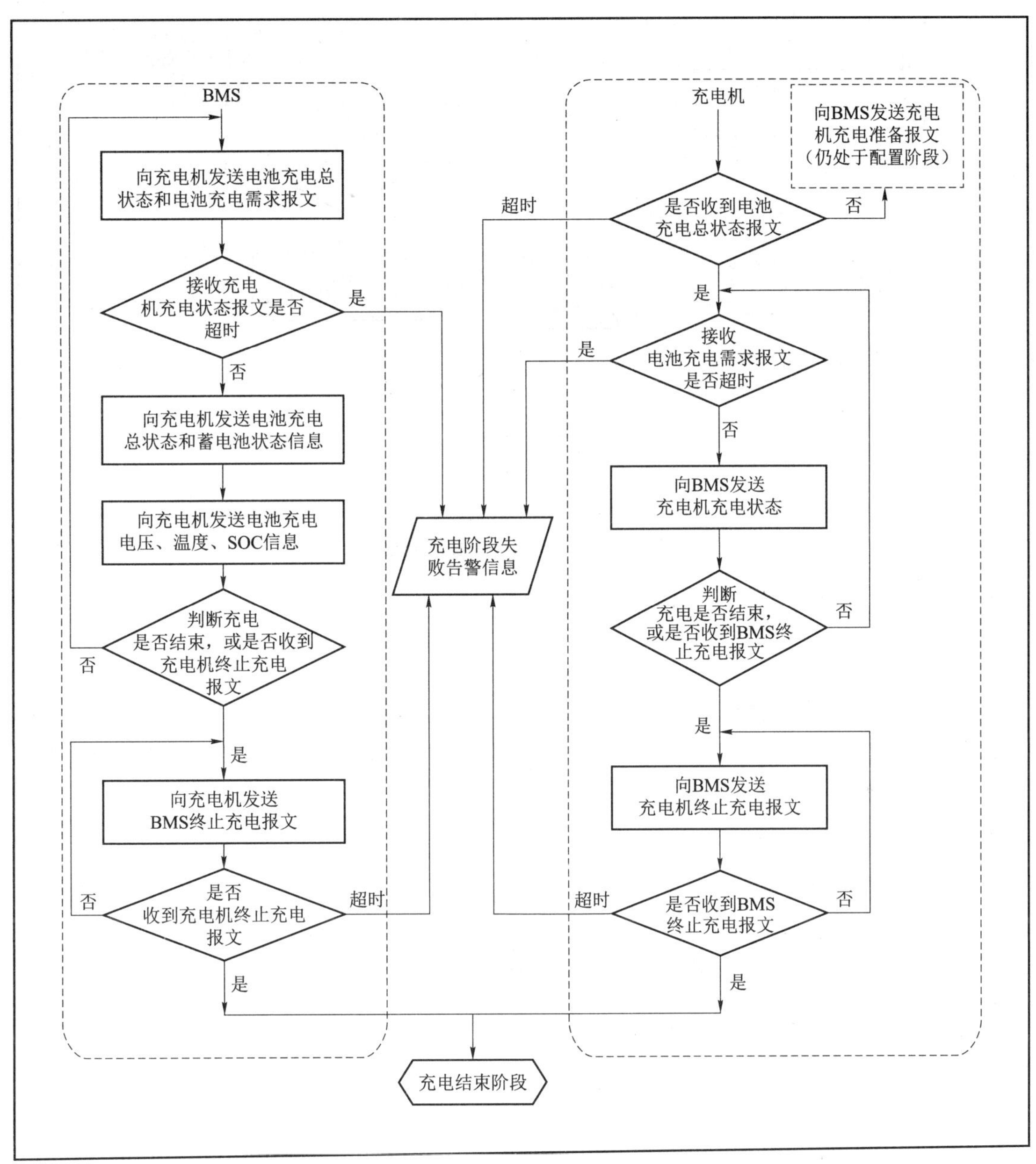

图 3-8 充电阶段的流程

4）充电结束阶段

当充电机和 BMS 停止充电后，双方进入充电结束阶段。BMS 向充电机发送整个充电过程的充电统计数据，包括初始 SOC、终止 SOC、电池最低电压和最高电压；充电机收到 BMS 的充电统计数据后，向 BMS 发送整个充电过程中的输出电量、累计充电时间等信息，最后停止低压辅助电源的输出。充电结束阶段的具体流程如图 3-9 所示。

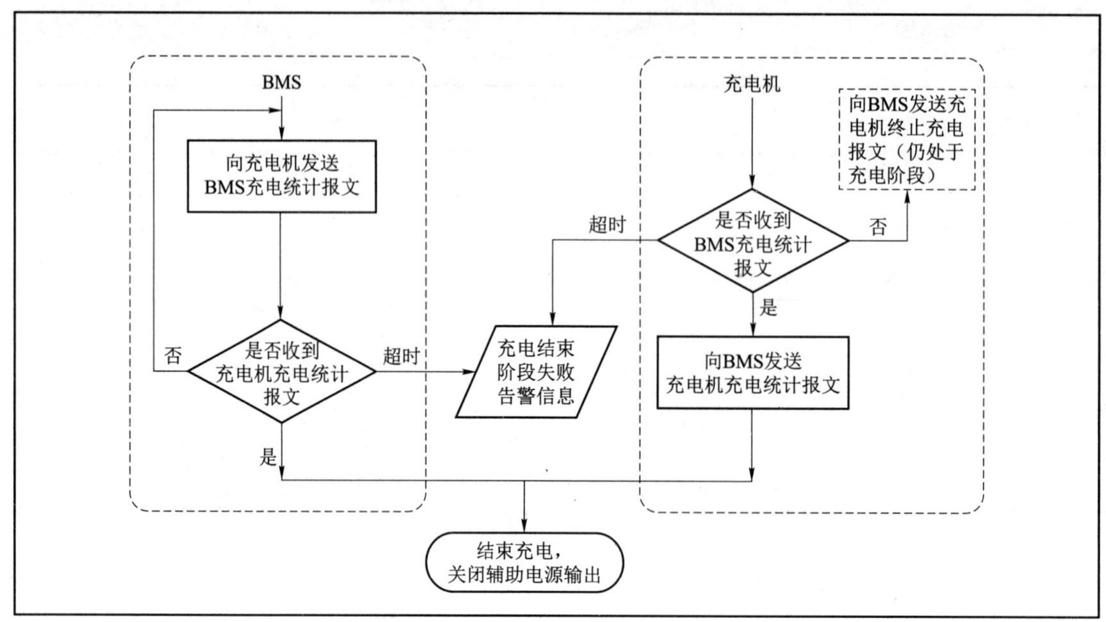

图 3-9　充电结束阶段的流程

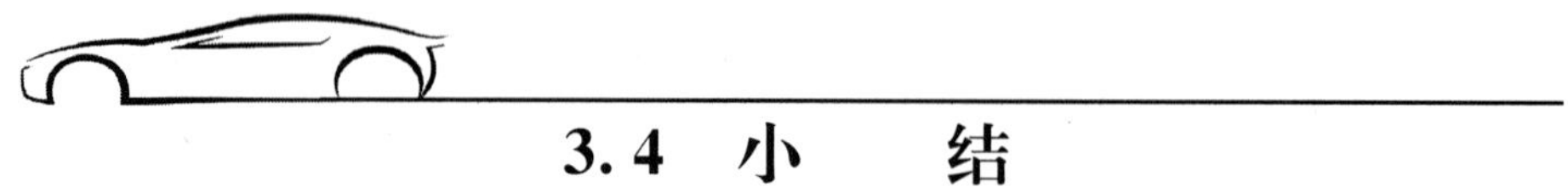

3.4　小　　结

电动汽车充电桩是电动汽车充电的重要设备之一，是车辆与供电电源之间的重要连接部件。目前，我国已经基本建立起了较为完整的充电桩相关标准体系，一方面极大地促进了电动汽车的推广和应用，另一方面也使我国的电动汽车产业在国际上占有了一席之地，成为一支重要的力量。

第 4 章

电动汽车充电站的结构及运行

根据充电运行模式和规模的不同，现有的电动汽车充电设施主要有综合类大型充电站和分散的单台交流充电机两种类型。大型充电站规模比较大，功能也比较完善，配备的充电设施比较齐全，可以同时为多辆、多种类型的电动汽车提供充电服务，而且各种充电方式（如慢速充电、快速充电或更换电池）也比较完备，可以满足电动汽车用户的各种需求；一些充换电站不仅提供便捷的电池更换与维修服务，还具备对更换下来的低电量电池组统一充电的能力，便于提高充电速度及减少对电池的损害，待充满电后直接预备为其他有需要的电动汽车提供电池更换服务。慢速充电的时间较长，但其优点是对电池组的性能影响不大；快速充电所需时间较短，但对电池组的性能有一定的损害。采用电池更换的方式为电动汽车补充电能时，需要各电池厂家统一电池的参数及性能标准，采用相同的接口、尺寸、规格、容量、性能等，从而降低充电站的运营成本；同时，还须建立电池剩余电量检测、计费且便于更换后抵偿费用的系统，但该系统只有在解决电池更换时新旧折损费用及残留电量的计费标准问题后才能获得推广。因此，普通私家车、出租车和其他电动汽车用户可根据需要自行选择充电方式。

大型充电站采用两路电源供电，以充分保障充电站的供电可靠性。这种充电站虽然优势非常明显，但是劣势也非常突出，如占地面积大，城区中心区域难以提供充足的建设用地，增加了建设成本和建设难度等。因此，在电动汽车推广前期可先在公共汽车停车场内建设这类充电站，为电动公交车提供充电服务，作为示范并逐步推广。

单台的交流充电机一般采用单相供电，可设置在私人住宅、办公楼宇或停车场等场所。由于单台充电机的功率等级较小，成本较低，设备规模小，可利用现有的普通民用交流电源，无须额外配置专门的供电电源，因而可以随时随地充电，使用方便，基本不需要专门占地，建设非常方便，投资较少；由于单台交流充电机通常是在电动汽车停止使用的夜晚进行充电，不仅可享受优惠的用电低峰电价，而且还能起到“消峰平谷”、改善电网不平衡程度的作用。但是，由于单台交流充电机的充电速度较慢，因此需要在区域内进行广泛、合理的布局并形成规模，以及统一充电机标准等，只有做到这些才能有效地促进电动汽车的发展。

2005 年 6 月 21 日，北京市 121 路纯电动公共汽车示范线项目暨国内首支电动公交车队正式运营，配套的充电站采用 28 台 30 kW 的充电机为车辆提供服务。当车辆进入充电站时，利用电池拆卸装置快速更换车上的动力电池组，被换下的电池组以单箱电池为单元进行充电。除了充电机外，该充电站还包括电池管理系统、烟雾传感器、辅助直流电源及电池存储架等，这些设施能完成电动公交车的充电、维修及保养等功能。

随着节能环保理念的深入人心，以及在国家新能源汽车政策的鼓励下，特别是2008年北京奥运会和2010年上海世博会分别建成并成功运营了为服务于赛事和园区的电动汽车充电的大型充电站，很好地宣传和推广了电动汽车及其相关技术的发展。深圳、武汉和天津等城市在当地政府的大力支持与推动下，也相继建成了电动汽车充电站示范项目。

由于动力电池组存储电能容量的限制，为使电动汽车具有足够的续航里程，满足用户的使用要求，就必须建设布局合理、规模适宜、运行安全可靠的充电设施服务网络，而充电站的规划和建设将直接影响电动汽车产业的发展。在电动汽车充电站的规划和设计中，需要在分析区域内服务对象的特点及其充电需求的基础上，确定充电站的总体结构并给出运营模式的建议方案，从而为大规模建设的充电站在运营模式的选择上提供技术参考，推动充电体系的建设，进而推进电动汽车的产业化发展和推广普及。

4.1 充电站的服务对象

电动汽车由于具有无尾气污染、价格低廉等优点，不仅受到环保意识强烈的个人消费者和政府公务用户的青睐，使电动私家汽车和电动公务车用车的销量逐年增长，而且也在多种行业中得到了大量的应用。不同种类的电动汽车具有不同的用途，在行驶线路、行驶里程和行驶时间上有所不同，有着各自的运行特点，因此，不同用途的电动汽车对充电方式和充电功率等的要求也不尽相同。不同种类的电动汽车的用途和运行特点如表4－1所示。

表4－1 不同种类的电动汽车的用途和运行特点

种类	用途	运行特点
电动公交车	公共交通	行驶路线、运营时段固定，一天中的行驶里程较长；客流通常在时间和空间上的分布不均衡，如客流在高峰时段和平峰时段有显著区别，在部分站点乘客流动密集等，一般在夜间停运
电动出租车		行驶路线、运营时间、行驶里程及客流分布不固定，有较大的随机性，每日的运行里程较长
特殊园区用车	奥运会、世博会等大型比赛及展览	行驶在一定的小范围区域内，一般有固定的行驶路线、行驶里程和运营时段，一般在夜间停运
公共事业用车	园林、环卫等部门	一般有固定的行驶线路和行驶范围，夜间停运
电动私家车	私人出行	
电动公务车	政府公务	
电动商务车	商务通勤等	
电动工程车	市政、抢险等	每日的行驶线路和行驶里程不固定，变化较大，没有固定的运行时间

由表4－1可见，电动汽车充电站的结构和运营模式取决于所服务的车辆类型及用途，

因此，充电站在进行设计时，在供配电容量、充电机的种类与数量、充电站场地大小及配套辅助设施的设置等方面必须对这些因素予以考量，以便使充电站更好地满足各类不同用途的电动汽车的充电需求。因此，充电站在规划、设计和建造之前，应充分分析所服务车辆的种类、运行特性和潜在的电能扩容量。

4.2　电能补给技术

4.2.1　电能补给方式

电动汽车的电能补给通常有两种方式，分别为整车充电模式和电池快换模式。

1. 整车充电模式

电池组随电动汽车进入充电机（站），直接通过充电电缆的插头与充电机相连进行充电，电动汽车在充满电后驶离充电机（站），这种电能补给方式的优点是操作简单、方便，用户无论男女老幼，均可像给普通燃油汽车加油一样自助完成充电过程，其缺点是需要一定的充电时间，无法尽快恢复行驶，对于公交车和出租车等运营车辆，将占用运营时间，造成车辆利用率降低，难以保证足够的运力，造成企业和司乘人员的经济收入的降低。此外，这种充电模式也不利于保持电池组的均衡性及延长电池组的使用寿命。

2. 电池快换模式

电动汽车进入充电站后，将电量不足的电池组从车辆上卸下，然后安装上充电站里配备的已充满电的电池组后，电动汽车即可继续上路行驶，被替换下来的电量不足的电池组可就地在充电站内特设的充电间内进行集中充电、或送往拥有相应充电设施的其他充电站进行集中充电，这种电能补给方式由于采用了专用的电池组集中充电模式，因此具有有利于保持电池的性能、延长电池的使用寿命及提高运营车辆的使用效率等优点。

该模式还可以进一步发展为在土地资源充裕且价格相对较低的城区外建设统一的专用电池充电站，通过采取向城区内的充电站定期配送充满电量的电池组以备所需、并将城区充电站内替换下来的电量不足的电池组运回专用充电站以便进行集中充电的方式，从而能够有效解决在市区特别是中心城区难以占用大量土地建设综合大型充电站及部分充电站因空间狭小而无法布置更多快速充电机以满足用户需要的难题，不仅能够达到在城区规划、建设规模和密度适宜的充电站的目的，而且还具有能够有效利用夜晚优惠电价，减少用户开支及平衡电网供电等优势，但该方案的缺点是需要配备专业人员和高效的电池更换设备，以便快速完成电池组的拆卸及安装等工作，以达到整个电池更换过程与普通燃油汽车加满油箱的时间相当，因此增加了成本和实施的难度。此外，由于涉及电池的存储和保管，也需要采取必要的安全和防护措施。

综上所述，在为电池组选择电能补给方式时，应充分考虑电动汽车的种类、运行特点、对电池组性能的影响、配置设备的成本及电能补给的费用等因素，既可以采取单一的方式，也可以采用多种不同方式的组合，从而优化充电策略和充电过程，更好地满足电动汽车的使用需求。

4.2.2 电动汽车的充电需求和电能补给方式的选择

由于电动汽车存在种类和运行特性等的不同，因此其对充电需求和在充电模式的选择上也必然存在差异。为了保障各种电动汽车的日常行驶，需要结合它们各自的充电需求、充电机（站）建设成本、对电池组使用寿命影响及使用是否方便等因素，综合选择所用动力电池组适宜的电能补给方式。下面将根据不同种类的电动汽车的运行特点分别介绍各自的充电需求和电能补给方式的选择。

1. 服务于公共交通领域及大型活动的车辆

这类车辆通常包括公交车、出租车、奥运场馆和世博园区用车等，通常在一天中具有较长的运行时间和距离，具有停运时间短、对充电时间要求高的特点，现有的技术难以保证一次充满电后满足全天的行驶需求，因此适合依据具体情况采用与整车一起的电池组快速充电与更换电池相结合的电能补给方式，以便及时获得电能、减少侵占运营时间、提高运营收入。

1）公交车

公交车等公共交通系统的运营车辆，承担着主要的城市客运任务，与人们日常生活息息相关，任何原因导致的停运等事故都对社会生产和居民生活造成较大的负面影响，因此，公共交通车辆必须保证时刻正常运行。而公交车通常在运行线路和每日的运营里程方面都较长，现有的动力电池组技术还无法保证每充满一次电后满足电动公交车行驶全天运营里程的需要，但通常能超过单程的运营里程，加之在车辆起点站或终点站一般都设有充电设施，因此电动公交车每运行一趟后即可利用发车间隙及时为电池补给电能，从而避免在运营途中因动力电池电量不足导致的停运事故。一般情况下，车辆在场站里等待发车时，可采用与整车一起的电池组快速充电方式；而在应对客流高峰、需连续运营时，则可采用更换电池的电能补给方式，以便及时投入运营、保证运力、缓解大客流量的压力；在夜间停运期间，则可采用慢速充电方式，以减少对电池组使用寿命的不利影响。

2）出租车

出租车的运行特性不同于公交车，其没有固定的线路、运行时段和运行规律，北京、上海等大城市的电动出租车一次充满电量后的续航里程往往同样无法达到其全天平均行驶里程的要求，由于出租车的行驶里程通常较远、电池电量的消耗也很大，在一天中可能需要多次充电，而司机们也不太可能接受电池组的充电过程挤占过多的运营时间，因此，应根据其一次充满电量后的续驶里程，在城区合理的范围内建设相应的充电设施，保证这些车辆能够及时获得电能补给。

3）特殊园区用车

以服务于北京奥运会和上海世博会的电动汽车为例，这类车辆行驶在固定的区域内，通常使用频繁，需要根据运行情况以适当的方式及时为电池组补充电能，以满足每日的运行需求，同时可在夜间停运时进行慢速充电。

2. 私家车、公务车、景区和公共事业用车

电力驱动的私家车、政府公务车、公园观光车、景区摆渡车、社区警用车、环卫车和工程车等车辆通常在使用频次和运行里程上小于上一类型的车辆，一次充电后基本可满足一天的行驶需求。这类车辆在停运时一般停放在单位停车场或小区停车位内，此时可利用这些场所提供的普通交流电源为车辆充电，即采用与整车一起的电池组慢速充电方式，由于这类车辆的电池容量一般较小，充电功率也较小，因此通常配置有车载慢速充电机，不仅可保证车辆的日常使用，同时还能减少对电池组使用寿命的影响，特别是在夜间充电时，还能充分利用低谷电价，从而进一步降低使用成本。如遇到特殊情况，这些车辆也可以利用社会已有的充电设施进行快速充电。

1）景区、环卫及公共事业用车

服务于公园、景区、环卫和工程施工等领域的电动汽车，每日的平均行驶距离有限，一次充满电量后可基本满足全天的行驶需求，一般通过夜晚停运时段的充电即可。

2）电动私家车和政府公务用车

电动私家车和政府公务用车的运行时间比公交车和出租车短，一次充满电量后可基本满足每日的运行要求，如有紧急需要还可以利用城区范围内建设的充电设施进行电能的快速补充。这类车辆在夜间基本停运，因此可利用此时段使用设置在车库或停车场的慢速充电机充电，还能享受到低谷时段的优惠电价。

4.3　充电站的结构

综合的大型充电站一般具备对电池组进行随车快速充电和从车上取下后集中充电两种电能补给方式，同时还应具有完善的功能，以保证对电动汽车的电池进行电能补给之外，还能有较高的安全等级、远程监控能力、良好的人机交互功能、电价计量与交费功能及消除因作为大功率非线性负载而导致的网侧谐波污染的能力等，因此充电站的总体结构较为复杂，主要由供配电系统、充电系统、电池调度系统、充电站监控系统和其他配套设施等组成。配套设施包括充电工作区、站内建筑、自助交易人机交互系统、消防设施和计量收费系统等。

4.3.1　充电站的供配电系统

充电站的配电系统由 10 kV 高压配电系统和 0.4 kV 低压配电系统两部分组成，包括配电变压器、高/低压配电装置、LC 滤波器、配电柜、计量装置、配电监控系统和谐波抑制装置等设备，为电动汽车充电机及充电站内照明、控制和办公等其他设备的运行提供所需要的电能，是整个充电站正常工作的基础。配电系统的容量应包括充电机的动力用电及监控、照明和办公等设施的用电。根据《国家电网公司电动汽车充电设施建设指导意见》的要求，大型充电站的配电系统应符合常规配电装置的要求，电力负荷级别为 2 级，采用双路 10 kV 高压交流电源供电，不配置后备电源，10 kV 侧采用单母线分段的主接线型式，并设置断路器互为备用，有两组配电变压器，输入为 10 kV/50 Hz，输出为 0.4 kV/50 Hz；中型充电站的进线电源采用 10 kV 单路供电，10 kV 侧采用单母线接线的方式，采用真空断路器高压开关柜，当负荷容量小于 4 000 kVA 时，也可以使用负荷开关以减少投资，同时设置进线计量柜、电压互感器、避雷器柜及出线柜；小型充电站则采用单路 0.4 kV 电源供电，设置户外供电箱。

4.3.2 充电站的充电系统和设备

充电系统的功能是方便、快速、安全、高效和智能地为电动汽车的电池组补给电能，因而是整个充电站的核心部分。充电技术的提高对电动汽车续航能力的增加和普及推广具有重要的意义。充电系统的配置必须满足各种类型电池组的充电需求，在充电区完成电能的补给，内部建设充电平台、充电机及充电站监控系统的网络接口，同时应配备整车充电机。充电设备包括非车载充电机、电池更换设备和计费装置等，用以提供电池组充电所需的电源。

充电系统的主体为电能变换器，其功能是将供配电系统提供的交流或直流电能变换为适宜动力电池充电所需的直流输出，作为动力电池组的充电电源。充电系统应能自动识别不同种类和电压等级的电池组，以便调节相应的直流输出值，满足各种电池组的充电需求，这一过程主要由电能变换环节中的控制单元和电池管理系统（BMS）完成。充电系统电能变换环节的基本原理是首先将配电网输送的 10 kV 高压工频三相交流电经过配电变压器的隔离和降压转换为 0.4 kV 的低压交流输出，然后进行二极管不控整流或高频 PWM 脉冲整流转换为直流电，再通过支撑电容的平波作用获得稳定的直流输出，并作为后级 DC/DC 全桥变换电路的输入，经斩波变换及 LC 滤波后，最终输出为纹波很小且幅值可调的稳定的直流电，作为动力电池组的充电电源。此外，充电系统的电能变换控制部分还应实现与电能计量装置、电池管理系统、人机交互界面和充电监控系统之间的通信，以便完善充电机的充电控制和功能。

对于大型综合充电站而言，一般具备电池组随车快速充电和更换电池组两种电能补给方式。在电池组随车充电方式中，充电系统的结构相对简单，功能也比较单一，需要补给电能的电动汽车驶入充电站后，无须拆卸电池组即可通过电缆插头与充电机连接进行充电，充电插头中的 CAN 总线可与电动汽车的车载电池管理系统进行通信，进行充电控制，但是相对于将电池组拆卸后集中充电的方式，随车充电方式会降低电池组的均衡性及使用寿命，而且由于充电机数量多，监控网络复杂，导致成本升高；在电池更换方式中，一般将多个拆卸下来的电池相互串联连接成一组放置在充电平台上，每组电池通过一台充电机进行统一充电，充电机与该组电池的管理系统进行通信、以便控制充电过程，这种方式可有效提高电池组的均衡性、延长使用寿命，而且充电机的数量也较少、监控网络简单、成本较低。为此，充电平台需提供与电动汽车上低压直流电源一致的电源、电池充电及存储架、充电机通信接口、充电机输出连接器、烟雾传感器及监控装置等，其中，低压直流电源为电池管理系统提供工作用电；充电机通信接口可接受电池管理系统的充电控制信号；电能通过充电机输出连接器从充电机传输到电池组；烟雾传感器及监控装置等可实现对充电过程的实时监控与保护功能。

4.3.3 充电站电池调度系统

充电站的电池调度系统具有电池更换、储存和维护等功能，包括电池更换和电池维护两部分。电池调度系统主要完成电动汽车动力电池的更换操作和对更换下来的电池组进行集中充电等过程，包含对电池组质量与状态的实时监控管理、电池组实际容量与均衡性检测、电池组的分拣与重新配组、电池组的存储与维护及故障应急处理等内容，主要配备有电池拆装设备、电池储存架、电池检测与维修设备等，考虑到安全性和环境条件，还应划分出专门的电池组储存区域。其中，电池更换区是车辆更换电池的场所，需要配备电池更换设备，同时应建设电池存储间用于存放备用电池；电池维护间用来进行电池的重新配组、电池组均衡、电池组实际容量测试、电池故障的应急处理等工作，其消防等级应与化学危险品等同。

4.3.4　充电站监控系统

充电站监控系统对电动汽车充电机及站内其他设备的运行进行监控，通常包括充电站配电监控、充电机监控、烟雾报警监控和视频监控等系统及计量收费、通信、消防安全等一些辅助系统，用来保障充电站安全、可靠地运行，并能对充电站的异常运行状态做出迅速、快捷的响应，防止事故发生。

其中，配电监控系统采用 CAN 总线与中央控制系统进行数据交换，一方面将实时检测到的配电系统的运行状态参数传输给中央控制系统，另一方面可接受中央控制系统发来的控制指令，以便当配电系统或充电站的其他系统出现故障时，配电系统能按指令做出适当的处理；充电机监控系统主要将充电过程中充电机的控制参数和电池组的参数传输给中央控制系统，由后者进行数据分析、报表打印及传输对充电机的启停控制等指令；由于动力电池在充电时的故障通常表现为冒烟或燃烧，因此烟雾报警监视系统是对拆卸替换下来的电池组进行集中充电时的必备装置，可在发生危险时及时发出报警信号；视频监视系统则针对整个充电站内各主要设备的外表、场地和相关人员等进行监视，以免发生事故。

充电站监控系统将充电站的配电、充电、计量收费和安全防护等相关环节作为一个整体进行自动化的处理，基本功能是按照充电站的实际运行特点，完成包括设备运行状态的实时监控、智能化负载调控、远程充电电量计量与收费及电网合理调配等功能，因此是充电站安全、可靠运行的保证。但充电站监控系统并不仅局限在对单个充电站的监控、调度和管理，从城市供电网的角度分析，随着充电站规模和数量的增加，未来也可能通过 Internet 等远程通信协议对一定区域内的数个充电站监控系统所得的数据进行汇总、分析，实现对其运行状况的统一管理和调节，可在一定程度上起到对电网“削峰填谷”和提高供电利用率的效果。

4.4　充电站的设计和建设

充电站的建设包括规划选址、确定供配电方式与容量、功能定位及相关标准的统一等内容，由接受充电服务的电动汽车的种类、数量和电能补给方式等因素决定。因此，必须在充分调研的基础上，综合考虑充电需求、建设与运营成本，因地制宜地确定建设方案。下面介绍大型综合充电站建设所涉及的主要方面。

4.4.1 充电站设计中要考虑的因素

电动汽车大型综合充电站通常供配电容量大、功能完善，但占用场地也较大，因此投资建设和运营成本都较高。充电站在建成后不仅要满足客户的充电需求，消除对充电不便的顾虑，同时还要为电动汽车的推广起到示范效应和推动作用。因此，充电站在规划和设计时，必须审慎考虑各种因素、权衡利弊后再确定适宜的方案。影响充电站设计的因素主要有以下几个方面。

1. 充电站的规划与布局

电动汽车的发展必然伴随着城市的发展，而充电站的场地面积和供电容量都很大，因此充电站的规划与布局应该结合所在城市建设与发展的总体规划，可适当超前、以满足未来一段时间内电动汽车发展的需要。此外，与电力、交通、市政等部门相互协调，将供配电网、道路交通和人口密度等方面的发展情况统一纳入到城市规划中，这样既可为充电站的运营提供可靠的电力供应保障、提高充电站的安全性和稳定性，也能够在建成后达到预想的服务能力。由于现有动力电池组存在技术瓶颈，其在每次充满电后为电动汽车提供的续航里程与电动汽车用户的期望值尚有较大的差距，为了保证各种电动汽车的正常使用，显然单独或少量的充电站是无法令人满意的，必须使充电站达到合理的密度，形成网络化布局。这同样必须依据诸如电动汽车主要应用的区域、数量及种类等与城市发展规划有关的信息。除了建设综合大型充电站外，还可依托当地已有的社会停车场和公交车始发站等专用停车场等，因地制宜地建设中小规模的充电站，作为缓解大型充电站负荷，分散充电车辆及方便就近充电的有效措施。

2. 充电站的功能定位

大型综合充电站应提供整车充电和电池快换两种电能补给方式，具备对充电机的运行状态进行实时监测与传输、远程监控、人机交互、充电电量计量及费用支付等功能，需要配置快速充电机、电池组拆卸设备、电池组集中充电与存储平台、通信与计量系统、视频安防系统等。中小型充电站则可以适度简化功能，以降低建设和运营成本。

3. 充电站的容量

应根据建设用地的大小、现有电动汽车的种类与规模等，并考虑未来一定时期内充电需求的增加量等因素，在综合分析和计算的基础上得出需要配备的快速充电机的数量及电池组集中充电设施的规模，以及确定充电站的电能容量。与此对应，充电站各组成系统的设计必须满足此容量的要求，包括供配电输入功率、线路的接线方式、变压器的种类与容量、继电保护装置的选择、谐波抑制的措施及抑制装置的功率等都需要与此相适应。

4. 充电站的建设与运营成本

由于需要配套专门的供电线路、较大的建设用地和专业设备等，新建大型综合充电站一般需要投入大量资金，但随着电动汽车的发展，充电需求会日趋旺盛，因此在后期有利于运营收入的提高。此外，还应该意识到这类充电站并不仅仅是商业运营的设施，而且也是倡导环保理念、增强汽车业可持续发展能力的体现，因此，应兼顾经济与社会效益。

5. 技术标准

限制电动汽车产业快速发展的因素之一就是缺乏统一、能够得到广泛认可和采纳的行业技术标准，如作为电动汽车能源载体的动力电池就有铅酸电池、锂离子电池和镍氢电池等多种类型，即使是同一类型的电池，如存在充电曲线和使用性能的不同，各电池生产厂家的产品在容量及技术指标上也不同，这就给充电系统的设计带来困难，难以兼顾并满足各类电池的充电需求，无法有效降低生产成本。此外，各厂家生产的电动汽车配置的充电插头在形式及充电通信协议方面往往也不相同，这给一些需要进行整车快速充电的用户造成了不便。因此，亟待建立统一的充电设备电气接口及通信协议等相关技术标准，扩展通用性，从而节省建设与运营成本。

6. 对供配电网和环境等的影响

大型综合充电站对供配电网的影响主要有以下两个方面。

(1) 谐波污染。由于充电站内的充电机对于供配电网来说是非线性负载，在工作过程中会产生谐波电流，不仅会降低供配电网的电能质量，还会导致网侧功率因数下降。因此，充电站在设计之初就应充分评估谐波的影响程度，考虑是否采用及采取何种谐波抑制和无功补偿技术。

(2) 对供配电网平衡性的影响。电动公交车、出租车和私家车等车辆的运行主要集中在白天的工作时间，由于正值运营高峰期、需要以快速充电或更换电池组的方式补给电能，更换下来的大量电池组也需要及时、快速地充满电量，已备随时替换，这就使得充电站的负载波动明显、用电功率激增，会对供配电网产生较大的电流冲击和不平衡，而且这一时段也是城市用电的高峰期，充电站用电负载的增加将进一步加重城市电网的负荷。因此，若能充分利用晚间城市用电低谷、且充电站大多数快速充电机空闲的时段对电池组进行慢速充电，既有利于电池的保养，延长使用寿命，也起到了错峰用电、平衡电网的作用，同时还可享受低谷时段的优惠电价、降低运营成本。

(3) 充电站对周围环境的影响。主要表现在电磁干扰和安全隐患等方面，因此设计时要考虑周边是否有对电磁干扰敏感的设备及人员，避开医院、加油站等重要设施及人口稠密区域，从而减少充电站对周围环境的不利影响、排除安全隐患。

7. 使用安全性和方便性

由于充电站内设有大量强电设备，必须保证相关人员和设备的安全；同时，应使充电过程更加智能化和自动化，减少人为干预环节并增加容错能力，充电机与电动汽车充电接口的插拔件应设计合理，使连接和断开操作简单、安全。

4.4.2　充电站的设计原则

根据以上对大型综合充电站设计时要考虑的因素的分析，可得到这类充电站的设计原则，具体包括以下几个方面。

① 充电站的总体结构包括配电室、充电室、监控室、电池更换区、电池充电区、电池维护与存储区等，选址应在电动汽车使用集中的区域，方便用户及时充电；

② 应靠近为其提供电能的输变电站，从而缩短输电线路的长度，减少电缆阻抗的不利影响；

③ 应提供整车快速充电和电池组快速更换两种电能补给方式，以便满足不同种类和用途的电动汽车在不同时段的充电需求，此外，还要保持网侧谐波含量低于电能质量的相关标

准。为此，必须合理设计供配电系统、充电系统和谐波抑制系统等，其中供配电系统主要涉及配电变压器种类与容量的确定及断路器和继电保护装置的选取等；充电系统涉及高频开关功率变换电路拓扑及控制策略的选择等；谐波抑制系统主要应考虑滤波方式的选择等。另外，充电站还应满足环境保护和防火安全等相关要求。

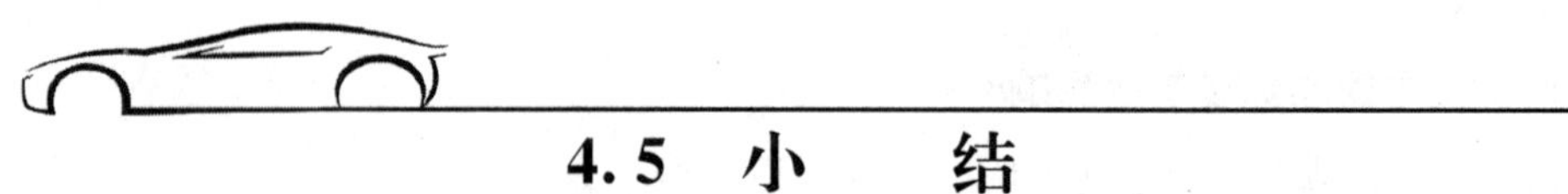

4.5 小　结

本章首先介绍了电动汽车充电站所服务车辆的种类和运行特点，随后分析了相应的电能补给需求，并详细介绍了充电站的结构与组成，最后论述了充电站设计及建设的方法。

第5章

电动汽车充电站配电系统的设计

配电系统是电动汽车充电站的重要组成部分，其设计的合理性、运行的安全性和可靠性是影响充电站正常运营的关键，这是由于充电站内的其他设备若发生故障都是局部性的，一般不会导致站内主要功能的大面积丧失，而配电系统不仅要为充电站内的各种充电机提供电能，还要为站内的照明、监控、办公等其他相关运营设备供电，一旦发生故障，就会造成整个充电站系统因断电而瘫痪，导致难以估量的损失。

电动汽车充电站配电系统的主要作用是将供电网输入的高压交流电通过变压器降压转变成适合为电动汽车充电机供电的电压等级，一般是供电网 10 kV 的交流电经过 10 kV/0.4 kV 的变压器变换后，得到 0.4 kV 的低压交流电源，该电源一方面通过充电机进行整流等电能变换环节、得到所需适宜的直流电，输出给动力电池组或储能设备充电；另一方面通过配电设备满足充电站内部的办公、照明及通信、控制等设备的用电所需。

充电站配电系统的主要设备有输配电设备、配电监控设备、配电控制装置及谐波抑制与无功补偿装置等，一个合理的充电站配电系统不仅应满足充电所需，还应具有较少的运营成本并能抑制电网的谐波污染等。因此，充电站配电系统的设计必须遵循一定的规范和原则，包括各种相关设备的规格及数量的选择、配电方式的选择、配电系统容量的确定、配电运行方式的选择和配电变压器参数的计算等方面，这些都会直接影响到充电站能否安全、可靠和合理地运行。但是，由于整个电动汽车领域还处于发展的起步阶段，虽然已经获得了社会的广泛认同，但还没有普遍应用，也使得目前电动汽车充电站配电系统还没有一个统一的且被普遍采纳的相关设计规范。

5.1 充电站对供电电源的要求

由于各类电动汽车充电设施的设计规模和充电方式不同，因此对供电电源的要求也不一样，对于分散设置于个人住房、住宅小区和商业楼宇等场所的独立交流充电机（桩），可以采用所在区域的配电系统提供的单相 220 V 低压交流电源的供电方式；而对于大中型充电站，为了保证其安全和可靠地运营，则需要设立单独的配电系统，以便为整个充电站内的充电机及其辅助设备提供电能、而不应再接入其他无关的电力负荷，即配电系统的容量不仅应满足全部电动汽车充电机的电能需求，还应保证为充电站内的照明、监控及办公等设施提供足够的电量。其中大型充电站主要采用双路 10 kV 高压交流电源的供电方式，具有可靠性高、用电容量大等特点；中型充电站主要采用单路 10 kV 或 0.4 kV 的交流电进线作为主供电电源，另一路 0.4 kV 的交流电进线作为备用电源的供电方式，同样具有较高的可靠性；小型充电站由于用电需求量小，采用单路 0.4 kV 交流电源的低压供电方式即可。

电动汽车充电站的供、配电系统应该符合常规配电系统的设置，并具有以下的安全防护措施：

① 为防止雷电或操作过电压沿电源引入线对低压配电系统产生不良影响，应在主开关的电源进线侧与地端子之间装设 B 级防雷器，在配电母线与地端子之间装设 C 级防雷器；

② 为防止电磁干扰对计算机等弱电设备的影响，监控电源引入线可选择装设 EMI 滤波装置；

③ 在 10 kV 侧可采用线路保护装置和变压器保护装置，在 0.4 kV 侧可采用相关仪器用于电力参数的监测；

④ 对供、配电系统采用电力自动化监控系统，实现对各电气参数的实时监控，以及遥测、遥控和遥信等功能。

5.1.1 配电电压

大型充电站一般采用双路单母线接线的 10 kV 高压交流电源的供电方式，分别配置两台配电变压器，每台变压器的容量均不小于充电站所需的全部用电负荷量。其配电系统的高压柜采用真空断路器中置式开关柜或者环网柜，并设置进线柜、计量柜、母线设备和出线柜。输入侧的 10 kV 电压经变比为 10 kV/0.4 kV 的配电变压器降压后，输出的 0.4 kV/50 Hz 电压采用低压配电网中常用的 3 相 4 线制。与 3 相 3 线制相比，这一制式有较高的电气安全性，可分别为充电设备提供 380 V 3 相 4 线制电源及为照明、办公和监控等设备提供单相 220 V 电源。0.4 kV 低压侧采用单母线分段的接线型式，两段母线之间需要设置分段联络柜，分段联络开关和抽屉柜，每段母线都设有进线柜、有源滤波和无功补偿柜及出线柜，且低压电源每路出线还应配备交流计量装置。

5.1.2 配电变压器

电动汽车充电站配电系统中变压器的类型、容量及数量等对充电站的充电服务功能有着直接影响。选择变压器时应充分考虑充电站在运行后的负荷特点和前期投资的经济性，并根据充电站的建设目的确定最合适的变压器。对于配电容量需求比较大的二级负荷充电站，可以装设两台变压器，每台变压器的容量均应能够满足电动汽车充电站内所有设备的用电负荷，包括充电机的动力用电及照明、监控、办公等相关设施的用电，并留有一定的裕度，以便当其中一路电源出现故障断电时，另一路电源的变压器仍能保证充电站的正常满负荷使用，从而确保充电站的正常运行。通常，充电站的照明、监控、办公等相关设施应该与充电机共用一台变压器，但如果当照明、监控、办公等设备的用电负荷量较大时，共用变压器可能会对照明质量或监控计算机的可靠运行造成不利影响，应采取相应的解决措施。另外，如果变压器处于灰尘较多、或含腐蚀性气体的场合时，其运行的安全性很容易受到影响，造成安全隐患，因此在这类场所中要选用防尘或防腐蚀型的变压器。

1. 变压器的类型

充电站的配电变压器一般采用室内变压器，变比为 10 kV/0.4 kV，以负荷容量、短路电流等系统参数作为选择依据。目前，电网中经常使用的配电变压器按容量划分主要有 R8 和 R10 系列，按调压方式分为无载调压和有载调压两种，按冷却方式可以分为油浸式、干式和充气式（SF6）等。其中，冷却方式不同的变压器具有各自的优缺点，油浸式变压器具有造价低、耐过载能力强等优点，但由于其有可能出现漏油、爆炸或延燃等安全隐患，因此不适于室内配变电使用；环氧树脂浇注包封式干式变压器具有电气及机械性能良好，耐热等级较高，工作噪声小、占地面积小等优点，是一种安全可靠的环保节能型变压器，能适应多种恶劣环境，适用于对防火、防爆要求较高的场合。因此，充电站的配电变压器建议选用此类干式变压器。

2. 变压器的数量

配电变压器的数量应根据负荷类型及对供电可靠性的要求来确定。充电站在发展初期具有数量较少，地理位置也较为分散，但规模较大等特点，要求有较高的供电可靠性，因此需采用两台配电变压器，实行双路供电，其中变压器的高压进线应取自不同的变电站或同一变电站的不同母线段，采取分段供电、互为备用的模式；当充电站发展到一定阶段后，其数量将会大幅增加，布局也相对密集，此时只需一台配电变压器即可，由此导致的供电可靠性降低可以通过充电站的数量来弥补。如果充电站的服务对象主要是居民，则可建于居民小区内，以便利用小区内已有的生活配电设施，而不必另设变压器以减少投资。

3. 变压器的接线

配电变压器的接线通常有 Yyn0 和 Dyn11 两种方式，其中 Dyn11 方式更有优势，主要表现为：

（1）采用 Dyn11 接线方式的变压器体积比 Yyn0 方式的变压器小很多，且零序阻抗小，在单相接地故障时的保护判断更加迅速，切除保护也更快速，从而能够减少故障电流的选择时间。

（2）具有更好的对单相不平衡电流的承受能力。当变压器流过不平衡电流时，会产生中性点线电流，采用 Dyn11 接线方式的变压器可承受达到其低压侧绕组额定电流 75%以上的中性点线电流，远大于采用 Yyn0 接线方式的变压器的承受能力。

（3）采用 Dyn11 接线方式的变压器的高压侧绕组为三角形连接，可以使 3 的整数倍次的谐波电流在流至高压侧绕组内形成环流，不会流向公共电网，能够有效抑制高次谐波对电网的污染。

采用 Dyn11 接线方式的变压器需要绝缘强度较高的一次绕组，因此造价比 Yyn0 方式稍高。若配电变压器选择 Yyn0 的接线方式，应保证其在流过单相不平衡电流时引起的中线电流不能超过其低压绕组额定电流的 25%，且任一相的电流在满载时不能超过其额定电流，以确保变压器的安全运行。

由于充电站采用 TT 型接地型式，根据 GB 50052—2009《供配电系统设计规范》中 6.0.7 条的规定，在 TN 及 TT 型接地型式的低压电网中，推荐采用 Dyn11 接线的配电变压器。

4. 变压器容量

充电站配电系统的容量是由充电系统、监控系统、照明及办公等设施的用电负荷决定的。其中，充电系统一般包括更换电池和整车充电两种模式，因此，充电站的容量应根据充电机的规模、电池数量及运营方式而定，在选择变压器的容量时要考虑所有用电设备的额定负荷，并在此基础之上留有一定的冗余量。

5.1.3 配电容量

充电站配电系统的容量包括所有充电机都在为电池组充电时所需的动力用电，以及充电站内部的办公、照明、通信及控制等设备的用电负荷。配电系统中的任意一台变压器的容量应能够满足全部用电设备的计算负荷并留有一定的裕度，以保证充电站的正常运营。其中由电动汽车的类型、车辆需要行驶的里程、充电机和电池数量及充电站的运营模式决定的动力用电负荷是配电容量的主要组成部分。

1. 电池数量

后备电池的数量需要根据充电站的运营方式确定。

2. 充电机

充电机的用电负荷由单台充电机的输出功率和需配备的台数决定，充电机输出功率的不同决定了充电速度的不同，即功率较大的充电机具有较高的充电速率，能够节省用户的时间，更适用于快速充电站；而功率较小的充电机充电速度较慢，适合于一般的充电桩。而充电机的台数则由需要充电的车用电池的数量决定。

3. 配电容量的估算

充电站在采用单进线单变压器的模式时，其所需要的配电容量就是充电机动力用电及照明、监控、办公等全部用电设备的用电量。其中充电机动力用电在充电站配电容量中占据了大部分的比例，其估值方法是用所有充电机的最大输出功率除以充电机的效率和功率因数。由此可知，动力用电负荷的大小主要取决于单台充电机的最大输出功率和充电机的台数，而单台充电机的最大输出功率由输出电压和输出电流决定。纯电动汽车一般采用锂电子电池，其充电过程可以分为两个阶段，刚开始充电时，为防止因电池的电动势较低而产生很大的充电电流导致电池损坏，必须限制充电电流，即采用恒流的方式，使充电电流控制在安全的数值内；随着电池存储电量的增加，充电电压随着电池电动势的上升而不断上升，当电池电压达到一定值时，则开始恒压充电阶段，即充电电压为定值，充电电流在此阶段不断下降，直到为零，实际充电时，当充电电流降低到一定数值时即结束充电。

以单路电源供电、只配备一台降压变压器的电动汽车充电站配电系统为例，由上面的论述可得整个充电站全部用电设备的总用电量 S_C 为：

$$S_C = S_1 + S_2 \tag{5-1}$$

式中：S_1——动力用电量，kVA；

S_2——照明及办公用电量，kVA。

动力用电量 S_1 的估算式为

$$S_1 = \frac{N \cdot P}{\eta \cdot \cos\varphi} \cdot K \tag{5-2}$$

式中：N——充电设备总数；

P——充电设备的最大输出功率，kW；

η——充电设备的效率；

$\cos\varphi$——充电设备的功率因数；

K——充电设备的同时系数。

此外，变压器容量 S_N 的选取还应留有适当的裕量，即应比 S_C 更大，这样才能保证充电站安全、可靠地运营。

【计算实例】

下面以一个具体的计算来进一步假设某一电动汽车充电站内有 12 台充电机，取 $N=12$；充电机可为电动汽车蓄电池进行快速充电，其最大输出功率 $P=50$ kW；根据《国家电网电动汽车充电站典型设计》中参数选择部分的规定，对于采用高频开关整流装置的充电机，η 可取 0.95，对于采用相控整流装置的充电机，η 可取 0.85，此处取 $\eta=0.9$；对于安装了有源滤波无功补偿装置的系统，功率因数 $\cos\varphi$ 较高，可达 0.95，此处取 $\cos\varphi=0.9$；充电设备同时系数 K 由充电机使用情况和数量决定，即同时投入使用的充电机数量越多，则 K 越大，一般为 0.5～0.8，此处取 $K=0.8$。

所设计的配电系统的充电机动力用电量 S_1 根据式（5-2）估算为

$$S_1=\frac{N\cdot P}{\eta\cdot\cos\varphi}\cdot K=\frac{12\times 50}{0.9\times 0.9}\times 0.8=711.11\ (\text{kVA})$$

照明及办公用电量 S_2 取估计值 70 kVA，配电容量 S_C 根据式（5-1）计算为

$$S_C=S_1+S_2=711.11+70=781.11\ (\text{kVA})$$

5.2　配电系统的结构及主接线

5.2.1　配电系统的供电

充电站供电系统从配电网引出三相电源到给电动汽车的电池充电主要经过三个环节：首先通过配电变压器将电压等级由 10 kV 转变为 0.4 kV；随后通过整流装置将三相交流电转换为直流电；最后通过功率变换装置转换成电池充电所需的直流电。其中，还可根据需要加入滤波环节。

电动汽车充电站的供电方式按输送电能的不同可分为直流供电和交流供电两种，其中直流供电方式是在充电站配电系统的低压侧加装一个 AC/DC 换流装置，首先将三相交流电经过整流转变为直流电，引出直流母线，再在此直流母线上并联各台充电机、以便作为后者的输入电源，而每台充电机可省去单独的整流装置，对于提高电动汽车供电系统的运营经济性、降低投资具有较高的应用价值和良好的应用前景；交流供电方式则是将充电站配电系统低压侧的三相交流电作为交流母线，直接作为每台充电机的输入电源，每台充电机在输入端都加装一个 AC/DC 换流装置，再经 DC/DC 变换输出用于给电动汽车蓄电池充电的适宜电压。目前在充电站中应用比较多的是交流供电方式，主要由断路器、配电变压器、主线路及

用于监测、保护和控制等的相关装置组成。

1. 直流供电方式

该方式的优点是系统运行的效率较高，可优化充电机的主电路方案，降低充电机设备的成本，还可以很好地实现“充、放、储”一体化功能，降低充电站的建设和运营成本。电网的三相交流电经配电变压器降压后，统一经整流桥变为直流电，再经滤波后引出直流母线，充电机并联接入直流母线。充电机通过 DC/DC 变换器进行直/直变换，也可再进行一次输出滤波，然后输出适宜于电池充电的直流电。直流供电方式的结构和运行方式如图 5 - 1 所示。可以看到，直流供电方式可简化充电机的结构，每台充电机可以只由 DC/DC 变换器构成，有利于提高整个系统的效率，降低设备成本。研究表明，直流母线供电方式的线路损耗小于交流母线供电方式，线路长度越长这一情况越明显。与交流供电方式一样，直流供电系统中的整流装置也可以采用不同的整流方式。6 脉波整流桥和 12 脉波整流桥同样需要在电网侧加装有源滤波装置。在电动汽车充电站供电系统中，PWM 整流器优于其他整流器，并已得到广泛应用，因此充电站直流供电系统宜采用 PWM 整流器。而 DC/DC 变换器既可采用隔离型也可采用非隔离型，变压器二次侧中性点可选择接地也可选择不接地，区别是前者由三相隔离变压器统一隔离后，直流母线上接不带隔离的 DC/DC 充电机；而后者是交流侧不做隔离，直流母线接带隔离的 DC/DC 充电机分别隔离。这是电动汽车充电站的一般做法。供电系统采用中性点不接地、系统接不带隔离的 DC/DC 充电机的结构的目的是能够减少设备成本和系统中的环节，提高经济性和系统效率。

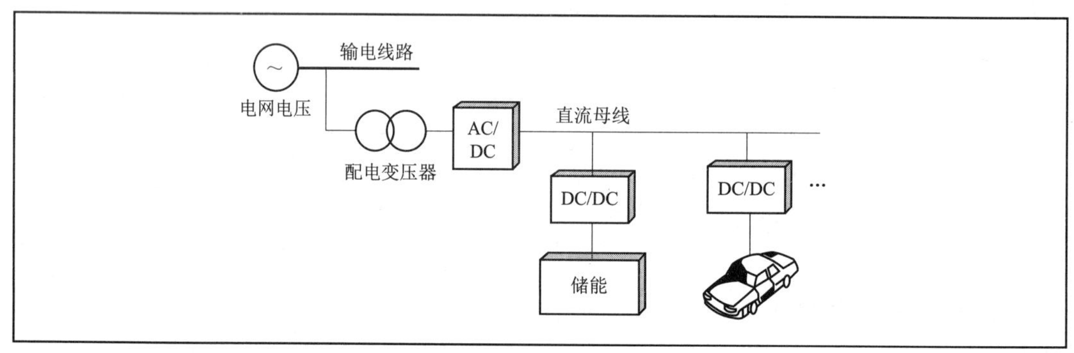

图 5 - 1　直流供电结构和运行方式示意图

2. 交流供电方式

三相电网中的输入交流电经配电变压器降压后引出交流母线，充电机并联接入交流母线。充电机通过整流装置将交流电转换成直流电，滤波后经隔离型高频 DC/DC 变换器进行直/直变换后转变成负载或储能电池充电所要求的直流电，也可再一次进行输出滤波，然后输出直流电。交流供电方式的结构和运行方式如图 5 - 2 所示。交流供电系统中充电机的整流装置可以是 6 脉波整流桥、12 脉波整流桥或 PWM 整流桥等。若采用不控整流技术，则具有动态性能好、直流侧电压纹波小和体积小等优点，但这种方式也存在电网侧电流谐波含量较高（6 脉波为 30%左右）和效率低等缺点。6 脉波和 12 脉波整流桥都有奇数次谐波电流较大的问题，特别是 5、7、11 及 13 次谐波。6 脉波整流桥的谐波含量远大于 GB/Z 17625.6—2003 所规定的电网接入条件，而 12 脉波整流桥对谐波的抑制效果相比 6 脉波整流桥有很大改善。若考虑将带有这两种整流桥的充电机接入电网，则须加装谐波治理装置，如 LC 无源滤波器或有源滤波器。在 2010 年以前，如北京奥运会电动汽车充电站采用的是不控整流装置，2010 年以后，电动汽车充电站基本上都开始采用 PWM 整流装置，如上海世博会充电站。PWM 整流技术具有动态特性好、直流侧电压纹波低、功率因数高、电网侧谐波电流较小、相应各次谐波电流小、体积小及效率高等优点。将带有 PWM 整流桥的充电机接入电网时可以不用加装谐波治理装置，但结构及控制策略较复杂，成本也较高。

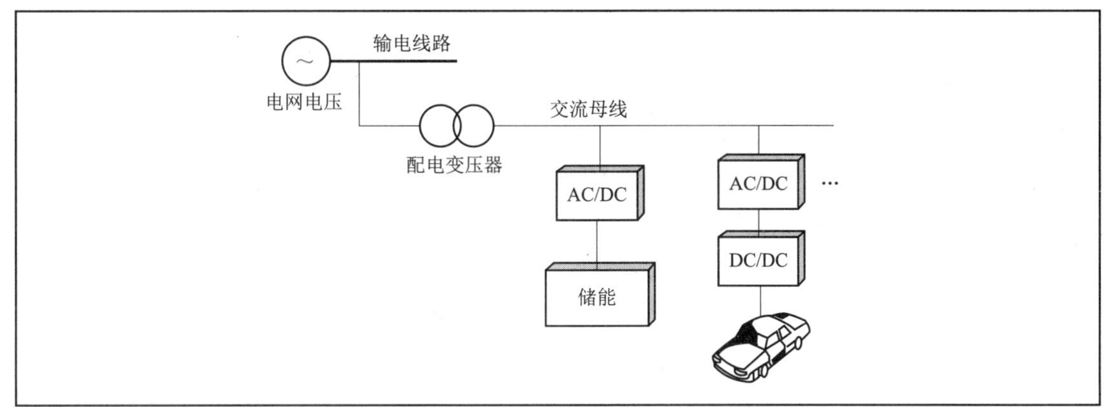

图 5－2　交流供电结构和运行方式示意图

5.2.2　配电系统的结构和主接线

由于不同充电对象的充电情况不同，因此电动汽车充电站可以据此划分为两类，即二级负荷用户的充电站和三级负荷用户的充电站。电动汽车充电站的配电系统根据充电站建设规模的不同，其接线及运行方式也有所不同。配电系统的主接线应符合国家有关技术安全标准的要求，根据国家电网公司发布的《国家电网公司电动汽车充放电站建设指导意见》，配电系统应满足一、二级电力负荷对供电可靠性的要求，能充分保证人身和设备的安全，能适应各种不同的运行方式，便于切换操作和检修，且适应未来负荷的扩容发展。同时，在满足上述要求的前提下，尽量使主接线简单、投资少、运行费用低、并节约电能及有色金属的消耗量。

1. 二级负荷用户的充电站

大型电动汽车充电站属于二级负荷用户，为了提高运行的可靠性和操作的灵活性，大型充电站主要由两条 10 kV 高压回路的供电电源供电，即采用双路供电但不配置后备电源的模式。这两路高压供电电源一般应引自不同的变电站，也可以引自同一变电站中的不同母线段，以尽量避免两条回路同时失电的情况；每一路的进线容量应不小于充电站的配电容量，包括动力用电、监控和办公等用电量。

配电室为充电站提供所需的电源，内部设有变配电所需设备、配电监控系统、相关的控制和补偿设备等，主要包括计量装置、谐波抑制及无功补偿装置各 2 套、10 kV/0.4 kV 干式变压器 2 台、10 kV 高压开关柜和 0.4 kV 低压开关柜（含断路器和隔离开关）、继电保护装置和自动装置等。

配电室的两路 10 kV 电源进线分别通过各自的变压器等设备降压后输出为 0.4 kV 的交

流电源供给充电机使用，并输出单相 220 V 交流电源为照明、办公和控制设备等供电。大型电动汽车充电站的高压配电设备一般采用成套的高压开关柜，变压器高压侧装设有高压计量柜，用于计量流入的电量，以便电力部门进行管理；低压侧采用中性点直接接地的 380V 三相四线制系统，并提供独立的接地回路，以确保电气安全性。此外，在变压器低压侧还装设有谐波抑制与无功补偿装置，用于消除充电机等非线性负载运行时产生的谐波、并提高网侧输入的功率因数。

配电室的设计应符合常规配电系统的设置要求，包括如下几点：

① 考虑建设时进出线方便，选择进线方向时应尽量偏向电源侧；

② 方便设备运输；

③ 考虑为日后可能的扩建留有余地；

④ 尽量避开潮湿、污秽及有腐蚀性气体的地段；

⑤ 室外配电装置与其他建筑物、构筑物等之间应保持适当的防火安全距离并配备相关的消防设施，以满足电气安全及防火安全的规定，保证充电站安全、可靠地运行。

大型电动汽车充电站配电系统的主接线示意图如图 5－3 所示。

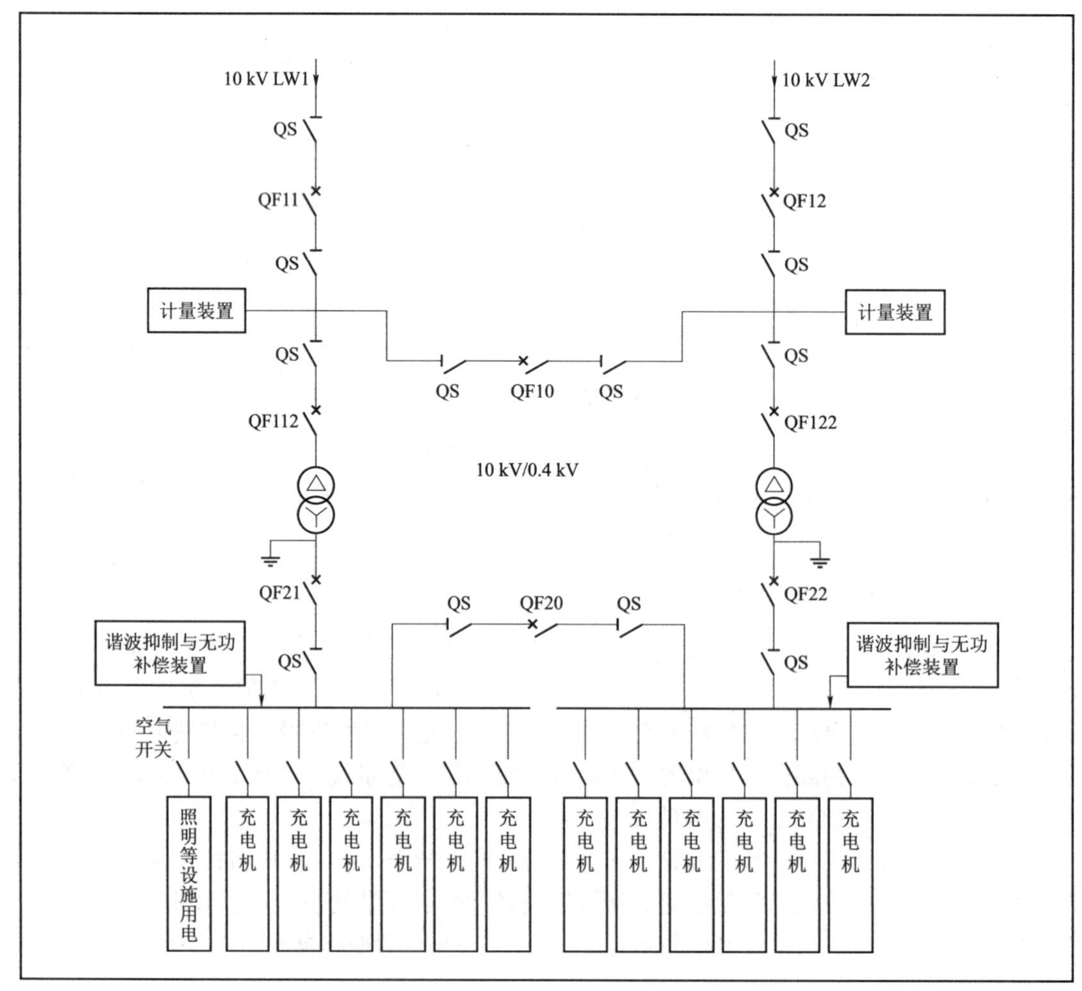

图 5－3 大型电动汽车充电站配电系统的主接线示意图

图 5－3 所示的大型电动汽车充电站的 10 kV 高压侧母线和 0.4 kV 低压侧母线均采用单母线分段的主接线形式，通过分段断路器实现两路工作电源互为备用。充电站在正常工作时，高低压侧母线分段断路器均断开，两路 10kV 高压电源分别通过各自的干式配电变压器降压后输出为 0.4 kV 的低压交流电源为充电机供电，两路电源各承担一半的负荷；当其中任一主变压器或供电母线停电检修或发生故障时，则可以通过备用电源自动投入装置闭合母线分段断路器从另一供电母线取得电源，从而迅速恢复对整个充电站的供电。这种配电系统接线方案由于采用了双路供电的模式，并且两路电源可以实现互为备用，因此可以极大地提高供配电系统的可靠性，具有安全系数大、可靠性高且灵活等优点，因此，这种接线方式能适用于大型充电站或其他一、二级负荷用户。

2. 三级负荷用户的充电站和其他充电设施

三级负荷用户的充电站主要由单回路供电电源供电，中压和低压系统最好采用单母线或单母线分段接线的方式，使线路及接线简单而清晰。对于中型电动汽车充电站，其低压侧应采用单母线接线的方式，并通过双回路供电。

此外，在实际中还应该对充电站的服务对象和规模进行具体分析，从而做出合理的设计，如对于电动私家车或市政工程车等车辆，可利用住宅及办公用电作为充电机的供电电源进行快速或慢速充电。

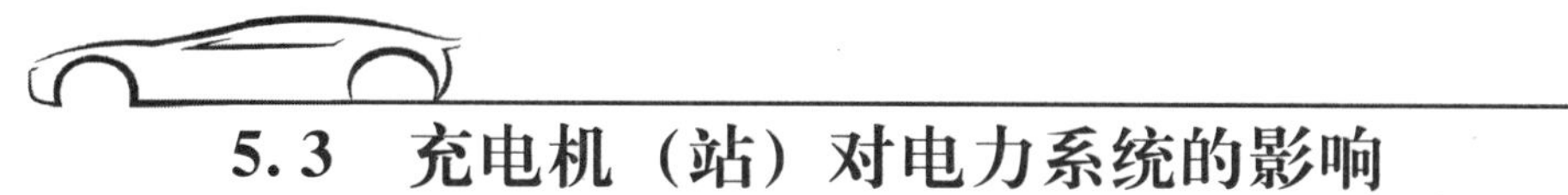

5.3　充电机（站）对电力系统的影响

公用电网中通常会接入各种电力电子装置等非线性负载，这些负载产生了周期性的非正弦波电量，对这些电量进行傅里叶分析，可得到与其电网电压频率相同的基波分量及电网电压频率的整数倍分量，后者被称为谐波。各次谐波会对电力系统造成一定的危害，主要表现在以下几个方面。

（1）如果大量包含谐波的尖峰脉冲电流进入市电，将会对市电电网造成污染，干扰接在电网上的其他电气设备的正常使用，如影响晶闸管设备的稳定运行等。另外，谐波会加速电容器的绝缘老化和介质损失，也容易使电网中用于补偿电网无功功率的并联电容器发生局部并联或串联谐振，从而造成过电压或过电流的现象，轻则会造成电容器的绝缘老化，损坏电容器，重则可能发生爆炸，引起严重事故。

（2）对邻近并行的用电系统产生干扰，造成信号误差和计算机误码率的增大，直接影响系统的质量和可靠性，严重时会导致系统无法正常工作。特别是谐波会对邻近的一些通信系统产生干扰，轻则会产生噪声，从而使通信的质量降低，重则可能会导致信息丢失，影响正常通信。此外，谐波也会对电能计量产生影响，由于传统的测量表计都是以 50～60 Hz 的固定频率为标准标定的，对频率变化的反应不灵敏，但谐波电流会增大计量的负误差，当电网中存在较多的 5 次谐波时，电能表的负误差为 6%～8%；当存在 11 次谐波时，电能表负误差可达 10%左右。

(3) 当市电电网采用三相四线制供电时，如果中线流过的 3 次谐波电流很大，极易使中线过热，严重时会引起火灾，造成巨大危害。同时，谐波电流也会使中线和相线之间的电压发生变化，不仅增大了电力系统的电能损耗，也使整个系统存在安全隐患。

(4) 由于输入的尖峰脉冲电流的有效值较大，增大了交流供电的视在功率，相应地需要增加滤波器等前级设备的功率容量，迫使用户必须选取更大的配电线截面积、保护装置和滤波器的容量，从而增加了设备成本和基建投资。

(5) 使电源的输入功率因数下降。如果电流总的谐波畸变率（THD）为 80%～100%，则输入功率因数将只有 0.5～0.6。

(6) 增大了电力系统的功率损耗，易使电网中的一些元件产生附加的谐波损耗，如造成电动机的附加损耗和发热量的增加，此外，谐波电流还会导致电机的过载能力、使用寿命和效率的降低，也会导致出现脉动转矩。除此之外，谐波还会降低发电、输电环节和各用电设备的效率。若谐波电流流过三角形连接的配电变压器，则会在三角形内部循环流动，可能会导致导线过热，形成安全隐患。

(7) 由于存在谐波电流和谐波电压，电力系统中过电流、过电压和欠电压等保护装置可能会产生错误的报警、甚至跳闸。

(8) 谐波电流在输电线路上的电压降会使用户端的电压波形发生严重的畸变，可能影响电气设备的正常工作。

因此，为了限制入网的各种电力电子装置的谐波含量及无功功率损耗，保护公共电网不受谐波污染，自 20 世纪 70 年代开始，世界各国和有关国际组织相继制定和颁布了行业的谐波标准，禁止或限制谐波和无功污染大的电力电子设备投入使用。如 1975 年欧洲制定了 EN 50006 标准，并在 1982 年由德国进一步发展为 IEC 555－2 标准；美国于 1981 年发表了 IEEE 519 手册；我国国家技术监督局也在 1993 年颁布了 GB/T 14549—1993《电能质量 公用电网谐波》。近年来，这些标准被不断补充和修订，对电力电子装置的谐波和功率因数的要求越来越高，限定也日益严格，如欧洲制定的 IEC 1000－3－2 标准等。1996 年，国际电工委员会修订了 IEC 555－2 标准，以便对中小功率等级的直流高频开关变换器的谐波含量和功率因数等指标加以更加严格的限制，对其波形失真度做了具体的规定。以三相线电压为 380 V、功率在 1 kW 以上的开关变换器为例，其交流输入端的谐波电流限值为：5 次谐波电流为 1.14 A，7 次谐波电流为 0.77 A，11 次谐波电流为 0.33 A，13 次谐波电流为 0.21 A，不满足谐波和功率因数指标的高频开关变换器将不被允许进入一些国家和地区。

目前，按照我国有关规定，任何用电负载接入电网时必须满足国家标准 GB/T 14549—1993《电能质量 公用电网谐波》及 GB/Z 17625.6—2003《电磁兼容限值对额定电流大于 16 A 的设备在低压供电系统中产生的谐波电流的限制》中的有关要求，以保证电网中用电设备的正常运营。

由于谐波污染和无功功率的损耗问题对电力系统及电力用户都有十分重要的影响，因此深入研究和分析电力电子装置的谐波产生机理并采取适宜的谐波抑制和无功补偿方法，进而改善电能质量和电网安全，具有重要的理论和现实意义，也是近年来电力电子领域研究的热点之一。

5.3.1　公用电网的谐波限值

谐波含量的几个指标及其数学表达式如下所示。

1. 谐波含量的几个指标及其数学表达式

（1）第 h 次谐波电压含有率 HRU_h 为

$$HRU_h = \frac{U_h}{U_1} \times 100\% \tag{5-3}$$

式中：U_h —— 第 h 次谐波电压的有效值；

U_1 ——基波电压的有效值。

（2）第 h 次谐波电流含有率 HRI_h 为

$$HRI_h = \frac{I_h}{I_1} \times 100\% \tag{5-4}$$

式中：I_h —— 第 h 次谐波电流的有效值；

I_1 ——基波电流的有效值。

（3）谐波电压含量为

$$U_H = \sqrt{\sum_{h=2}^{\infty} (U_h)^2} \tag{5-5}$$

式中：U_H —— 各次谐波电压的有效值。

（4）谐波电流含量为

$$I_H = \sqrt{\sum_{h=2}^{\infty} (I_h)^2} \tag{5-6}$$

式中：I_H ——各次谐波电流的有效值。

（5）电压总谐波畸变率为

$$THD_u = \frac{U_H}{U_1} \times 100\% \tag{5-7}$$

式中：THD_u ——各次谐波电压与基波电压有效值的比值。

（6）电流总谐波畸变率为

$$THD_i = \frac{I_H}{I_1} \times 100\% \tag{5-8}$$

式中：THD_i ——各次谐波电流与基波电流有效值的比值。

2. 各次谐波电流允许值的计算

根据公用电网电能质量相关国家标准的规定，各种用电负荷接入电力系统时，其注入公共电网的谐波含量不能超过一定的限值。当充电站采用 10kV 的供电电压时，公共接入点的电压总谐波畸变率应小于 4%，奇数次和偶数次谐波电压的含有率应分别小于 3.2% 和

1.6%，同时，各次谐波电流的有效值也要小于允许值。GB/T 14549—1993《电能质量　公用电网谐波》标准对注入公共连接点的谐波电流允许值做出了明确规定，不同供电电压下所允许的谐波电流数值如表 5-1 所示。

表 5-1　注入公共连接点的谐波电流的允许值

标称电压/kV	基准短路容量/MVA	谐波次数及谐波电流允许值/A																		
		2	3	4	5	6	7	8	9	10	11	12	13	14	15	16	17	18	19	20
10	100	25	20	13	20	8.5	15	6.4	6.8	5.1	9.3	4.3	7.9	3.7	4.1	3.2	6.0	2.8	5.4	2.6
35	250	15	12	7.7	12	5.1	8.8	3.8	4.1	3.1	5.6	2.6	4.7	2.2	2.5	1.9	3.6	1.7	3.2	1.5

从表 5-1 中可知，在相同的条件下，当充电站供电电源的电压等级越低，谐波电流的允许值则越大，这样能使更多的充电机注入公共连接点的谐波电流允许值满足国家标准。

当配电系统的最小短路容量与表中所给的基准短路容量不相同时，应根据式（5-9）对谐波电流的允许值进行适当的修正：

$$I_h=\frac{S_{K1}}{S_{K2}}\cdot I_{hp} \tag{5-9}$$

式中：I_h——短路容量为 S_{K1} 时的第 h 次谐波电流允许值，A；

S_{K1}——公共连接点的最小短路容量，MVA；

S_{K2}——基准短路容量，MVA；

I_{hp}——表 5-1 中的第 h 次谐波电流允许值，A。

当公共连接点接有多个用户时，第 i 个用户的第 h 次谐波电流的允许值 I_{hi} 可以表示为：

$$I_{hi}=I_h\cdot\left(\frac{S_i}{S_t}\right)^{1/\alpha} \tag{5-10}$$

式中：I_{hi}——第 i 个用户的第 h 次谐波电流的允许值，A；

S_i——第 i 个用户的用户协议容量，MVA；

S_t——公共连接点的供电设备容量，MVA；

α——相位叠加系数，对于 3 次谐波，取 $\alpha=1.1$；对于 5 次谐波，取 $\alpha=1.2$；对于 7 次谐波，取 $\alpha=1.4$；对于 11 次谐波，取 $\alpha=1.8$；对于 13 次谐波，取 $\alpha=1.9$；对于其余次谐波，取 $\alpha=2$。

5.3.2　充电机（站）谐波的计算分析方法

充电机是充电站的主要组成部分，并且对于确保充电站的安全和可靠运行具有重要作用。目前使用的充电机一般均使用高频开关电源技术，即采用高频全控型半导体器件和 PWM 控制技术对交流市电进行整流，然后经过高频开关功率变换得到高频交流电，再经过整流滤波得到适当幅值的直流电输出。与传统不控或相控型充电机相比，这种充电机有以下优点：

① 质量小，体积小，效率高（大于 90%，而相控型仅为 60%～80%）；

② 功率因数高，可达 0.92 以上，而相控型仅为 0.6～0.7；

③ 动态性能好，稳压精度可精确到 0.2%以内，而相控型仅为 1%；

④ 噪声低，开关频率在 40 kHz 以上，基本无噪声；

⑤ 便于实现遥测、遥信及遥控等智能化操作。

但是这些充电机前端都是通过 AC/DC 变换器（即整流器）与交流电网连接的，经AC/DC 变换器整流处理后，才向下一级的变换电路或负载提供符合要求的直流电压和电流，而当前仍有相当数量的充电机采用单相或三相二极管桥式整流，接电感电容滤波后，再送入下一级的功率变换器中，并与电动汽车的蓄电池一起构成了非线性或时变负载。因此充电机对于供配电电网系统来说属于非线性负载，当接入电网时必然会产生大量的谐波和无功损耗，导致网侧输入电压、电流波形畸变严重和功率因数低下。随着充电设施日益广泛的应用，充电机在给电动汽车的使用带来方便的同时，也使电网的谐波污染和无功损耗越来越大，这样不仅会造成充电机整机效率的下降，而且会给充电机的可靠运行带来非常不利的影响，并且还会严重影响电网中电能的质量和其他用电设备的安全运行。充电站产生的谐波因充电机的电能变换电路的种类不同而有所差异，如采用不控整流时产生的谐波和采用 PWM 整流时所产生的谐波就不相同。

因此，深入研究和采取有效措施以最大限度地抑制谐波的产生和补偿无功功率在科技飞速发展和社会不断进步、人们对环保且无谐波污染的“绿色能源”的需求日益提高的今天更是十分必要。

1. 二极管不控整流电路的充电机谐波特性分析

1）六脉波整流桥的谐波分析

当一台电动汽车充电机采用首先由三相桥式不控整流电路对输入的三相交流电进行整流经滤波后为高频 DC/DC 功率变换电路提供直流输入，功率变换电路的输出经过输出滤波电路后为车用动力蓄电池充电的工作模式时，配电变压器一次侧线电流的波形随变压器的联结方式的不同而不同，因此利用变压器的联结方式不同引起的变化可以构成多脉波整流电路。六脉波整流电路流过变压器二次侧的是包含谐波的、周期性变化的非正弦波电流，设电源为三相平衡的交流输入电压，则输入电流为正负半周各 120°的方波，波形相同且依次相差120°，其有效值为 $I=\sqrt{2/3}\,I_{\mathrm{d}}$，其中 I_{d}为负载电流的有效值。选择 A 相电流正负半波的中点作为坐标原点，进行傅里叶级数分析，可得：

$$\begin{aligned} i_{\mathrm{A}} &= \frac{2\sqrt{3}}{\pi} I_{\mathrm{d}}\left(\sin\omega t - \frac{1}{5}\sin 5\omega t - \frac{1}{7}\sin 7\omega t + \frac{1}{11}\sin 11\omega t + \frac{1}{13}\sin 13\omega t - \cdots\right) \\ &= \frac{2\sqrt{3}}{\pi} I_{\mathrm{d}}\sin\omega t + \frac{2\sqrt{3}}{\pi} I_{\mathrm{d}} \sum_{\substack{n=6k\pm 1 \\ k=1,2,3,\cdots}}^{\infty} (-1)^k \frac{1}{n} I_n \sin\omega t \\ &= \sqrt{2} I_1 \sin\omega t + \sum_{\substack{n=6k\pm 1 \\ k=1,2,3,\cdots}}^{\infty} (-1)^k \sqrt{2} I_n \sin\omega t \end{aligned} \tag{5-11}$$

则基波和各次谐波电流的有效值分别为：

$$I_1 = \frac{\sqrt{6}}{\pi} I_{\mathrm{d}} \tag{5-12}$$

$$I_{\mathrm{n}} = \frac{\sqrt{6}}{n\pi} I_{\mathrm{d}} (n=6k\pm 1，k=1，2，3，\cdots) \tag{5-13}$$

从式（5-13）可知，其交流侧谐波的特点是主要为 $6k\pm1$，其中 $k=1$，2，3，…，即5次，7次，11次及13次等奇数次谐波；各次谐波的有效值与谐波次数成反比，谐波次数越高，谐波幅值越小。

一般定义功率因数 $\lambda=\frac{I_1}{I}\cos（\alpha-\varphi_1）=\frac{1}{\sqrt{1+\mathrm{THD}_i^2}}\cos\varphi_1$，即电流总谐波畸变率 THD_i 越低，则功率因数 λ 越高。其功率因数随负载加重，总的功率因数提高；同时，随滤波电感加大，总功率因数也提高；当充电机工作于断续状态时，其电流总谐波畸变率 THD_i 将高于工作在连续状态时，因此其功率因数 λ 则低于工作在连续状态的 λ。

通过对有多台充电机同时工作的充电站进行研究，可以发现在采用 Dyn11 接线方式的配电变压器时，其高压侧和低压侧的电流总谐波畸变率 THD_i 一般小于采用 Yyn12 接线的变压器；充电机台数越多，由于不同充电机产生的谐波中的一部分会相互抵消，因此可以减小 THD_i，进而功率因数也就越大；当充电机台数增多时，变压器高压侧与低压侧的 THD_i 的差值减小，各次谐波电流含有率 HRI_n 的差值也减小；因此在多台充电机同时工作时，电流谐波总畸变率和功率因数的波动均小于在单台充电机工作时的数值。

2）12 脉波整流桥的谐波分析

12 脉波整流电路由两个三相不控整流电路串联，其三相输入电流的波形相同且依次相差 120°，其中 A 相电流的傅里叶表达式为

$$i_{\mathrm{A}}=\frac{4\sqrt{3}}{\pi}I_{\mathrm{d}}\left(\sin\omega t+\frac{1}{11}\sin11\omega t\ \frac{1}{13}\sin13\omega t+\cdots\right) \tag{5-14}$$

从式（5-14）可知，对于采用三相桥式不控十二脉波整流电路的充电机，其交流侧谐波的特点主要为 $12k\pm1$，其中 $k=1$，2，3，…，即 11 次，13 次，23 次和 25 次等奇数次谐波；增加脉波数有利于抑制谐波，并且谐波的次数越高，其幅值也就越小。

2. 带有有源功率因数校正环节的充电机的谐波特性分析

采用高频开关的有源功率因数校正（APFC）技术与无源功率因数校正技术相比，具有体积小、质量轻、效率高及功率因数接近 1 等优点。有源功率因数校正系统将输出电压与参考电压的误差作为闭环控制回路信号，经放大后与三角波比较，得到高频开关的控制指令，通过控制开关的闭合使输入网侧的电流正弦化并与电压同相位，进而提高整流电路的功率因数和降低电流的总谐波畸变率。但三相有源功率因数校正电路的开关管较多，因而成本也相对较高。

3. 采用 PWM 整流电路的充电机的谐波特性分析

在采用 PWM 整流电路的充电机中，需要对三相桥臂施加幅值和频率相等，且相位互差 120°的三相对称正弦波调制信号。采用 PWM 整流时，网侧的谐波电流很小。而且网侧电流不仅为正弦波，而且还能与电压波形保持同步，即处于单位功率因数运行状态。因此 PWM 调制具有能够实现网侧功率因数控制、电能的双向传输和获得较快的动态控制响应，并且可以网侧电流为正弦波等优点。

5.3.3 充电站谐波的工程算法

尽管已有采用 IGBT 等全控型开关器件组成的 PWM 整流电路应用于电动汽车充电站的充电机中，但采用二极管桥式整流电路作为输入前端的充电机依然有广泛的应用，而这类充电机正是电力系统中的一类重要谐波源，其所产生的大量谐波不仅影响设备的工作质量、干扰电网系统的正常安全运行，而且还会对电网造成污染并消耗大量无功功率。因此，非常有必要对这类充电机所产生的谐波及功率因数进行分析和计算，以深入了解某个电动汽车充电站对电网的谐波危害程度，从而有助于采取有效、适宜的谐波抑制和无功补偿策略，具有重要的意义。

电动汽车充电站充电机的工作原理如图 5 - 4 所示。

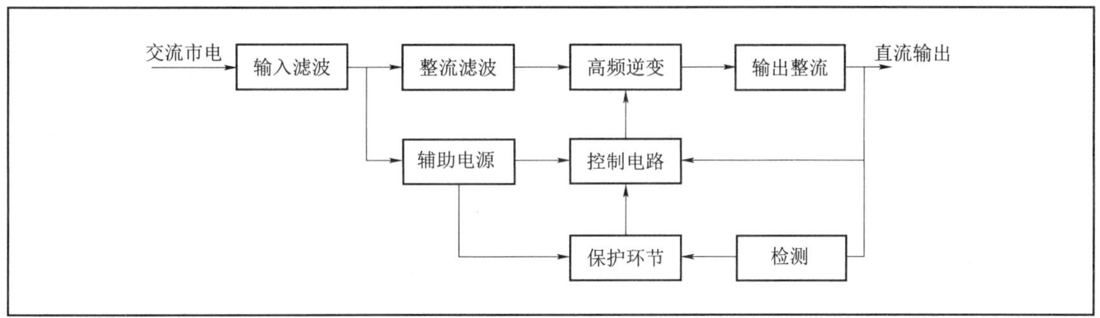

图 5 - 4 电动汽车充电站充电机的工作原理示意图

通过图 5 - 4 可知，充电机的工作流程一般由如下步骤组成。从电动汽车充电站配电系统引出的交流市电首先经滤波器滤掉电网中的谐波，同时也阻碍充电机运行时产生的谐波注入电网，作为整流滤波环节的输入，将交流电直接整流为较平滑的直流电，供下一级变换器使用；滤波得到的直流电由高频逆变器变换成高频交流电，再根据负载需要，通过整流滤波环节提供稳定可靠的直流电源，以便为电动汽车的蓄电池充电。其中的高频逆变部分是整个充电机电能变换的核心，其功率器件的开关频率越高，则功率密度越大、重量和体积也越小。

在充电机系统的前端整流部分，由于整流后的输出电压还要输送到逆变或斩波等下一级功率变换电路中，并在那里得到进一步调节，因此其直流侧直流电压往往是通过三相二极管全桥整流电路对电网的交流电进行整流再接并联电容器滤波后获得。输入的市电电压为三相交流正弦波，每相依次到达峰值，在接近峰值时，相应的整流二极管导通，而在低于电容器上的电压时又截止。由于整流二极管的导通时间比较短，因此会使变压器交流侧流过的电流呈现出尖峰脉冲的波形，如图 5 - 5 所示。从图 5 - 5（b）所示的电流频谱分析中可以看到，这是由于其中包含了许多高次谐波。当这些谐波注入电网后，就会造成电网电流的严重畸变，导致电源输入功率因数的下降。试验表明，当电流总的谐波畸变率（THD_i）为 80%～100%时，则输入功率因数将只有 0.7～0.8。

为了改善输入电流的波形，消除谐波和提高功率因数，目前普遍采用的一种方法是将电容滤波改成电感和电容滤波，通过电感扩展整流桥上二极管的导通时间，平滑电流的波形，减少电流的谐波含量。这种方法比较简单，虽然可将高频开关电源输入端的功率因数在满载时提高到的 0.9 左右，但在轻载时候则提高不多，特别是电源大部分时间处于为蓄电池进行浮充的轻载状态。这种方法的另一个缺点是滤波电感体积和损耗将增大，导致高频开关电源的效率下降和成本增加，但目前的高频开关电源仍普遍采用这种形式。采用电感和电容结合的方式滤波时电流波形如图 5-6（a）所示，而从图 5-6（b）中所示的电流频谱分析中可以看出，谐波含量大为降低。因此，在下面对充电机系统的谐波进行分析时，将主要采用电感、电容和电阻的等效方式。

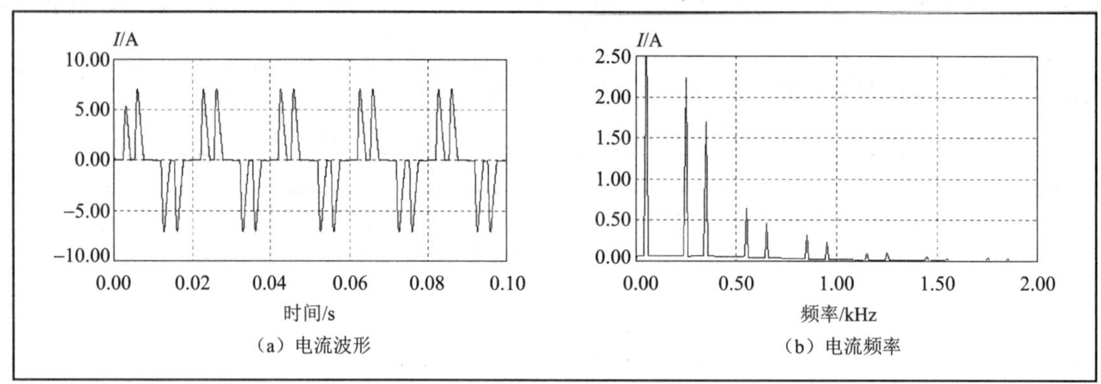

（a）电流波形 （b）电流频率

图 5-5 并联电容滤波后直流侧的电流波形和频率（以 A 相电流为例）

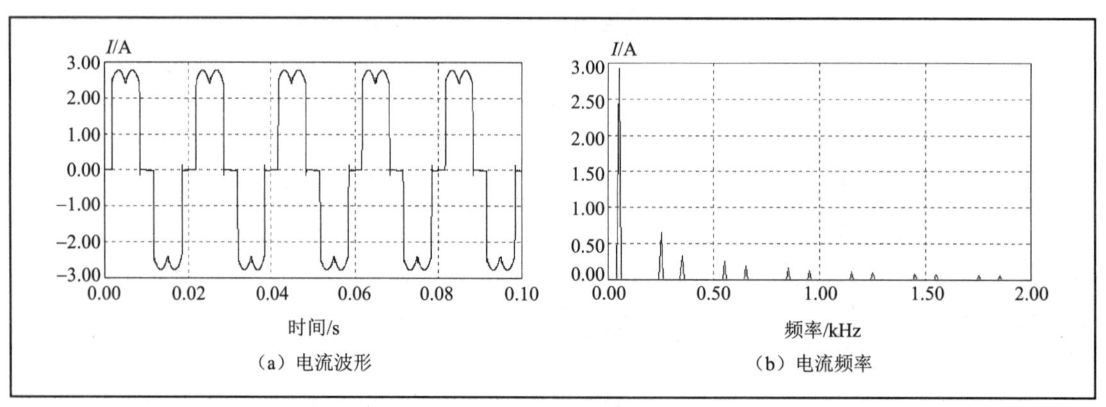

（a）电流波形 （b）电流频率

图 5-6 电感和电容组合滤波后的电流波形和频率（以 A 相电流为例）

尽管电动汽车充电机的使用已经相当广泛，但人们在长期以来还缺乏对其所造成的谐波的定量描述。为了简化充电机系统的谐波特性分析与计算，可将其直流侧电路拓扑示意用图 5-7 表示。其中，电容 C 起滤波作用，电感 L 起平滑电流的作用，电感、电容与三相二极管全桥整流电路一起组成了充电机系统的直流电压输出部分。此外，由于电源前端整流部分输出的直流电流要继续被输入到后面的逆变或斩波等功率变换电路中，而这部分功率变换电路作为整流系统的负载在稳态时所消耗的直流平均电流是一定的，因此可在分析中将它们等效为一个电阻 R，流过其中的电流为 I_R。

由图 5-7 可知，充电机前级采用 LC 滤波的三相桥式不可控整流电路。首先假设：

① 三相输入电源为理想的对称正弦波；

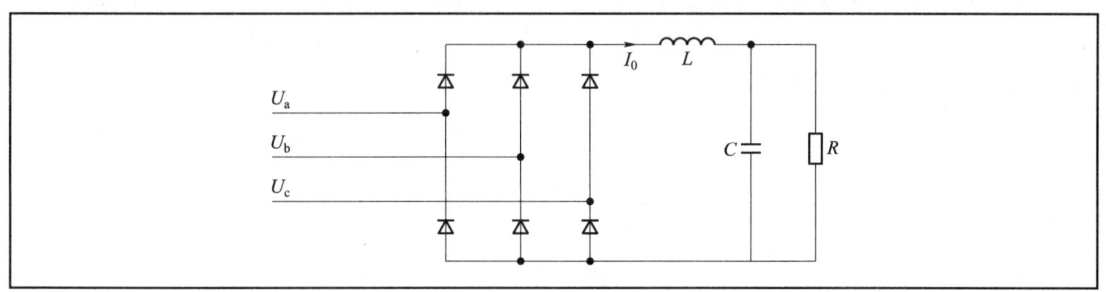

图 5-7　电动汽车充电机直流侧电路拓扑示意

② 忽略三相电源的内阻和进线阻抗，且二极管无管压降；

③ 滤波电容 C 对 6 次及以上次数的谐波的阻抗远小于 R。

这些假设条件对于充电机模块一般均可满足，下面分别对直流侧电压、电流和交流侧电流进行讨论。

在上述假设都成立的情况下，不可控整流电路输出的直流侧电压、电流波形如图 5-8 所示。对它们进行傅里叶分解后，直流侧电压 u_d 可表示为

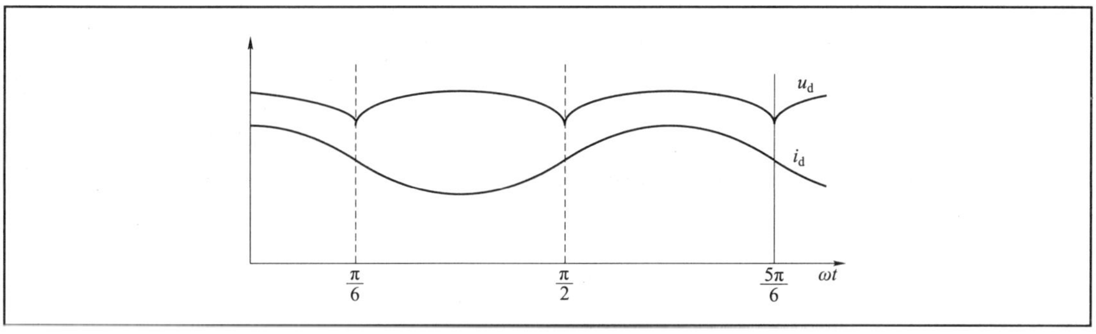

图 5-8　三相不可控整流电路的输出直流电压和电流波形

$$
\begin{aligned}
u_d &= U_d + \sum_{m=6k}^{\infty} \sqrt{2} U_m \cos m\omega t \ (k=1,\ 2,\ 3,\ \cdots) \\
&= 1.35 U_1 \left[1 + (-1)^{m-1} \sum_{m=1}^{\infty} \frac{2\cos 6m\omega t}{(6m-1)(6m+1)} \right]
\end{aligned} \tag{5-15}
$$

式中：U_1——交流侧电压的有效值。

直流侧电流 i_d 可表示为：

$$
i_d = \frac{U_d}{R} + \sum_{m=6k}^{\infty} \frac{\sqrt{2} U_m \cos m\omega t}{Z_m} \tag{5-16}
$$

式中：Z_m——LRC 电路的 m 次谐波的阻抗值。

由于上述假设条件中忽略了电源电动势内阻及线路阻抗，则 Z_m 仅与 LC 相关，即 $Z_m = j\ (X_{Lm} - X_{cm})$，输出电流为：

$$
i_d = \frac{U_d}{R} + \sum_{m=6k}^{\infty} \frac{\sqrt{2} U_m \cos m\omega t}{m\omega L - \dfrac{1}{m\omega C}} \tag{5-17}
$$

根据图 5-8 及上述公式可以看出，i_d 中的主要谐波成分为 6 次谐波，12 次谐波仅为 6 次谐波的 11.54%，而 18 次谐波仅为 6 次谐波的 3.5%，因此可以忽略 12 次及以上的谐波分量，将式（5-17）简化为：

$$i_d=\frac{U_d}{R}+\frac{\sqrt{2}U_6\cos6\omega t}{6\omega L-\frac{1}{6\omega C}} \tag{5-18}$$

欲使 i_d 连续，则应使 $\frac{U_d}{R}+\frac{\sqrt{2}U_6\cos6\omega t}{6\omega L-\frac{1}{6\omega C}}\geqslant0$，即

$$\frac{6\omega L-\frac{1}{6\omega C}}{R}\leqslant\frac{\sqrt{2}U_6}{U_d} \tag{5-19}$$

式（5-19）即是三相整流电路直流侧电流连续的临界条件。

根据某种 500 V/100 A 充电机产品整流电路参数选择方法，确定 $X_L=6$ mH，$C=470$ μF，这样，在均充时负载电阻一般为 50 Ω，在浮充时负载电阻一般为 500 Ω。把上述参数代入式（5-19）中可以发现，当电源工作在均衡充电时，整流电路直流侧电流为连续；当电源工作在浮充时，整流电路直流侧电流为断续。

由于充电机一般都处于对蓄电池的均充或浮充状态，这两种状态下负载的阻值相差很大，有时达几十倍，因此，当高频开关电源的滤波电感、电容参数确定后，交流侧谐波成分、功率因数 PF 和谐波畸变率 THD 将与所接的负载阻抗大小有关，如图 5-9 和图 5-10 所示，其中，横坐标所示的负载等效阻抗标幺值，表示高频开关电源某一工作时刻的负载阻抗与轻载时（浮充）阻抗的比值。

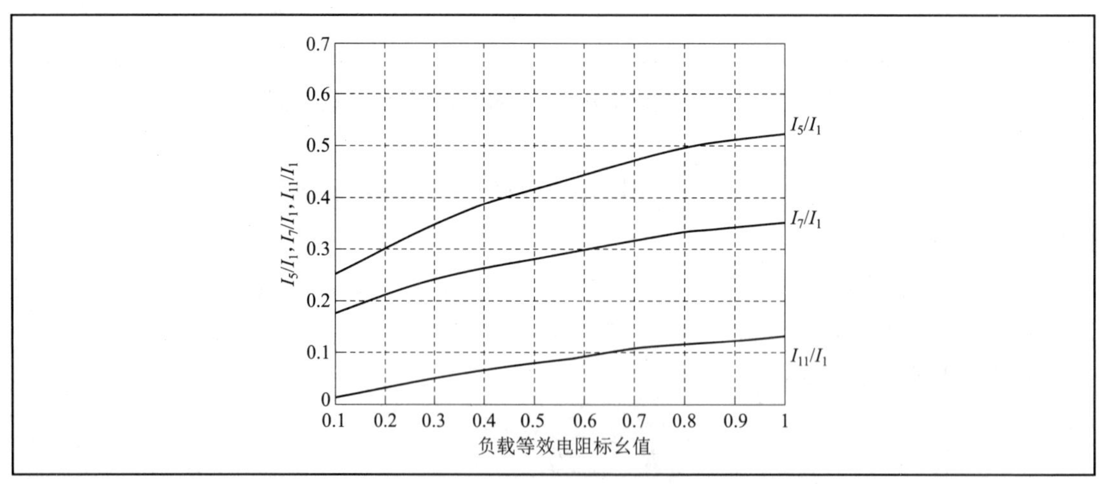

图 5-9　交流侧谐波与负载阻抗的关系

通过以上分析并运用计算机仿真研究可知，充电机在电流断续工作模式时，交流侧各次谐波有效值与基波有效值之比、如 I_5/I_1、I_7/I_1、I_{11}/I_1 等将随负载电阻的增加而增加。

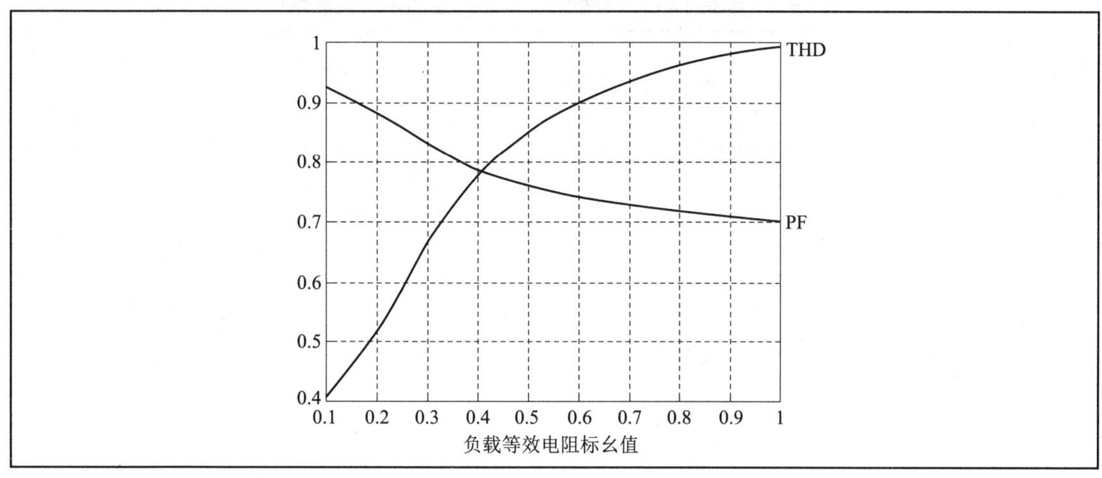

图 5-10　PF 和 THD 与负载阻抗的关系

根据 GB/T 14549—1993《电能质量　公用电网谐波》可知，我国对于配电系统中注入公共连接点的谐波电流有相应的限制标准，充电系统在投入正常使用之前必须满足相关的国家标准。所以，无论电动汽车充电站配电系统采用哪种设计方案，都应该对公共连接点处的电压和电流进行谐波分析。当正弦电压施加到充电机上时，由于充电机采用了三相桥式不控整流，电流不再是输入时的正弦波，非正弦的电流在电网阻抗上会产生压降，从而使正弦电压也发生一定程度的畸变。但是为了简化分析，可忽略电压的畸变，认为电网电压始终为正弦波，因此主要对公共连接点处的谐波电流进行相应分析。

根据从上论述，以图 5-3 所示的含有 12 台充电机的充电站模型为例，对其产生的谐波进行仿真研究和快速傅里叶分析，发现谐波次数主要为 $6k\pm1$（$k=1, 2, 3, \cdots$）次，即 5 次，7 次，11 次，13 次等。谐波随着电流次数的增加，其相应的幅值逐渐减小，各次谐波幅值与基波幅值的比值如图 5-11 所示，而各次谐波的幅值则如表 5-2 所示。

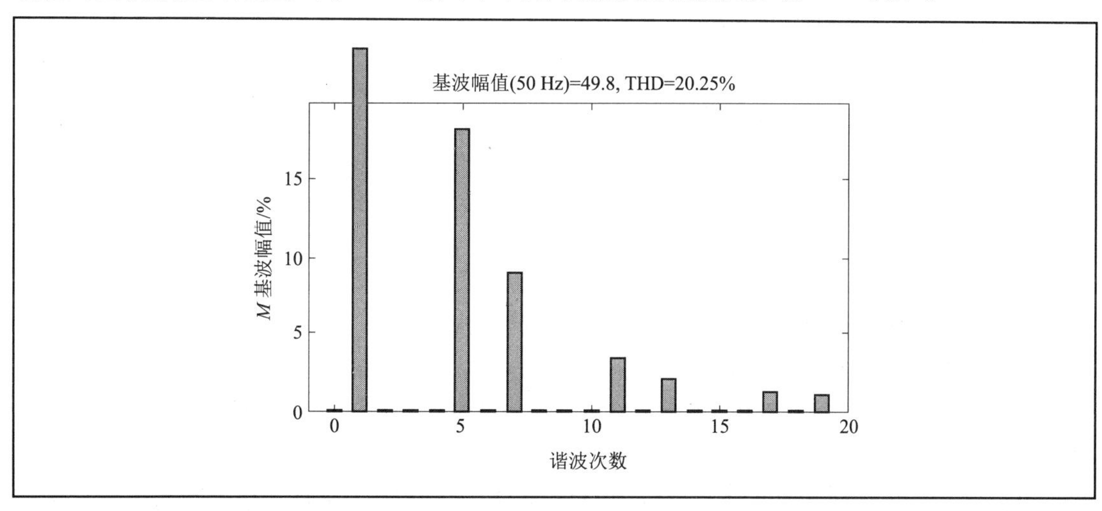

图 5-11　含有 12 台充电机的充电站产生的谐波分析图

表 5-2 含有 12 台充电机的充电站产生的各次谐波幅值

频率	谐波次数	该次谐波在电流中所占的比重	相位角
50 Hz	1（基波）	49.80	−20.1°
100 Hz	2	0.00	231.2°
150 Hz	3	0.00	208.5°
200 Hz	4	0.00	245.0°
250 Hz	5	8.76	255.3°
300 Hz	6	0.00	182.4°
350 Hz	7	4.48	225.2°
400 Hz	8	0.00	123.7°
450 Hz	9	0.00	27.6°
500 Hz	10	0.00	136.5°
550 Hz	11	1.63	119.0°
600 Hz	12	0.00	119.7°
650 Hz	13	1.08	76.5°
700 Hz	14	0.00	240.1°
750 Hz	15	0.00	199.6°
800 Hz	16	0.00	254.6°
850 Hz	17	0.62	−69.7°
900 Hz	18	0.00	187.3°

通过表 5-1、式（5-9）及式（5-10）可以计算出 10 kV 电压等级下流入电网公共连接点的谐波电流的允许值。根据图 5-11 里显示的各次谐波占基波的百分比可以看出，5、7 次谐波电流含量明显大于其他次谐波，最容易超过国家限制的谐波电流值，所以这里只选取 5、7 次谐波进行分析。通过计算得出，该系统的 5 次谐波电流的限值为 1.64 A，7 次谐波电流的限值为 0.78 A。

由表 5-2 中的数据可知，5 次和 7 次谐波电流已经超标，因此，充电站需要装设谐波抑制装置。

综上所述，由于充电机的输入电压与输入电流基本处于同相位，在理想情况下的位移因数为 1，因此影响功率因数的主要因素就是电流中的谐波。而在通常情况下，三相交流输入的电源系统都采用三相三线制，其中次数为 3 次及 3 的倍数的谐波是零序电流的分量，只能在中线中通过，当没有中线时，这部分谐波也就失去了存在。此外，由于交流电压在正、负半周里波形镜像对称，因此不存在偶数次谐波。因此，在交流电源系统里，电流除了基波分量外，仅包含 5 次、7 次、11 次及 13 次等 $6m\pm1$ 次的谐波。上述分析对充电机的谐波抑制和无功补偿的研究与实施，具有很好的理论和现实意义。

5.3.4　影响充电站谐波大小的因素

电动汽车充电站产生的谐波大小受到多方面的影响，主要包括以下因素。

1. 配电网的容量

从谐波源角度和低压母线端口侧分析，当采用大容量的供电系统时，充电机的等效阻抗值将会降低，整流装置在变压器高、低压两侧产生的谐波电压畸变率均得到了减少，但供电设备的成本将会增加。

2. 配电网的供电电压等级

根据相关国家标准，不同的供电电压等级下网侧公共连接点处的谐波电流允许值也相应不同，通常电压等级低的供电电源可以允许更多的谐波电流。若采用电压等级为 35 kV 的电源为充电站供电，国家标准规定的充电站产生的 5 次和 7 次谐波电流的最大允许值分别为 0.15 A 和 0.18 A；而采用 10 kV 的电压等级时，这两个值则分别放宽到 1.64 A 和 0.78 A。

3. 充电站配电系统中电网高压侧的供电距离

配电变压器高压侧供电线路的长度也是影响电动汽车充电站对电网的谐波大小的因素之一。这是由于为充电站供电的电网线路本身具有一定的阻抗，在供电电源电压一定时，谐波电流的大小与阻抗成反比，即输电线路较长时可衰减各次谐波电流值，但又因为供电线路本身存在一定的压降，供电线路越长，线路阻抗则越大，充电站处的电压的畸变程度也就越大，而当供电线路较短时情况则相反。所以，由较长的供电线路换来的各次谐波电流的减小幅度有限，反而造成了电压的降低和畸变。而如果充电站由较近的电网电源供电，其获得的供电电源质量会更高，带来的经济效益也更高。因此，应具体分析电网供电传输距离对谐波的影响，一般应将充电站的选址设置在市网供电电源附近。

4. 充电站变压器的接线方式

我国颁布的国家标准 GB/T 50052—2009《供配电系统设计规范》推荐在 TN 型和 TT 型接地形式的电网中采用 Dyn11 连结方式的配电变压器，该标准中的条文指出，采用 Dyn11 连结组别的变压器有利于抑制高次谐波。因此，电动汽车充电站可以采用 TT 型接地型式，其中的配电变压器一般采用 Dyn11 接线方式，用以抑制充电机产生的一部分谐波。

5. 充电机同时运行的数量

随着电动汽车充电站所配备的充电机数量的增加，充电站在正常运行过程中产生的谐波电流的有效值也会随之增加，但增加的值并不只是单纯的各台充电机产生的谐波电流的代数和。多台充电机同时运行产生的谐波电流在电网接入点处既可能相互叠加，也可能出现抵消的情况。这是因为每台充电机产生的谐波电流的相位角各不相同，若相位角相同，各谐波电流则会相互叠加；反之，各谐波电流就会相互抵消，使充电站产生的总谐波电流减少。当充电站中同时工作的充电机数量增加时，出现谐波叠加或抵消的可能性也会随之增大，因此要统筹充电机的数量及开启时序，以减小谐波电流的产生。

6. 充电站的运行及检修

1）配电系统中变压器或整流模块处于故障或检修状态

由于常用的 12 脉波整流装置是由两组 6 脉波整流装置通过变压器的不同绕组接线构成的，当其中的一组整流装置模块或配电系统中的一台变压器处于故障或检修状态时，整个整流装置模块的工作状况将会发生变化，谐波电流的次数也会相应地发生变化，电流总谐波畸变率也可能升高。

为应对这种情况，对于一级负荷用户的充电站，可以在整流模块中使用整流变压器来减小整流模块故障时的波形畸变对电网的污染。对于三级负荷用户的充电站，考虑到当前配电变压器的制造技术已经趋于成熟，而且在实际的生产和生活中应用时运行稳定，可靠性较高，很少出现故障，因此可以安排每年进行一次检修，并尽量选择在夜间进行，不影响充电站在白天的正常运营。

2）电源系统的对称性

在采用交流供电方式的电动汽车充电站中，整流装置均安装在 0.4 kV 的低压母线侧，如果出现电源侧不对称或各相低压负荷不平衡的情况，则会造成低压侧三相电压的不平衡，即三相电压的幅值不一致，此时整流桥各臂的延迟角就会出现偏差，整流导通角和正常导通角之间也会出现偏差。在三相电压不平衡的情况下，很容易产生谐波。

3）变压器阻抗的不平衡

若系统采用了整流变压器，其三相阻抗在制造工艺及制造过程中都会或多或少地存在一些偏差，这些偏差有可能会使换相阻抗不平衡，从而导致系统中的整流装置各臂在导通和截止过程中的换相角度出现差异，造成谐波的产生。

7. 充电机中的晶闸管相控整流电路

若充电机中的晶闸管相控整流变压器存在联结方式不合理、整流相数少、触发系统工作不可靠或滤波措施不完善等情况，都将会使充电机产生的谐波含量超过有关规定值，给供配电系统带来谐波危害。

随着电力电子技术的快速发展，电动汽车充电机的前端整流部分正逐渐从二极管不控向 IGBT 等全控型器件组成的 PWM 变换器电路拓扑过度，传统的晶闸管相控整流模式已较少使用。

综上所述，充电站在运营时，对电力系统既存在正面影响，也存在一定的负面影响。正面影响主要表现在由于电动汽车多采用白天行驶、夜间充电的运行方式，能够避开社会用电高峰，不仅可以享受电力公司关于阶梯电价在低谷时段的优惠，节约开支，而且对电网有一定的“削峰平谷”的作用，可以调整用电负荷，降低峰谷差，改善电网的负荷特性，在一定程度上缓解了电网的压力，有利于电网的运行。负面影响则表现在由于充电站中的充电机是一种由整流器及功率变换器等装置组成的电力电子设备，属于非线性负载，不仅会产生大量的谐波电流对公用电网造成污染，影响电网电能的质量，同时还会降低电力系统的功率因数，导致发电、输电及配电的效率降低。谐波危害主要表现在导致输电电缆的损耗增加，降低绝缘等级和输配电设备的效率，加剧变压器的发热和噪声，干扰电网继电保护等安全自动装置的判断使其误动作，威胁电网的安全，以及干扰临近的通信信号，影响通信系统的正常工作等方面。

综上所述，电动汽车充电站产生的谐波会对电力系统在发电、输电及用电等各环节都造成很大的危害，因此有必要分析其对配电网电能质量的影响，并采取相应措施抑制谐波电流，最大限度地阻止其注入供电系统，从而改善电能质量，并满足国家相关的规定。通过在电动汽车充电站采用必要的谐波抑制措施，既能保证电网在运行中的安全性，也能提高整个系统的运行效率。

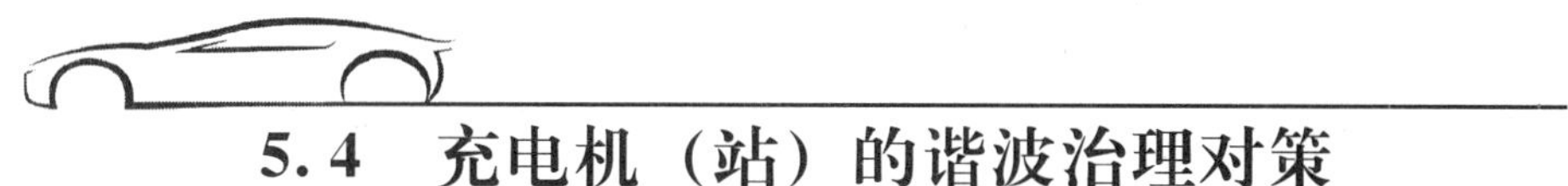

5.4　充电机（站）的谐波治理对策

作为大功率、非线性负载的电动汽车充电站在接入电力系统之前，必须采取措施抑制其产生的谐波注入系统，使网侧的谐波电压或电流保持在一定的数值内，避免对电能质量造成污染。

有研究表明，通过适当增大单台充电机的滤波电感 L_f 可以降低单台充电机的电流总谐波畸变率，这也是最简单便捷的一种方法。但这种方法也存在一些不足，如随着滤波电感的增加，会带来更大的功率损耗及造成充电机的成本、体积和重量的增加等。

另外一种方法为根据充电机的输出参数，选择合适的功率变换单元的拓扑结构，减小功率变换单元的等效阻抗。如选用半桥式直流变换器代替全桥式直流变换器作为功率变换单元，则其有效的直流输入电压减小一半，而等效阻抗将减小到原来的 25%，电流谐波总畸变率也得到相应降低。但这种方法也存在两方面的局限性，即：

① 在大功率场合，由于受开关器件功率等级的限制，一般只能选择三相桥式整流电路；

② 考虑到充电站的配电系统应该由容量较大的系统供电，而当系统的容量增大时，不论是从谐波源还是从低压母线侧端口分析，系统的等效阻抗值均降低，由整流装置产生的谐波在变压器高压侧和低压侧的电压畸变率都会减小，同时系统的谐振点频率也更高。

上述措施对充电站的谐波抑制和无功补偿的效果有限，对于各种电力电子设备对电网造成的谐波污染和无功损耗问题，主要有两大类解决途径，分别为降低谐波源产生的谐波含量和减少负载产生的谐波注入电网。

1. 降低谐波源产生的谐波含量

在各个谐波源处分散地对单个谐波源实施补偿，从而最大限度地避免负载产生大量谐波。通过对电力电子设备本身进行处理，在其中加入谐波抑制和无功补偿部分，使电力电子设备不产生谐波，且电压与电流同相位，功率因数为 1。采用这种方法可以简化后期为消除谐波影响而采取的措施和节省支出的费用，由于这种方法一般要根据各个不同谐波源的具体情况分别进行设计，因此称为主动式的谐波抑制和无功补偿。具体方案有多脉波整流、无源滤波技术、功率因数校正和PWM整流等。

2. 减少负载产生的谐波注入电网

在电网入端（即在用电装置与供电电网之间的公共连接点处）加装无源或（和）有源滤波器，集中对多个接入电网的谐波源同时实施谐波抑制和无功补偿，阻止负载产生的谐波注入电网。在这种方法对各种谐波源都适用，称为被动式的谐波抑制和无功补偿。这类方法包括静止无功补偿技术和有源滤波技术。

相对而言，针对电网的有源谐波抑制和无功补偿是一种事后弥补的方法，解决谐波问题的积极方法应该是着力于消除或降低电力电子设备本身产生的谐波，使其不再向电网注入谐波，只有这样才能使每个谐波源向电网注入的谐波量得到抑制，并且还能有效地减少在电网公共连接点处增设的谐波抑制和无功补偿装置的功率和容量，降低功率损耗，以及提高单个电力电子装置的性能指标和产品的竞争力。

5.4.1 采用多脉波整流

当充电机由工频变压器、二极管不控整流电路、直流斩波电路与滤波装置等组成时，通常具有直流侧电压纹波小、动态性能好及成本低等优点，但缺点则是谐波电流较大及功率因数较低，并产生大量的谐波电流注入电网。在注入电网的谐波电流中，5次谐波的含有率高达60%～69%，7次谐波的含有率为40%～49%，11次和13次谐波的含有率为10%～13%，电流总谐波畸变率达86.2%。这些谐波电流主要在整流变换过程中产生。

为了避免大量的谐波电流流入电网造成污染，可采用性能及可靠性更高的触发系统，防止和避免因触发系统工作不可靠导致运行中的晶闸管丢失触发脉冲而不能继续导通，以及由此所造成的谐波变大、整流电源质量下降等问题。另外，对大容量的晶闸管整流设备可采取滤波措施，即增加采用由电容、电感等构成的Γ型滤波电路，以抑制高次谐波的含量，但最有效和得到普遍采用的方法是增大充电机整流装置的脉波数，即改变充电机中整流电路的拓扑或增加相互间存在一定移相角的换流变压器，以增加整流脉波数或相数，该技术也被称为多相整流技术，可以平滑电流的波形以降低谐波污染，实质是用阶梯波来接近正弦波，即脉波数增大时产生的谐波，从而减小谐波含量。为了达到更优的多脉波整流效果，在实际应用中通常会采用联结方式为Dd0、Yn11的整流变压器或两台联结方式分别为Dyn11和Yyn0的配电变压器，这样的组合能够更好地抑制3次谐波，但其缺点是相数的增加会带来设备成本的增加，且换流变压器的接线复杂，利用率低。当充电机采用6脉波不控整流方案时，电流的谐波畸变率约为30%，其中5次、7次、11次和13次等次数的谐波电流含量较大，若此时配置5台及以上的滤波器，则电流的谐波畸变率将会得到显著降低，仅为约9%。

而12脉动桥式整流电路更为复杂一些，其基本原理为采用三绕组变压器将两个6脉动整流桥进行并联，并且将变压器二次侧的其中一个接成星形连接，另一个接成三角形连接，由此构成该型整流电路。12脉动桥式整流电路在工作时，5次、7次、17次及19次谐波可以被抵消，剩余的谐波分量仅有$12k\pm1$次，即11次、13次、23次及25次等各次谐波，并且其有效值与谐波次数成反比，而其与基波有效值的比值则为谐波次数的倒数，此时电流的谐波畸变率可以控制在约 10%的程度，若同时配置 11 次及以上的滤波器，电流的谐波畸变率则可以进一步降低至约 5%。

与 6 脉动桥式整流电路同理，12 脉动桥式整流电路各次谐波电流的有效值与其次数成反比，即次数越高，其有效值越小，对于滤除谐波也就越有利。因此，若电动汽车充电站的充电机采用 12 脉波整流电路同时配置滤波器的整流方式，则可以有效减少由整流装置产生的谐波，降低系统中的谐波含有率和电流的谐波畸变率。

5.4.2　采用功率因数校正技术

为消除高频开关电源系统的广泛使用所造成的电网谐波污染问题，国内外进行了大量的研究，并提出了各种方法，功率因数校正技术是目前普遍采用的方法之一。在充电机的前端输入部分加装功率因数校正环节可以有效提高网侧的功率因数，减小无功损耗。功率因数校正技术又分为无源功率因数校正和有源功率因数校正两种。

1. 无源功率因数校正

无源装置的优点是电路结构简单，不需要相关的控制部分，缺点是体积通常较大，并且功率因数的校正效果一般，仅能到 0.8 左右，性能并不算优异；而谐波含量一般也只能降至 50%左右，效果不是特别理想。

2. 有源功率因数校正

有源功率因数校正技术是一种应用广泛、具有很好效果的谐波抑制和无功补偿方法，能够将功率因数校正至 0.995 的理想数值，并且还能使谐波含量降至 5%以下，具有非常良好的效果。该技术通过在电力电子设备的二极管不控整流电路和功率变换部分加装功率因数校正环节，虽然增加了系统电路的复杂程度，但能使网侧输入电压和电流保持同相位，达到单位功率因数运行，从而能够使单台充电机输入侧的功率因数达到很高的数值及降低谐波电流的含量。

该技术通常采用升压（boost）电路和电压、电流双闭环控制的方法，其中的电压环用来稳定输出电压，电流环则使电流跟踪电网的正弦波形。由于补偿效果好，因而人们对有源功率因数校正技术从拓扑结构、控制策略等方面进行了深入研究，自 20 世纪 80 年代后期以来，该技术逐渐成为电力电子领域的一个研究热点。

尽管采用有源功率因数校正技术比无源方式更为有效，但是在经过深入的分析和比较后，也应该看到当前的有源功率因数校正技术还存在下列不足：

① 由于功率因数校正部分与整个系统的电源功率变换部分串接在一起，有源功率因数校正环节处理的是系统的全部功率，由此导致功率因数校正部分的功率等级提高，所选元件的功率等级也必须很高，导致设备体积和成本增加，同时也会增加功率损耗；

② 增加了系统主电路拓扑结构和控制方法的复杂性，其成本也较高；

③ 一旦有源功率因数校正环节损坏，整个系统将无法工作，从而降低了整个装置运行的可靠性；

④ 目前仅有单相有源功率因数校正技术达到成熟并广泛应用，而三相有源功率因数校正的理论还不成熟和完善，因此其应用也相应受到限制，仍是电力电子学领域有待解决的一个难点。

3. 三相供电的电源设备整流和功率因数矫正方案的选用

在单相交流系统中，功率因数校正技术已较成熟并且实现了商品化，系统的功率因数可达0.99以上。但在使用三相供电的电源设备中，情况则有所不同。对于功率等级高、造价高的设备，采用三相全桥开关整流器可以获得很好的输入电流波形和很高的功率因数，费用也处于能够接受的范围。但对于一般的设备或电源系统而言，采用六个开关管的方案却往往由于存在利弊参半的情况而放弃，这主要可以归因于以下几个方面：

① 增加了电路拓扑和控制电路的复杂性；

② 增加了设备成本；

③ 增大了整个设备的损耗；

④ 降低了整个装置的可靠性。

因此对于功率等级低、造价低的设备，采用全控型开关器件组成的三相全桥 PWM 整流器尽管能取得良好的效果，但却增加了控制的难度和系统的成本，往往不具备可行性。而具有造价低、可靠及高功率因数的商品化三相功率因数校正电路目前还没有成熟的方案可供选择。当前三相有源功率因数校正技术有待进一步地研究和开发。

为此，可以考虑采用另一种谐波抑制方案，即增加一个与所有负载并联于输入电压母线上的有源滤波模块，采用这种方案可以有如下优点：

① 电路拓扑和控制电路的复杂性只局限于有源滤波模块，其他高频开关整流模块可采用较简单的无源滤波方案；

② 系统仅增加了有源滤波模块的损耗，而其他整流模块并未增加任何额外的损耗；

③ 整个系统的可靠性没有降低，当有源滤波模块损坏，退出运行时，仅使注入系统的谐波和无功功率无法得到补偿，并不会影响其他整流模块的工作；

④ 可使系统具有比目前所采用的方法高得多的功率因数和更好的输入波形，对电网的污染也更少；

⑤ 与功率因数校正环节需要处理系统全部的功率不同，采用该方案需要处理的功率只占总功率的20%。

5.4.3 采用 PWM 整流器来获得直流母线电压

采用 PWM 整流电路来获得直流母线电压的充电机具有注入电网侧的谐波电流较小，输入波形更接近正弦波，电流总畸变率可以降至5%以下及无须加装滤波装置等优点，同时还能够实现网侧功率因数高、输出纹波小、系统动态性能好及电能变换效率高等优越特性。此外，由于这种充电机采用了高频开关控制策略，从而能够有效地减小装置的体积，因此是目前整流装置的发展和应用趋势。PWM 整流器的缺点是结构较复杂，控制难度大，而且成本也较高。

5.4.4 采用静止无功补偿技术

鉴于无源（LC）滤波器存在阻抗固定、不能跟踪负载无功需求的变化及无法实施动态补偿无功功率等不足，人们提出了固定电容器和晶闸管控制电抗器相结合的静止无功补偿技术，并已广泛用于长距离输电的分段补偿和大功率负载的无功补偿。但静止无功补偿技术也具有下列不足：

① 需要大容量的电抗器和电容器等储能元件，装置的体积、能耗和制造成本都很大；

② 只能补偿无功功率，不能抑制谐波；

③ 由于采用相控方法，在动态调节基波无功功率的同时，装置本身也产生大量的谐波；

④ 由于静止无功补偿技术存在上述的缺点，因此其使用受到很大限制，目前主要用于大型电网等领域。

5.4.5 充电站安装无源/有源电力滤波器

对电动汽车充电站进行谐波抑制和无功补偿还可以采用安装无源/有源电力滤波器的方法，即在电网侧加装电力滤波器以减少注入电网的谐波含量，因无须考虑负载电力电子设备的特性就能有效抑制谐波，因而得到广泛应用。它主要分为无源电力滤波器和有源电力滤波器两种，下面将对这两种滤波器分别进行介绍。

1. 无源电力滤波器（LC）

无源滤波技术是普遍使用的一种谐波治理和无功补偿方法，由起无功补偿作用的电容 C 和起平滑电流作用的电感 L 组成谐振网络，接在电网电源与二极管整流桥之间，既可以防止非线性负载产生的谐波注入电网，又可补偿无功损耗，具有结构简单、实施方便及成本低等优点，因而一直得到广泛应用。

无源电力滤波器与需要补偿的非线性负载并联起来使用，分为单调谐及高通型两种，均由电感、电容和电阻元件构成一定的回路，当其中电感与电容的谐振频率与某次谐波电流的频率相同时，就形成了对此次谐波的低阻抗通路，使其流经这一回路而无法流入电网，从而防止对电网造成谐波污染。无源电力滤波器主要用于滤除 5 次、7 次及 11 次等低次谐波，具有结构简单、成本低、相关的技术比较成熟、运行可靠及维护方便等优点，成为当前电力设备中普遍采用的谐波抑制方法。与此同时，该装置也可补偿无功损耗。但这种滤波器也存在如下缺点：

① 滤波效果很容易受电网参数、负载、环境温度、电压频率及电路中滤波电容等系统参数变化的影响；

② 容易与电网阻抗产生串联或并联谐振，对某些次数的谐波有放大的可能，造成电容器承受过大电压，导致其发热甚至烧毁，给电网带来一定的安全隐患；

③ 只能补偿固定不变的无功功率，对变化的无功功率不能进行精确的补偿，无法实现动态补偿；

④ 只能进行静态谐波补偿，且补偿效果受负载变化的影响较大，不能进行动态补偿；

⑤ 滤波器的体积和重量较大，在大功率场合应用时，成本较高；

⑥ 一组无源（LC）滤波器只能补偿某一单次谐波，当需要补偿多个不同次数的谐波时，需要投入多组无源（LC）滤波器；

由于无源滤波器（LC）存在上述的缺点，因而其进一步的发展和应用也受到限制。

2. 有源电力滤波器

随着电力电子技术的发展，出现了有源电力滤波器（active power filter，APF）的概念，相关产品也得到了应用，有源滤波技术也是近年来获得广泛重视和研究的一种谐波抑制及无功补偿技术。有源滤波器可以很好地实现动态补偿谐波和无功电流的功能，但缺点是电路结构复杂、控制难度大、功率损耗多及造价高昂等。

三相有源滤波器采用功率半导体开关器件，包括检测电路、控制电路、驱动电路、主电路及各级保护电路等组成部分，其基本原理如图 5－12 所示。其中，i_s 表示电源电流，i_l 表示负载电流，i_c 表示有源滤波器的补偿电流。其基本原理是首先通过检测电路检测出电力电子设备产生的谐波和无功电流信号，然后将其反极性后经控制电路产生出相应的控制信号，控制信号在被送入驱动电路进行隔离和放大后，再被送入主电路，用来控制主电路各功率管的开通与关断，使其产生与检测到的谐波和无功电流大小相等、但相位相反的补偿电流并注入电网，以期与负载产生的谐波和无功功率相互抵消，从而使电网电流只包含基波的有功分量，即与电压同相位，从而达到谐波抑制和无功补偿的目的。如果有源滤波器仅用来抑制负载产生的谐波电流时，可首先由检测电路检测出负载电流中的谐波电流分量，然后在控制电路中将其反极性后作为控制信号并送入驱动电路，再由驱动电路产生驱动信号对主电路上的开关功率管进行控制，使其产生与检测到的谐波电流分量大小相等、但极性相反的电流注入电网，通过两者的相互抵消使电网中电流只包含基波电流的分量（即正弦波），达到抑制谐波电流的目的。

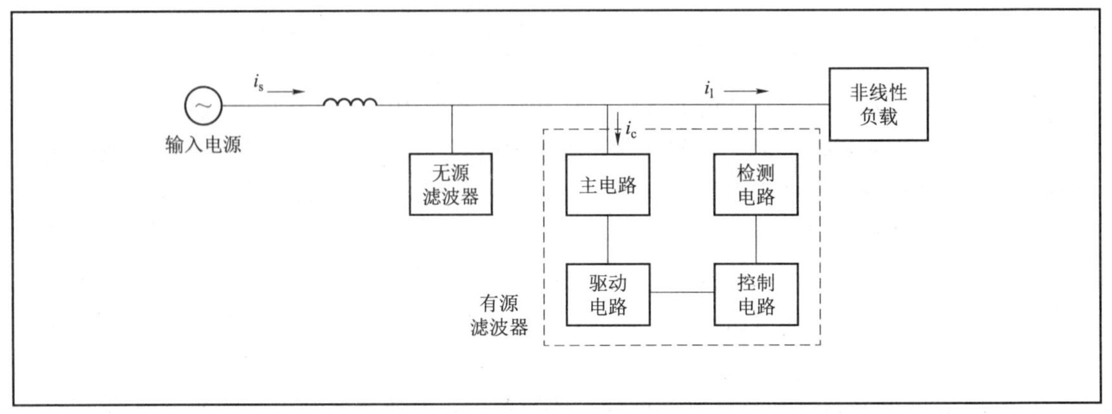

图 5－12　有源滤波器的工作原理

为了进一步说明有源滤波器的工作原理和过程，可对图 5－12 所示的有源滤波器电路进行计算机仿真，仿真参数为：

① 三相输入电压为 110 V，负载由三相二极管整流桥及电感、电容和电阻组成，其中的电感为 0.3 mH，电容为 0.47 mF，电阻为 0.5 Ω；

② 有源滤波器的主电路功率开关管采用 IGBT，其开关频率为 10 kHz。

仿真结果如图 5－13～图 5－15 所示。由图 5－13（a）可知，在有源滤波器没有进行补偿前，尽管输入电压为正弦波，但由于负载为非线性，仍导致了电流畸变严重，呈非线性波形；对该电流波形作快速傅里叶变换，进行频谱分析，结果如图 5－13（b）所示。由图 5－13（b）可以看出，系统包含多次谐波，主要有 5 次、7 次及 11 次等。当有源滤波器投入工作后，可以看到电源电流波形的畸变得到了有效抑制，基本接近如图 5－14（a）所示的正弦曲线，对此波形也作快速傅里叶变换，进行频谱分析，结果如图 5－14（b）所示。由图 5－14（b）可以看出，电流中的谐波已基本消除。有源滤波器产生的补偿电流的波形如图 5－15 所示。

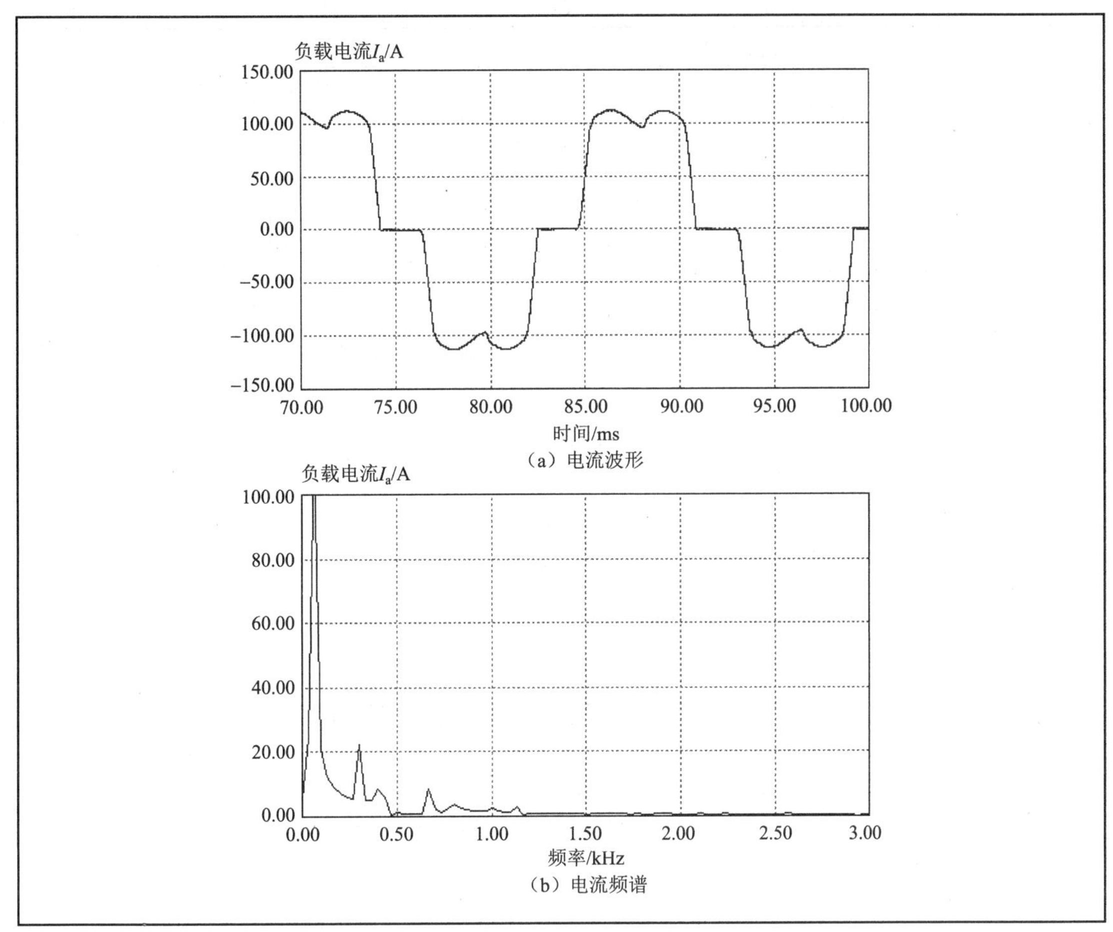

图 5－13　补偿前的电源电流波形和频谱（以 A 相电流为例）

与无源电力滤波方式相比，有源滤波技术正在得到越来越多的重视，并且有了长足的发展，这主要在于有源滤波技术在谐波抑制和无功补偿方面具有的许多优越特性，这些特性主要表现在以下几个方面：

① 具有动态谐波补偿功能，补偿响应快，能根据负载变化实时补偿频率和幅值都在变化的谐波和无功电流；

② 既可抑制由非线性负载产生的谐波，使电源电流转变为正弦波，也可进行无功功率的补偿，提供非线性负载所需的无功功率，使系统的功率因数为 1；

③ 补偿效果受电网阻抗的影响不大，不易与电网产生串、并联谐振；

④ 与采用无源滤波器或有源功率因数校正技术时需要处理系统的全部功率不同，有源滤波器根据不同的补偿需要，只需处理系统的部分功率。因此，相对于系统功率而言，有源滤波器可以采用较小的功率级别，使功率损耗和成本降低；

⑤ 主电路可以选用容量相对较小的储能元件（电感或电容）；

⑥ 不会受到系统运行方式的影响，即使出现负载电流过大的情况，有源滤波器也不会发生过载或损坏，仍能正常工作；

⑦ 可使系统获得比目前所采用的其他功率因数校正方法高得多的功率因数及更好的输

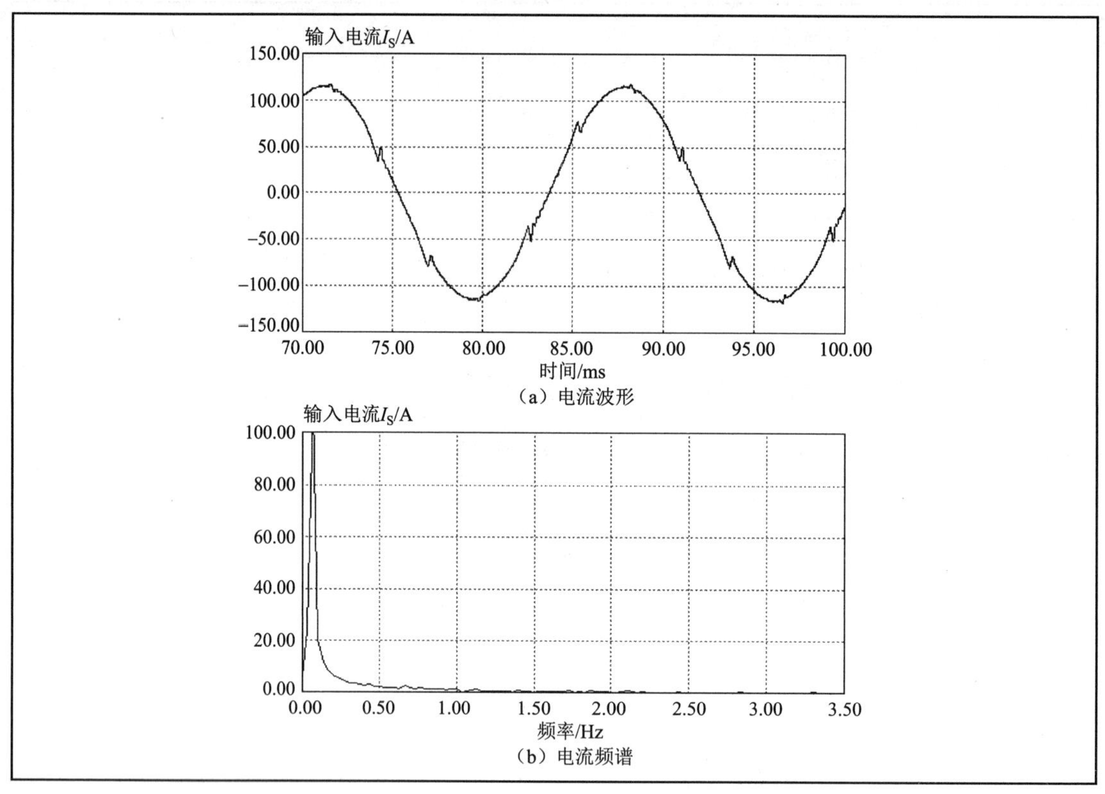

（a）电流波形

（b）电流频谱

图 5-14　补偿后的电源电流波形和频谱（以 A 相电流为例）

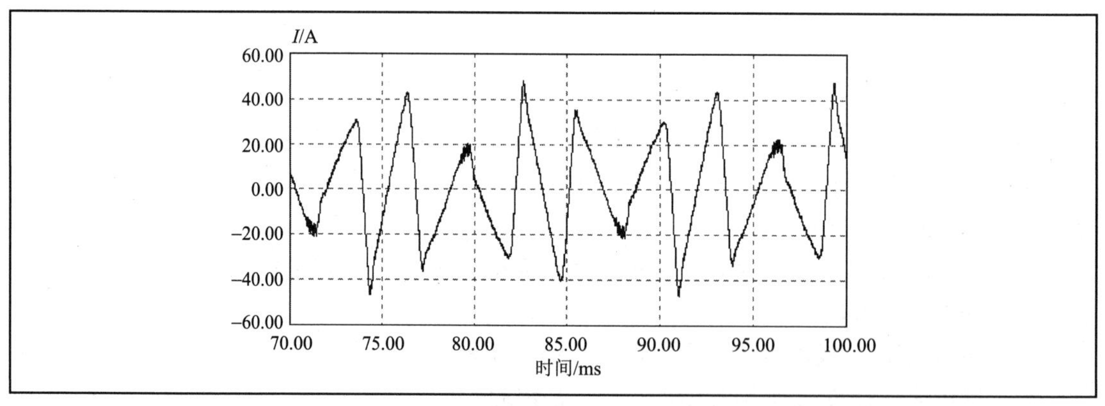

图 5-15　有源滤波器产生的补偿电流波形（以 A 相电流为例）

入波形，并且对电网的污染也更少。

3. 有源滤波技术分析

由于无源滤波技术已很成熟，并且设计也较为简单，所以此处不再赘述，而仅对有源滤波技术进行分析。随着有源滤波技术研究的不断发展，相关的学者及研究人员已提出了多种不同的针对应用功率场合、补偿负载的情况及想要达到的补偿目的等不同，可以采用不同的控制策略和多种电路拓扑结构。

1）有源滤波器的控制策略

作为整个有源滤波器的核心，控制部分对谐波抑制和无功补偿的效果至关重要，它包含谐波检测方法和控制策略，即将检测电路获得的有关信息按照适当的控制策略生成相应的控制信号，再送至驱动电路产生驱动信号来控制主电路中功率开关管的通断。

目前采用的有源滤波器控制方法可以分为开环控制和闭环控制两大类，这两种方式在工作原理和控制策略上具有各自不同的特点。

（1）开环控制。该控制方法通过检测负载电流获得其中的谐波电流分量，然后通过主电路将大小相等但极性相反的补偿电流注入电源系统，用于抑制大部分的谐波和补偿已知的无功电流分量。该模式下系统并不需要对补偿效果进行检查。因此，这种方法其实也是传统的谐波抑制技术中的一种。

其他类似的控制方法还包括开关型无功滤波技术、三次谐波注入法、谐波抵消法和已知固定负载谐波的控制法等。

（2）闭环控制。与开环控制方法相对，闭环控制利用一个反馈回路随时检查被控制变量的值，并将结果反馈到控制系统，以便随时对控制过程进行校正，使被控制的变量始终跟踪设定值。因此，闭环控制方法可以更精确地对谐波和无功损耗进行补偿。目前的有源滤波器为了提高性能而采用的新型控制策略几乎都是闭环控制，如利用微处理器或数字信号处理器（DSP）等实施的控制方法。常用的闭环控制方法为电容电压控制法，通常用于单相或三相电压源型有源滤波器中。在该方案中，主电路逆变器的直流侧含有一个电容，而控制的目的就是使此电容两端的电压保持在一个固定值。其理论依据基于以下事实，即由于电容值通常选取的较大，因此其可以看作是一个电压源，并通过一个起平滑滤波作用的电感与主电源相连，从而能直接控制电流波形，而流经电感的电流由普通 PWM 控制技术控制。系统在稳态时，有源滤波器不损耗有功功率，只有当负载发生突变或电源电压变化时，才需要消耗或提供有功功率，因此，有源滤波器的主电路时而工作在整流模式，时而又工作在逆变模式，其直流侧的电容既消耗电源电能，又向电源回馈电能，电容所存储的能量总是在变化，因此电容两端的电压呈现出波动的特征。为了使电容电压在可接受的范围内波动，可以选择一个参考电压值，并以实际电容电压与这个参考电压值的差作为一个控制信号，然后该控制信号被添加到其他电流控制信号中，一同组成对整个有源滤波器系统的控制信号。目前，采用这种控制方法的有源滤波器已非常普及。

2）有源滤波器的电路拓扑结构

根据不同的划分依据，有源滤波器的电路拓扑结构可以有多种类型。

（1）根据主电路拓扑结构的不同，有源滤波器可分为电压源型和电流源型两种。

电压源型有源滤波器的主电路直流侧的储能元件为电容，构成电压反馈型 PWM 逆变器结构，如图 5-16 所示。由于该电容的数值一般选得较大，正常运行时，其上的电压基本保持不变，因此可将其看作是一个电压源。这种有源滤波器交流侧的输出电压为 PWM 波形，常用于补偿电感性的负载等场合，具有体积小、成本低及可采用多级化方式提高对高功率、大容量负载的谐波抑制和无功补偿效果等优点，因此获得了广泛的应用。电压源型有源滤波器的不足之处为当主电路同一桥臂上的两个功率开关管同时导通时，会引起短路事故，因此对器件的性能和控制的稳定性都有很高的要求。

电流源型有源滤波器的主电路直流侧的储能元件为电感，构成电流反馈型 PWM 逆变器

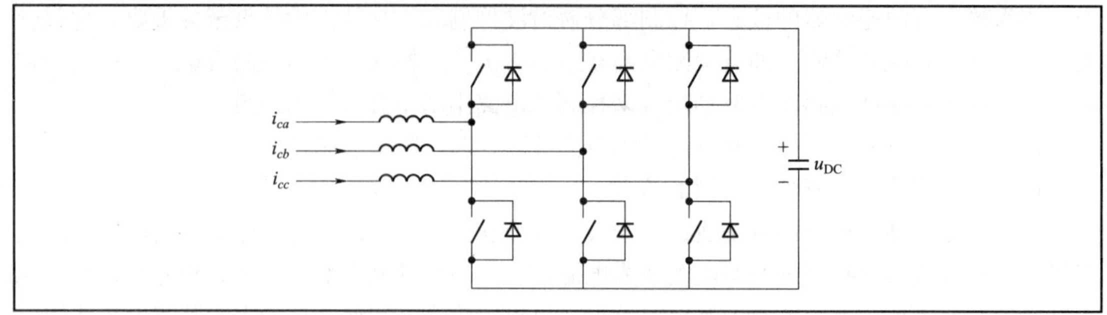

图 5-16　电压源型有源滤波器的主电路

结构，如图 5-17 所示。由于该电感的数值一般选得较大，正常运行时，流过其中的电流基本保持不变，因此可以看作是一个电流源。这种有源滤波器交流侧的输出电流为 PWM 波形，常用于补偿电容性的负载等场合。尽管与电压源型有源滤波器相比，电流源型有源滤波器具有不会因为主电路同一桥臂上的两个功率开关管同时导通而发生短路事故的优点，但由于其直流侧大电感上始终有电流流过，产生的损耗较大，因此，目前较少使用。

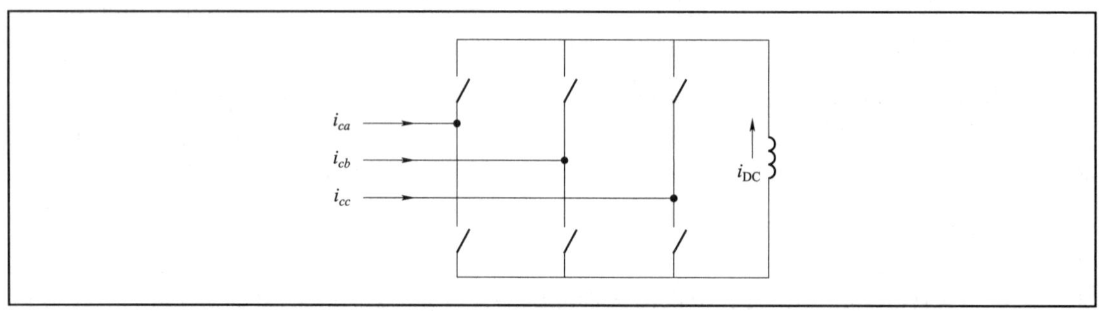

图 5-17　电流源型有源滤波器的主电路

（2）根据接入电网方式的不同，有源滤波器还可以分为并联型和串联型两种。

并联型有源滤波器与非线性负载一起并联在电网上，是目前工业生产中最重要和应用最广泛的一种有源滤波器结构，其主电路结构既可以是电流源型逆变器，也可以是电压源型逆变器，分别如图 5-18（a）和图 5-18（b）所示。

并联型有源滤波器可以看作是一个受控电流源，连接在负载与供电电源之间，向电网公共连接点注入与负载产生的谐波电流大小相等但极性相反的补偿电流，通过两者的相互抵消，使负载电流中只含有基波电流的分量，从而消除负载产生的谐波，达到防止谐波注入电网的目的。并联型有源滤波器具有如下的特点：

① 当只需要抑制谐波时，仅处理需要抑制的谐波电流分量即可，由于这部分电流只占基波电流的一小部分，有源滤波器因此可以采用相对较小的功率等级；

② 可以采用多重化技术将多个有源滤波器并联在一起共同实施补偿，适用于需要补偿更大容量的应用场合，从而拓宽了并联型有源滤波器的使用范围；

③ 由于直接与电网端相连接，电网电压全部加到有源滤波器的主电路上，导致主电路

中的功率管需要承受很大的电压，因此必须选用大容量和耐压高的功率器件，增加了设备的投资和开关管的选择难度，这也是并联型有源滤波器的主要缺点。

综上所述，并联型有源滤波器主要适宜在负载的非线性情况严重时采用。

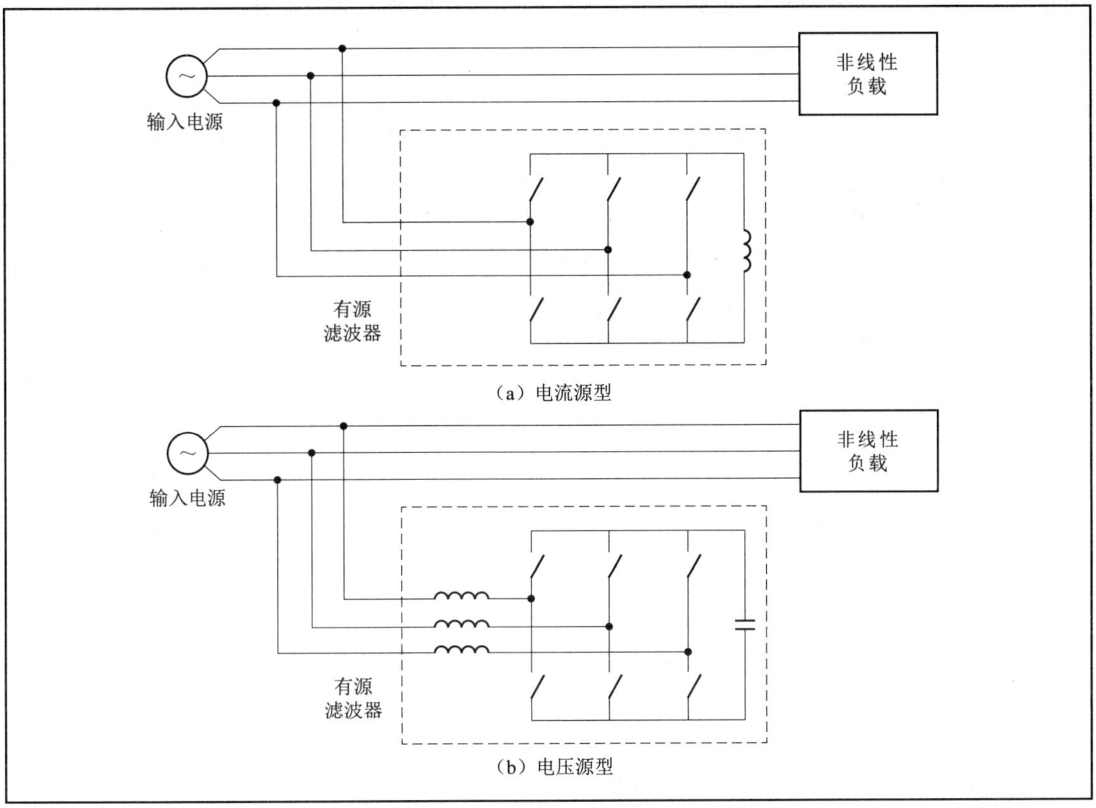

（a）电流源型

（b）电压源型

图 5－18　并联型有源滤波器

而串联型有源滤波器则是在供电电网与负载之间通过一个耦合变压器以串联的方式接入，如图 5－19 所示，该有源滤波器可以看作是一个受控电压源，通过产生相应的 PWM 电压波形加到电源端，使负载两端承受标准的正弦电压，从而不会产生谐波。串联型有源滤波器主电路的配置是一个电压反馈型逆变器，但没有任何电流控制回路，适合于消除电压谐波和补偿三相电压的不平衡，因此，串联型有源滤波器更适宜于改善电网电压的质量而非负载电流的质量。

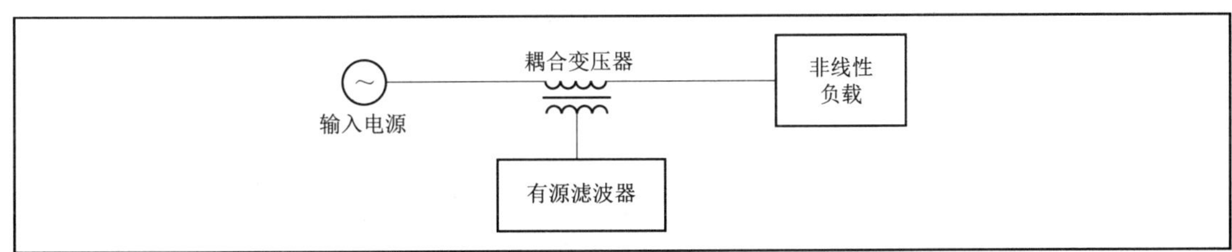

图 5－19　串联型有源滤波器

串联型有源滤波器通常用于给负载提供一个标准正弦波形的电压，这一用途对于某些对电压敏感的负载（如超导磁能储存设备或电力系统保护设备等）尤为重要。由于串联型有源滤波器与电网和负载串联在一起，需要承受很大的负载电流，因此相对于并联型有源滤波器而言，其功率等级将会很大，导致功率损耗的增加和体积的增大。此外，当在较大功率的场合中应用时，尽管功率管的容量可以相对小一些，但串联的耦合变压器的体积将会很大，整个有源滤波装置的体积和能耗也会随之增大，因此串联型有源滤波器在工业中的应用不如并联型普及，仅在某些特殊场合中使用。

通过对上述各有源滤波技术的分析，可以得到以下结论：

① 目前，由于电流源型有源滤波器和以串联方式接入电网的有源滤波器存在功率损耗较大及体积也相对庞大的缺点，限制了其使用范围，因此很少使用。实际投入使用的有源滤波器的电路结构主要为电压源型，接入电网的方式主要为并联型；

② 在有源滤波器对于谐波和无功电流的检测方法中，一些方法尽管简单易行，但存在精度差，延迟时间长的缺点，不利于有源滤波器的实时、有效地工作；而另一些检测方法虽然具有精度高和延迟时间短的优点，但缺点是检测电路复杂，计算量大，对硬件条件的要求高，因此成本也较高；

③ 虽然多数有源滤波器采用的控制方法具有控制精确、鲁棒性好及稳定性高等优点，但存在对硬件条件要求高、电路复杂及不易实施等不足，增加了控制的难度和费用；

④ 现有的有源滤波器仍存在功率等级高、损耗大及成本高等缺点，特别是对中小功率的负载，还需要设计合理及性价比可接受的方案。

4. 充电站电力滤波器的设计

虽然单独使用并联型或串联型有源电力滤波器就可以实现动态跟踪和实时补偿谐波和无功功率的目的，并且具有很好的效果，但存在系统控制复杂、成本高及功率等级大等缺点，无法提供一个可接受的且性价比合理的方案，因此其应用受到限制。无源电力滤波器具有成本低、使用方便的优点，但缺点是体积大，无法快速补偿因负载变化所导致的变化的谐波，难以达到满意的补偿效果。基于以上原因，可以考虑采用混合型有源滤波器，即将有源滤波器和无源滤波器组合使用，此时由于可将其中的有源滤波器设计成不再承担所有的谐波和无功补偿任务，因而可以降低大功率开关管的能量损耗，而无源滤波器则用来消除负载中其余的谐波电流。由此可见，采用该方案可以有效减少有源滤波器的功率等级和成本，为大功率电力电子设备提供良好的性价比及实际可行的谐波抑制和无功补偿解决方案。因此混合型有源滤波器已成为目前首选的有源滤波器的结构类型。图 5－20 所示即为一种得到广泛应用的混合型有源滤波器，其结构是在并联型有源滤波器旁再并联一组无源滤波器。

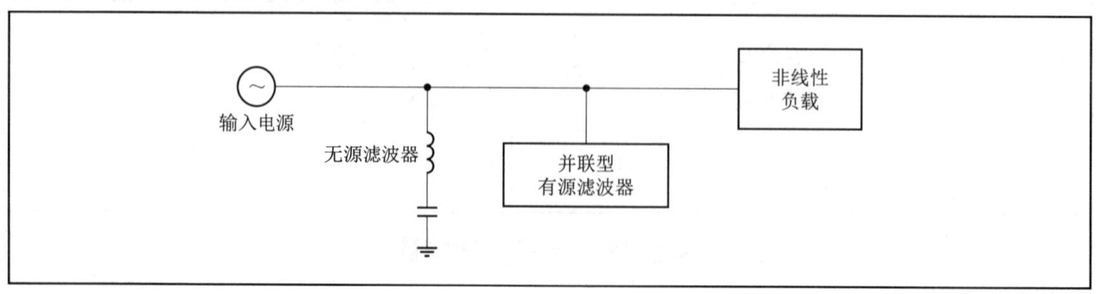

图 5－20　混合型有源滤波器

混合型有源滤波器的电路拓扑如图 5 - 21 所示。其中，非线性负载由一个三相二极管桥式整流电路加电感、电容和电阻组成，混合型有源滤波器主电路中的功率开关管选用 IGBT，采用 PWM 电流控制技术，输入电压为 110 V，开关频率为 10 kHz。

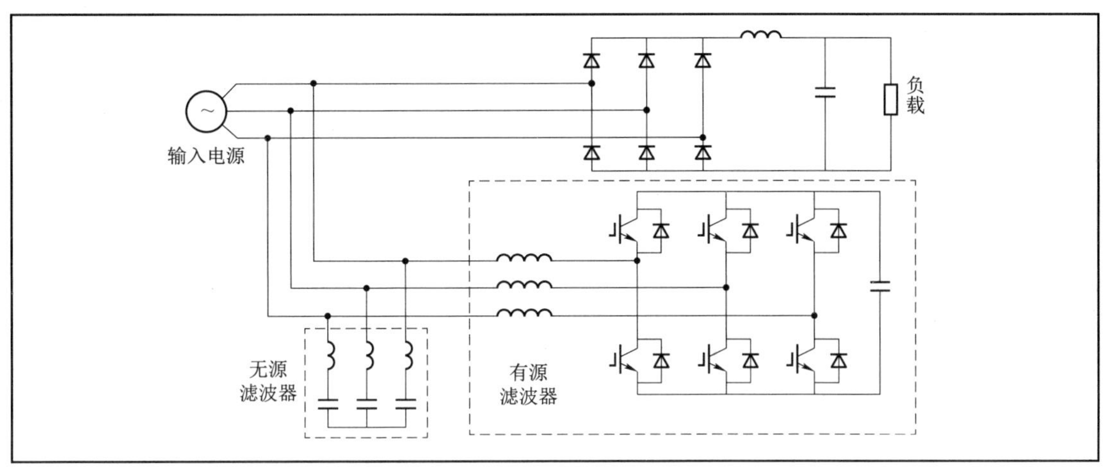

图 5 - 21　混合型有源滤波器的电路拓扑

由于电动汽车充电站的功率等级不大，并且负载因蓄电池的投切而随时发生变化，因此可考虑采用图 5 - 20 所示的混合型电力滤波拓扑，即由一个电压源型有源滤波器和一组高通型无源滤波器分别与负载并联在配电变压器的 0.4 kV 侧，电压源型有源滤波器主要用于滤除次数低但所占比重大的谐波，由于具有动态响应速度快，跟踪精度高，补偿效果受负载变化影响小，以及能够补偿充电站内因充电机投切数量发生变化时产生的变化了的谐波部分等优点，因此能有效抑制充电机所导致的谐波污染，并且不需要很大的功率等级。无源滤波部分不承担谐波抑制和无功补偿的任务，仅用来消除有源滤波器开关频率附近的高次谐波成分，改善补偿效果，由于这部分谐波阶次高、幅值小，因此，只需要一组高通型无源滤波器就可以很容易地滤除，并且其体积可以很小。

由此可见，该方案能够结合两种滤波器的优点，不仅具有良好的谐波抑制和无功补偿效果，保证用户在高峰负荷时变压器高压侧的功率因数不低于 0.95，还能减小整个滤波装置的体积和成本。该方案中的有源滤波器并不用于补偿无功功率，其主要有两方面的原因，一方面，动态响应虽慢但基本能满足要求的无功功率补偿设备已经很成熟，并且价格低廉，易于购买；另一方面，由于装置中的有源滤波器只负责抑制谐波电流，只需检测负载电流中的谐波电流成分即可，因此可采用简便的检测方法，减小电路的复杂性。这样就可以使整个混合型有源滤波器的体积和成本都得到降低，从而达到合理的性价比。

对图 5 - 20 所示的混合型有源滤波器进行计算机仿真研究，仿真结果如图 5 - 22 和图 5 - 23所示。其中图 5 - 22 为系统中的有源滤波器补偿前的电流波形和频谱情况，图 5 - 23为补偿后的电源电流波形和频谱情况。由图 5 - 22（a）中可以看出，当混合型有源滤波器没有投入运行时，电源电流畸变严重；其频谱分析图也显示包含的谐波电流较多，如图 5 - 22（b）所示。当混合型有源滤波器投入运行后，电源电流基本呈现为正弦波形，如图 5 - 23（a）所示；频谱分析也显示包含的谐波电流很少，如图 5 - 23（b）所示。该混合型有源滤波器产生的补偿电流波形如图 5－24 所示。由此可见，该并联混合型有源滤波器具有很好的谐波抑制效果。

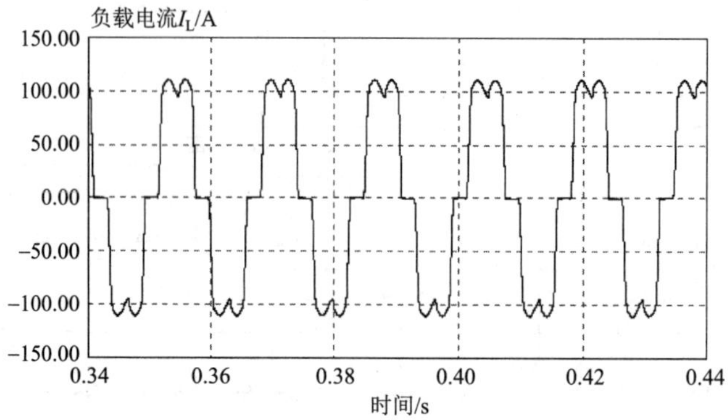

负载电流I_L/A

150.00 100.00 50.00 0.00 −50.00 −100.00 −150.00

0.34 0.36 0.38 0.40 0.42 0.44

时间/s

（a）电流波形

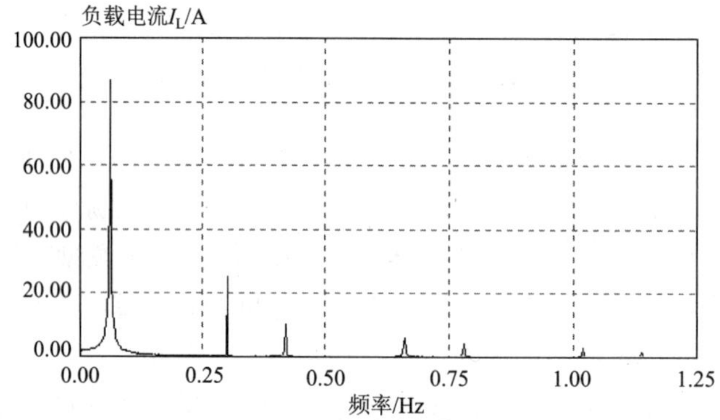

负载电流I_L/A

100.00 80.00 60.00 40.00 20.00 0.00

0.00 0.25 0.50 0.75 1.00 1.25

频率/Hz

（b）电流频谱

图 5－22　补偿前的电源电流波形及频谱图（以 A 相电流为例）

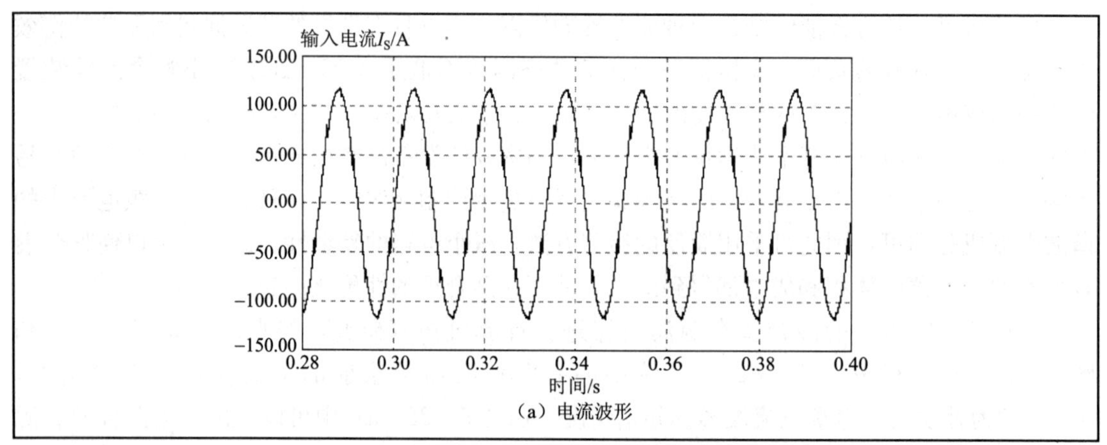

图 5－23　补偿后的电源电流波形及频谱图（以 A 相电流为例）

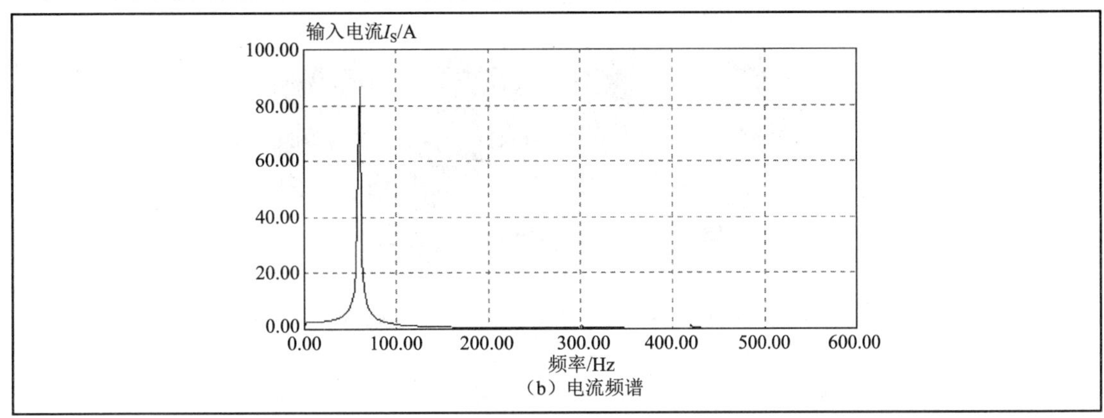

(b) 电流频谱

图 5-23 补偿后的电源电流波形及频谱图（以 A 相电流为例）（续）

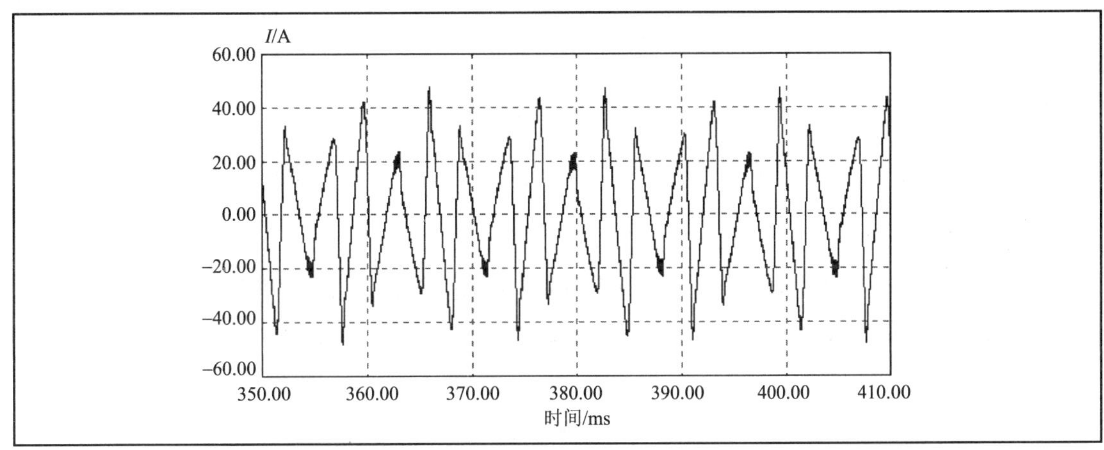

图 5-24 混合型有源滤波器产生的补偿电流的波形（以 A 相电流为例）

为了说明该混合型有源滤波器中无源滤波部分所起到的不可或缺的作用，下面设计了另外一组试验。在该试验中，通过大幅减小电网阻抗中的等效电感，使其不能起到一个一阶无源滤波器的作用，并且不采取任何其他的滤波措施（如二阶无源 LC 滤波器或有源滤波器等）时，由非线性负载产生的谐波导致的电网电流波形的畸变情况如图 5-25（a）所示。由图 5-25（a）可以看出，此时的电网电流不仅不是正弦波，而且还含有许多高次谐波，对其所做的频谱分析也证明了这一点，频谱分析的结果如图 5-25（b）所示。在上述情况下，如果仅采用有源滤波器、而不使用二阶高通型无源（LC）滤波器，虽然补偿后的电网电流基本呈正弦波形，但由于存在大量高频开关产生的高次谐波成分，导致毛刺很多，其电流波形如图 5-26（a）所示；对其所做的频谱分析也证明了这一点，即电源电流中除了基波电流分量外，还含有许多高次谐波，频谱分析的结果如图 5-26（b）所示。图 5-27 为在装置中缺少高通型无源滤波器时有源滤波器产生的补偿电流波形。

由以上仿真结果可知，在该型用于电动汽车充电站的混合型有源滤波器中，有源滤波器承担了主要的谐波抑制任务，而无源滤波器不承担谐波抑制任务，只是用来滤除有源滤波器高频开关频率附近的高次谐波电流并改善补偿效果。由于结合并发挥了两种滤波器的优点，

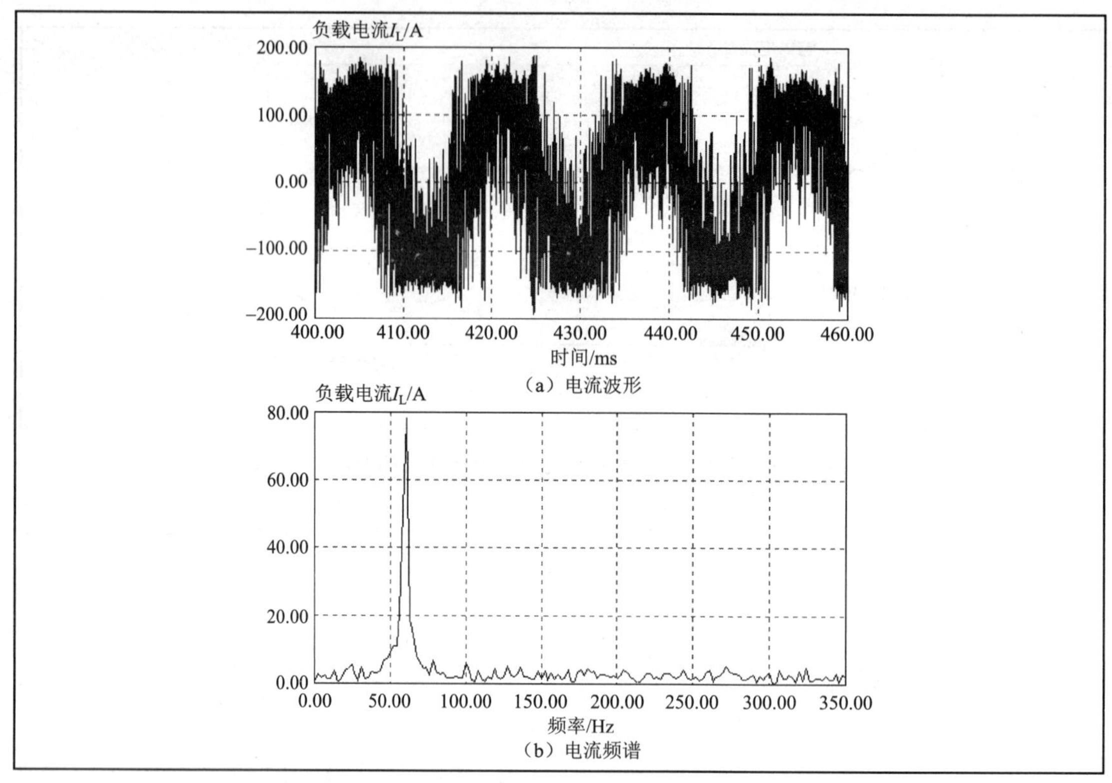

图 5-25　缺少无源滤波器时的补偿前的电源电流波形和频谱（以 A 相电流为例）

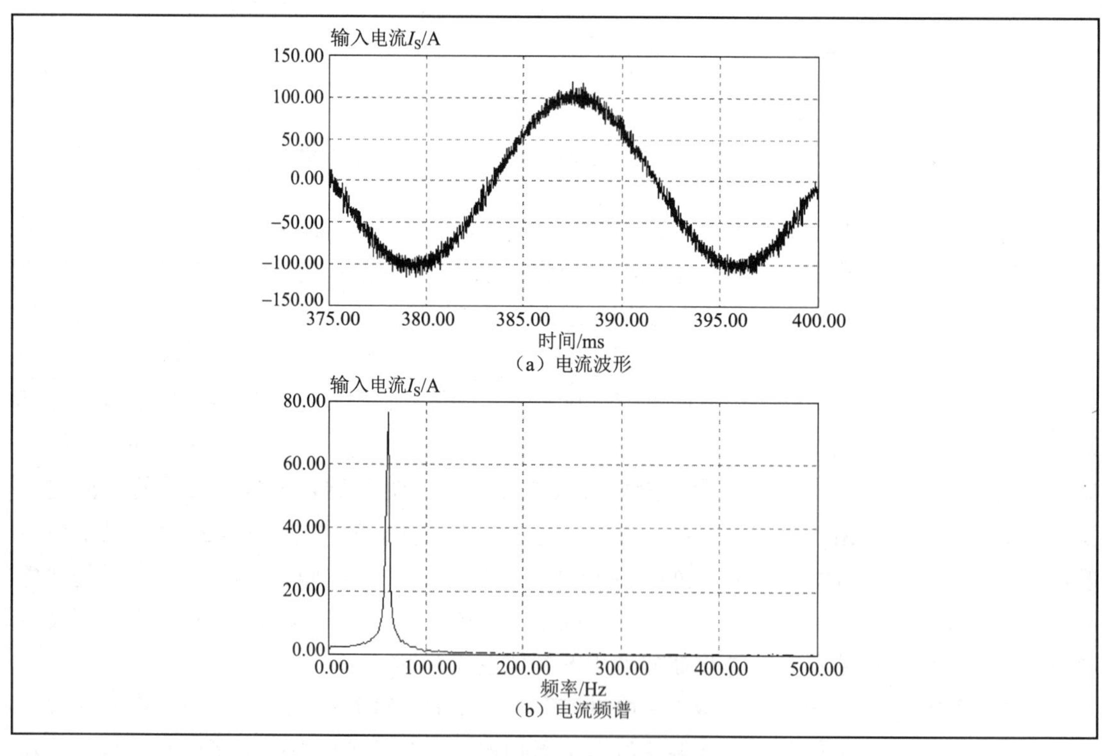

图 5-26　缺少无源滤波器时的补偿后的电源电流波形和频谱（以 A 相电流为例）

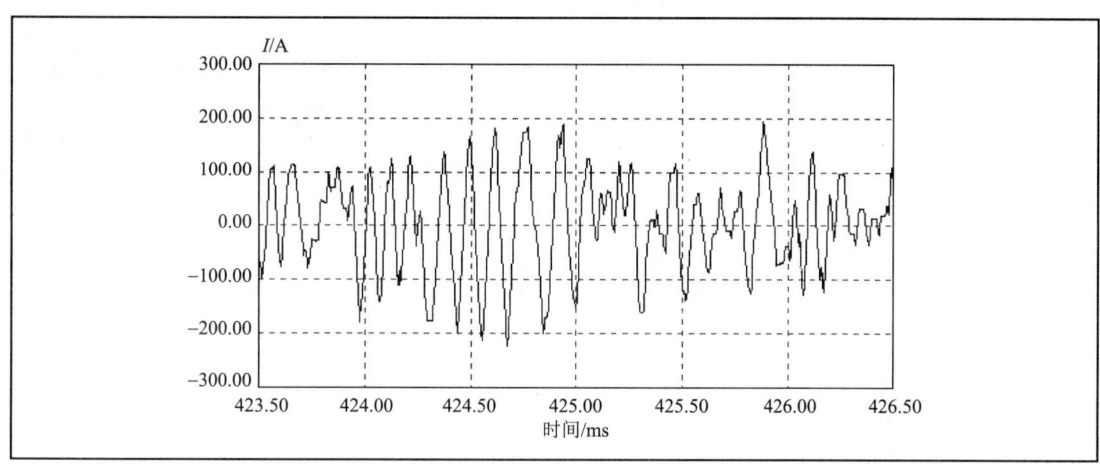

图 5－27　缺少无源滤波器时的补偿电流波形（以 A 相电流为例）

这种混合型有源滤波器不仅具有良好的静态和动态补偿特性，而且还能够减小整个装置的功率等级和体积，提高了性价比。

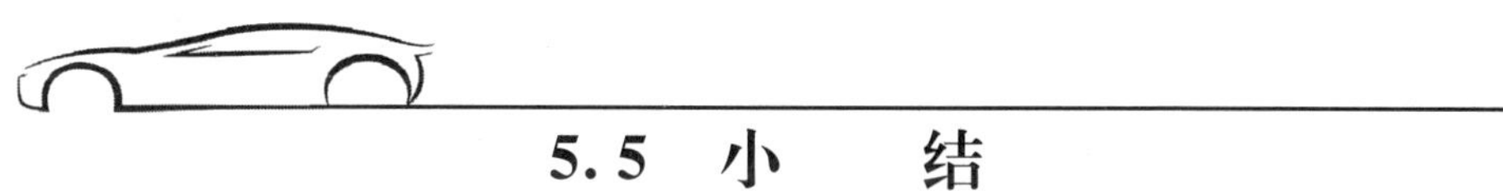

5.5　小　　结

本章首先阐述了电动汽车充电站供、配电系统的设计原则和组成部分，随后详细介绍了电动汽车充电站供、配电系统的主接线设计和相关设备的选择等内容，并重点研究了电动汽车充电站谐波产生的原因、特点及抑制方法等。

第 6 章

电动汽车充电站监控系统的设计

6.1 充电站监控系统的功能

充电站监控系统是充电站安全、可靠及经济运行不可或缺的部分，是对计算机及嵌入式系统技术、软件技术、数据库技术、网络通信技术及自动控制技术等的综合应用。充电站监控系统的主要功能包括如下几个方面。

1. 图形化操作界面

能够显示数据的实时/历史曲线图、柱状图、系统运行工况图、实时数据表格等不同种类的图像信息。

2. 数据采集功能

通过各种通信形式和接口，对充电站内的充电机、电池及其他相关设备的运行状态和故障信息等进行数据采集，为其他功能单元的使用提供必要的信息。

3. 控制调节功能

通过向充电设备下发控制命令，具备实现遥控起停、校时、紧急停机及远方设定充电参数等功能。

4. 数据处理与存储

该功能主要包含以下 4 个方面。

① 对充电机系统的越限报警及故障统计等数据进行处理，并根据性质和重要性对充电站内的数据进行分类；

② 当数据量较大时，可以根据预定策略保证重要信息的优先实时上传；

③ 具有对充电机和电池组的遥测、遥信及报警事件等实时数据和历史数据进行集中存储和查询的功能；

④ 对实时数据库中的每一个点，可按选定周期实现历史数据记录，并可随时查询和使用，以便于形成数据表、趋势曲线及进行统计分析。

5. 事件记录

该功能主要包含以下 3 个方面。

① 对充电机的启停操作、故障、充电运行参数异常及电池组参数异常等情况进行记录；

② 对充电机状态、输出电压、电流越限、电池组故障及充电机启停操作等事件按时间、类型、充电装置等分类显示，并给出相应的告警信息；

③ 按设定周期记录实时工程值和相应的统计值，并生成历史数据库。

6. 报警处理

① 为充电机操作错误及异常信息提供图形、文字、语音等报警方式及相应的报警处理功能；

② 根据报警事件的先后顺序实时在事件打印机上打印当前事件的内容；

③ 自动推出相关联的报警事件画面。

7. 电池充电信息管理

存储并统计分析充电及运行的相关数据，包括充电次数、充电起止时间及充电电量等。记录并分析动力电池组及电池单体每次充电的相关数据，包括充电电流、电压的变化曲线、电池组的温度及 SOC 信息等。

8. 设备运行管理

具有对设备运行的各类参数和运行状况等进行记录、统计及查询的功能，具体包括以下两个方面。

① 车辆台账信息管理：用于存储和统计车型配置信息、配备电池组的型号及参数、电池组的更换和维护记录等信息；

② 电池组台账信息管理：用于存储和统计电池组的型号参数、使用时间及维护记录等信息。

9. 用户管理和权限管理

根据需要对操作员在各种业务活动中的使用范围和操作权限等进行规定。任一操作员都可以根据需要被赋予某些特性。这些特性规定了操作员对系统中各种业务活动的使用范围，如用户名、口令、用户组、节点名、操作权限及操作范围等。系统对各种操作均进行数据记录，每个操作记录应包含用户名、节点机名称、操作的类型、对象和结果等信息。权限表对操作员的操作权限及实时事项中该坐席用户要求的实时事项信息/报警选择进行实际定义。

10. 报表管理与打印功能

提供报表管理功能，使用户可以方便地定义各类充电机的数据报表，并具有定时/召唤打印等功能。

6.2 监控系统的关键技术

6.2.1 SCADA 系统

SCADA（supervisory control and data acquisition）系统也被称为数据采集与监视控制系统，是以计算机为基础的生产过程控制与调度自动化系统，按照对所监控对象和系统进行数据组态、图形组态、分布式控制组态、通信组态及报表组态等方面的需求，可以对现场的运行设备进行监视和控制，并实现数据采集、参量测量、设备控制、参数调节及各类信号报警等功能。

SCADA 系统将先进的计算机技术、工业控制技术、显示技术、通信技术（有线通信和无线通信）、测量技术及现场总线技术等结合在一起，采用了 N（$N \geqslant 2$）层客户/服务器（client/server，C/S）的硬件结构或浏览器/Web 服务器/数据库服务器（browser/server，B/S）的软件架构。典型的 SCADA 系统主要由位于监控调度中心的 SCADA 软件系统、位于现场监控站的远程终端单元及连接它们的通信系统组成。

SCADA 系统的应用领域很广，包括电力、给水、石油及化工等行业的数据采集、监视控制和过程控制等诸多领域。SCADA 系统在电力系统中的应用最为广泛，技术发展也最为成熟。

SCADA 系统在电力系统中又被称为远动系统，是能量管理系统中最主要的一个子系统。SCADA 系统具有能够提高效率和信息完整度、准确掌握系统的运行状态、加快决策及帮助快速诊断系统的故障状态等优点，现已成为电力调度不可缺少的工具。该系统对提高电网运行的可靠性、安全性与经济效益，减轻调度员的负担，实现电力调度的自动化与现代化，以及提高调度的效率和水平等方面有着不可替代的作用。

SCADA 系统自出现以来就与计算机技术的发展紧密相连。SCADA 系统发展到今天已经历了三代技术革新，并且第四代技术也已经成熟。SCADA 系统的发展历程如下。

（1）第一代 SCADA 系统于 20 世纪 70 年代出现，主要基于专用计算机和专用操作系统技术开发而成。

（2）第二代 SCADA 系统出现在 20 世纪 80 年代，其特点是以通用计算机技术为基础，广泛采用了 VAX 机和 PDP 机并且使用了 UNIX 或类 UNIX 操作系统。由于当时的计算机价格昂贵，因此为了降低成本，需要减少计算机的应用数量，第二代 SCADA 系统一般采用集中控制。由于第二代 SCADA 系统技术复杂及系统不具有开放性，因而使系统的维护和升级困难，基本无法实现多系统网络互联和多系统信息交换等功能。

（3）第三代 SCADA 系统是在 20 世纪 90 年代随着微型计算机和互联网技术的发展，基于开放、互联的原则开发而成。这一代技术以分布式计算机网络及关系数据库技术为基础，因而能够实现大范围的联网。与此同时，系统的价格也得以大幅下降，并且还具有维护简单，易于更换和升级，有利于长时间不间断运行等优点。

(4) 第四代 SCADA 系统在 21 世纪初逐渐成熟。通过大量使用 Internet 及 GPRS 等网络技术、面向对象技术、神经网络技术及 JAVA 等新技术，SCADA 系统能够更加适应各个领域对于安全经济运行及商业化运营的需要。此外，SCADA 系统与其他系统的集成也在不断扩大。

SCADA 系统具有的典型功能如表 6-1 所示。

表 6-1　SCADA 系统的典型功能

功能分类	内容	功能分析
数据采集	模拟量	一个动态点的数值，如功率、电流、电压等
	数字量	一个实时或非实时数据的状态，如开关的开与合
	脉冲计数量	利用一个脉冲表示一定的标度和用累加的方式表征一个动态点的值，常表示随时间而累加的量，如电能等
数据处理	模拟量、数字量、脉冲计数量、计算量	计算量为由几个已知的数据经过运算后生成的一个新值，主要用于没有测点的数据
控制和调节	数字控制	输出内容为一个状态，如 0 和 1，用来控制现场设备的状态，如开关的合与分
	脉冲控制	输出内容为一个或一组脉冲，用来控制设备位置的变化和输出的变化
	设点调节	参数是一个固定的值，用来将终端设备的参数调节到与这一数值相同的水平
	控制调节点的闭锁和互锁	当一个控制点由一个调度员选择以后，在控制过程结束或中断前该点处于闭锁状态，其他人不能对该点进行控制和操作
报警处理	限值报警	
	变化率报警	
	偏差报警	
	异常报警	
	报警显示、记录和打印等	对报警信号进行分类显示，生成报警记录总表，随时打印或召唤打印
	报警处理	提供报警确认、禁止及恢复的方法
系统时钟同步	GPS 定时	由 GPS 全球定位时钟提供标准时间，同时向全系统发送对时命令
人机界面	画面显示	显示系统架构图、实时数据表、系统运行状态及曲线等
	画面操作	发送遥控、遥调及校时等命令
	画面管理	提供接线图、表格、曲线等所需的画面编辑和修改工具等
组态功能	界面组态、数据库组态等	通过组态软件对各个部分进行组态，从而构造整个 SCADA 的运行系统
安全管理		对每一个用户都可以进行操作权限的定义，对每一个重要操作形成操作日志记录，具有完备的安全管理制度
历史数据和报表处理		对实时数据进行历史存储、查询、生成及打印报表等
分布式控制		按各种规定的通信协议与指定的远方计算机进行通信
设备管理及监视		以图形或文字的方式显示全系统的运行情况

续表

功能分类	功能分析
二次开发	为二次开发提供应用编程接口、脚本语言及相应的文档资料
对 Internet 的信息发布	提供基于 Web 的应用及通过 Web services 方式实现对 Internet 的信息发布

6.2.2 C/S 架构与 B/S 架构

随着计算机软件的功能、结构和复杂性面临的需求越来越高，计算机软件的规模和复杂性不断增加，在软件的设计过程中，软件局部和整体的系统结构就显得越来越重要，开发者需要一种超越传统算法和数据结构的高层的抽象结构来描述整个系统，从而提出了软件体系结构（软件架构）（software architecture）的概念。体系结构是对复杂事物的一种抽象，良好的体系结构是普遍适用的，可以高效地处理多样化的个体需求。软件架构是软件系统中最本质的部分，是构建各类计算机软件的基础。

软件体系结构风格是描述某一特定应用领域中系统组织方式的惯用模式。它反映了领域中众多系统所共有的结构和语义特性，并指导如何将各个模块和子系统有效地组织成一个完整的系统。据此可以理解为软件体系结构风格定义了用于描述系统的术语表和一组指导构建系统的规则。一款优秀的软件通过选择合适的软件体系结构风格以更好地促进对设计的复用。软件体系结构风格的不变部分可以使不同的系统大粒度地共享同一个实现代码，只要系统是由常用的和规范的方法组织而成，其他设计者就可以很容易地理解系统的体系结构。

经典的架构风格主要有数据流系统、数据抽象和面向对象系统、分层系统及数据中心系统四大类。新型架构风格主要有正交体系结构、三层 C/S 结构、B/S 结构、异构结构及公共对象请求代理体系结构等。

1. C/S 架构

C/S 架构是一种典型的两层架构，其全称为 client/server，即客户/服务器架构。其客户端包含一个或多个在客户的电脑上运行的程序，而服务器端有两种形式，分别为数据库服务器端（客户端通过数据库连接访问服务器端的数据）和 socket 服务器端（服务器端的程序通过 socket 与客户端的程序通信）。

适用于 C/S 架构的应用程序的特征是：数据和处理分布在一定范围内的多个组件上，组件之间既可以通过网络相连，也可以不通过网络相连。该架构的组成部分主要包括如下几个方面。

① 服务器组件：向多个客户端提供服务，处于激活状态以监听用户的请求；

② 客户组件：向服务器请求服务；

③ 连接件：如果是网络应用，其通信机制一般为基于远程过程调用（RPC）的交互协议；如果在同一机器上，其通信机制则一般为基于本地过程调用（LPC）的交互协议。

在理想情况下，这种访问应是透明的，即客户端和服务器可以运行在同一台机器上，也可以运行在不同的机器上。

目前应用较多的是基于 C/S 架构构建的客户/服务器网络，服务器是网络的核心，而客户机是网络的基础。客户机依靠服务器获得所需要的网络资源，而服务器为客户机提供网络必需的资源。通过 C/S 架构可以充分利用两端硬件环境的优势，将任务合理地分配到客户端和服务器端来实现，从而降低了系统的通信开销。

目前大多数应用软件系统都采用了 C/S 形式的两层结构：第一层在客户机系统上集成用户界面与业务逻辑；第二层通过网络集成数据库服务器，系统任务分别由客户机和服务器来完成。在 C/S 两层结构中，客户端带有应用程序，客户端通过应用程序向服务器发出请求，服务器根据请求对数据库进行操作，操作完成后会有一个向客户端返回应答结果的过程。C/S 模式的特点是将网络应用和用户界面相分离，大部分的数据运算交由服务器去完成，因而提高了用户交互反应的速度。

但随着企业规模的日益扩大和软件复杂程度的不断提高，传统的 C/S 结构逐渐暴露出了以下缺点：

（1）客户必须知道服务器的访问标志，否则很难知道有哪些可用的服务。

（2）开发成本高。C/S 架构对客户端软硬件的配置要求较高，增加了整个系统的成本。

（3）客户端程序设计复杂。采用 C/S 架构进行软件开发，大部分工作量被放在了客户端的程序设计上，客户端显得十分庞大。

（4）软件移植困难。采用不同开发工具或平台开发的软件一般互不兼容，不能或很难移植到其他平台上运行。

（5）软件升级困难。维护人员必须到现场亲自为客户机升级，每台客户机上的软件都需要维护。即使是对软件进行一个微小的改动，都需要对每一个客户端进行更新。

2. B/S 架构

B/S 架构的全称为 browser/server，即浏览器/服务器结构。B/S 架构是一种随着 Internet 技术的兴起，对 C/S 架构进行改进的结构。B/S 架构通过将 Web 与数据库结合，形成了基于数据库的 Web 计算模式，并将该模型应用到 Internet/Intranet 中，最终形成了包含表示层、功能层和数据层的三层客户/服务器的应用结构。三层结构将应用系统的三个功能层面进行了明确的分割，使其在逻辑上各自独立。

在该结构下，用户工作界面是通过 WWW 浏览器来实现的，只有极少部分的事务逻辑在前端（browser）实现，而大量的主要事务逻辑是在服务器端（server）实现的，从而大大降低了客户端电脑的负荷，减小了系统维护与升级的成本及工作量，从而降低了用户的总体成本。基于 B/S 架构的应用系统开发可以一次性到位，能够实现不同的人员在不同的地点以不同的接入方式访问和操作共同的数据库。此外，该结构还能有效地保护数据平台和管理访问权限，服务器数据库也很安全。

B/S 架构的主要以下两个方面的特点。

（1）用户可以通过 WWW 浏览器去访问 Internet 上的文本、数据、图像、动画、视频点播和语音等信息，这些信息都是由大量的 Web 服务器所提供的，而每一个 Web 服务器又可以通过各种方式与数据库服务器连接，大量的数据实际存放在数据库服务器中。

（2）客户端除了 WWW 浏览器外一般无须任何用户程序，只需从 Web 服务器上下载程序到本地来执行即可。在下载过程中若遇到与数据库有关的指令，由 Web 服务器交由数据库服务器来解释执行，并将结果返回给 Web 服务器，再由 Web 服务器将相关信息返回给用户。

B/S 架构的优点主要包括以下几个方面。

① 具有分布性特点，可以随时随地进行查询、浏览等业务处理；

② 业务扩展简单方便，通过增加网页即可增加服务器的功能；

③ 维护简单方便，只需要改变网页，即可实现所有用户的同步更新；

④ 开发简单，共享性强。

6.2.3 Web 相关技术

Web 服务器是 B/S 架构的核心，是指对信息进行组织、存储并将其发布到 Internet 上，从而使 Internet 中的其他计算机可以通过浏览器读取这些信息的计算机。在 Web 中需要使用 HTTP（超文本传送）协议来实现客户端（浏览器）和 Web 服务器之间的信息交换。

Java 语言是 Web 系统开发中常用的语言，具有面向对象、与平台无关、稳固安全等诸多优点，能够为用户提供一个良好的程序设计环境。与 Java 语言相对应的常用开发平台为 J2EE 平台。J2EE 平台采用多层次分布式的应用模式，按照功能将应用逻辑划分成不同的组件，通过将不同的组件安装在不同的服务器上，使得系统处理起来非常方便。J2EE 平台的体系结构主要包括如下几个部分。

（1）客户端表示层：负责与用户直接交互。J2EE 可以支持多种客户端，主要包括基于浏览器的小程序（java applet）和独立的客户应用程序（java application）。

（2）服务器端表示层：为基于 Web 的应用程序提供服务，Java 服务器端页面技术（java server page）和 Java 伺服小程序技术（java servlet）可以访问封装有商务逻辑的组件，并响应 Web 客户端的请求。

（3）服务器端商业逻辑层：将业务逻辑封装以完成企业计算。

（4）企业信息系统层：包括企业已有系统、数据库系统和文件系统等。J2EE 提供多种技术以访问这些系统。

6.2.4 实时数据库技术

计算机在发展历程中先后经历了层次型数据库、网络型数据库和关系型数据库等几代数据库技术的演进。随着流程工业和航天工业的发展，大量的测量数据需要集成和存储，采用关系型数据库已经难以满足对速度和容量的要求，而且由于其接口访问复杂，难以适应科研和监控的需要，因此在 20 世纪 80 年代中期诞生了以工业监控为目的实时数据库（real time database，RTDB）。实时数据库将数据库技术与实时处理技术相结合，目前已广泛应用于数据变化频率比较高的工业控制系统中。

实时数据库是一个对实时性要求高的关于时标型信息的数据库管理系统，而非一个单独的数据库软件，目前并没有统一的工业标准。实时数据库的特征主要表现在对数据和事务的定时限制上。

在 RTDB 中，由于数据随外部环境状态的改变而快速变化，其值只在一定的时间内是有效的，过时则无效，因此系统除了需要维护数据库内部状态（数据值）的正确性和相容性外，还必须同时维护内部状态与外部环境实际状态的一致性，以及已有数据用来决策新数据时在时间上的相互一致性。

RTDB 中的一个数据对象 d 由三个分量组成，分别为 d 的当前值（d_v）、采样时间

(d_{tp}) 和外部有效期 (d_{evi}，即外部现实对象状态变化的时间间隔)，有效期为自采样时间算起当前值有效的时间长度。对于 RTDB 中的每一个数据对象，都有内部一致性、外部一致性和相互一致性三个特征。

(1) 内部一致性。数据对象的当前值满足预先定义的数据库内部状态的完整性和一致性限制，即传统意义上的数据正确性；

(2) 外部一致性。设 t_c 为当前或检测时间，当且仅当 $t_c - d_{tp} \leqslant d_{evi}$ 时，数据对象是外部一致的，即数据对象的当前值和所对应的外部现实对象的状态是一致的。

(3) 相互一致性。用来决策或导出新数据的一组相关数据称为一个相互一致集，记为 R，其中的数据必须尽可能地在一个允许的公共时间期内被采取或导出，这个公共时间期就称为 x 的相互有效期，记为 R_{mvi}。对于 R 中的任意两个数据 d 和 d'，如果满足 $|d_{tp} - d'_{tp}| \leqslant R_{mvi}$，则表示 R 中的数据是相互一致的。

由于外部一致性和相互一致性都是关于时间的，因此统称为时间一致性。只有同时符合内部一致性和时间一致性要求的数据才是正确的。

由于实时任务往往有内部结构及相互之间的联系，“传统的、平淡的数据库操作序列”的事务概念及模型对实时事务不再适用。RTDB 事务表现出了许多不同的特征，其最具标识性的特征是定时性。定时可以是绝对、相对或周期性的时间。RTDB 的定时性一方面由数据的时间一致性引起，此时通常采取周期或定期性限制的形式，如“每 5 s 取样一次”等；另一方面是对现实世界施加于系统的反应时间的要求，此时它通常采用施加于非周期性事务上的截止时间限制的形式，如“若温度达到 1 000 ℃，则在 5 s 内加冷却剂到反应堆”。

综上所述，实时数据库是采用了实时数据库技术的复杂的计算机系统，其含义已经不仅是一组对数据进行处理的软件，而是一个实际可运行的，按照数据方式存储、维护和向应用程序提供数据或信息支持的系统。它是存储介质、处理对象和管理系统的集合体，由数据库、硬件和软件三部分组成。实时数据库在设计时应考虑监控软件要实现的目标及其自身对数据实时性的要求。

6.2.5 网络通信技术

在 SCADA 系统中，通信网络主要用于从站与控制中心或从站与其他从站间的通信。链路种类包括有线和无线两种。通信方式有控制中心触发的通信方式（包括轮询方式、广播方式及控制命令下发方式等）和从站触发的通信方式（包括事件触发方式、突发传输方式及从站对从站的通信等）两种类型。

随着通信技术的发展，目前 SCADA 系统的数据通信方式也日趋多样化，如 Internet、GPRS 等。

Internet 是基于 TCP/IP 网络体系结构和协议标准而组建的国际上规模最大的计算机网络系统。在 TCP/IP 模型中，传输层有两个并列的协议，分别为 TCP（transmission control protocol，传输控制协议）和 UDP（user datagram protocol，用户数据报协议）。TCP 和 UDP 共存于一个网络中，TCP 是面向连接的，提供可靠性服务；UDP 是无连接的，提供高效率服务。

TCP 的可靠性是由其提供面向连接的流传输来实现的。首先，在进行实际数据传输前，必须在发送端与接收端建立一条连接，连接通过三次握手进行。如果三次握手后连接建立没有成功，则发送端不会向接收端发送数据。其次，面向连接传输的每一个报文都需要接收端确认，未确认的报文将被认为是出错报文。

UDP 建立在 IP 协议之上，同 IP 协议一样提供无连接的数据传输。相对于 IP 协议，UDP 增加了协议端口的能力，源端口和目的端口字段包含了 16 位的协议端口，能够区分在同一台机器上同时运行的多个进程，以保证进程间的通信，从而提供了应用程序之间传送数据的基本机制。为此，每个 UDP 报文不仅传送用户数据，还包括发送方和接收方的协议端口号，从而能够使接收方的 UDP 软件能够把报文送到正确的接收进程，而接收进程也能回送应答报文给发送进程。发送数据时，实现 UDP 协议的软件首先构造一个数据报，然后将它交给 IP 软件。接收数据时，UDP 软件先要判断接收数据报的目的端口是否与当前使用的某一进程的端口相匹配。如果端口匹配，则将数据报放入相应的接收队列，否则抛弃该数据报。还有一种情况是如果端口匹配但相应的端口队列已满时，那么 UDP 也要抛弃该数据报。

GPRS 是通用分组无线业务（general packet radio service）的简称，它是一种以 GSM（global system for mobile communication，全球移动通信系统）为基础的数据传输技术，是 GSM 的延续。GPRS 突破了 GSM 网络只能提供电路交换的思维方式，通过增加相应的功能实体和对现有的 GSM 基站系统进行局部改造来实现分组交换，这种改造的投入并不大，但却可以在很大程度上提高用户数据的速率。

GPRS 采用分组交换技术，能够高效传输高速或低速数据和信令，并且优化了对网络资源和无线资源的利用。GPRS 支持 3 种移动终端（mobile station，MS）操作模式，分别为：

① 在 A 类（class-A）模式下，一个 MS 可以同时运行 GPRS 和其他 GSM 业务；

② 在 B 类（class-B）模式下，一个 MS 可同时检测 GPRS 和其他 GSM 业务，但同一时刻只能运行一个业务；

③ 在 C 类（class-C）模式下，一个 MS 只能运行 GPRS 业务。

GPRS 支持多种传输类型。GPRS 最多可以为每个用户分配 8 个时隙来传输数据，这 8 个时隙又分为上行时隙和下行时隙，根据下行时隙和上行时隙的不同组合，可以有如下 4 种常用的传输类型：

① class-2，下行时隙数为 2，上行时隙数为 1；

② class-4，下行时隙数为 3，上行时隙数为 1；

③ class-8，下行时隙数为 4，上行时隙数为 1；

④ class-10，下行时隙数为 4，上行时隙数为 2。

GPRS 支持基于标准数据通信协议的应用，可以和 IP 网或 X. 25 网互联。GPRS 既可以支持间断的爆发式数据传输，又能够支持偶尔的大量数据传输。

6. 2. 6　现场总线技术

现场总线是一种应用于生产中的最底层的总线拓扑网络，是用于现场控制系统，直接与所有受控（设备）节点串行相连的通信网络。现场总结技术汇集了通信技术、集成电路技术及智能传感器技术等大量不同领域的先进技术，是一种具有突破意义的新的控制思想，也是当今自动控制技术发展的热点，代表了工业控制领域的一种发展方向。

现场总线既是一种数字通信协议，又是一种应用于生产现场能够在智能控制设备之间实现双向串行通信，拥有多节点的数字通信系统，同时还是一种开放的、数字化的及多点通信的底层控制网络。

现场总线技术从提出至今，已形成了 PROFIBUS、LonWorks、HART 和 CAN 等多个总线标准，其中 CAN（controller area network，控制器局域网）总线是一种有效支持分布式控制或实时控制的串行通信网络，其应用范围遍及从高速网络到低成本的多线路网络，包括汽车发动机、传感器、灯光聚束及车窗控制等多个领域。

CAN 具有众多显著的优点，具体包括：

① 成本低；

② 总线利用率非常高；

③ 数据传输距离远（可达 10 km）；

④ 数据传输速率高（高达 1 Mbit/s）；

⑤ 可根据报文的 ID 决定接收或屏蔽该报文；

⑥ 可靠的错误处理和验错机制；

⑦ 发送的信息遭破坏后，可自动重发；

⑧ 节点在发生严重错误的情况下具有自动退出总线的功能；

⑨ 报文不包含源地址或目标地址，仅用标志符来指示功能信息和优先级信息。

CAN 包含有两种协议，分别为 CAN 2.0A 和 CAN 2.0B。CAN 2.0A 是标准的 CAN，标志符长度是 11 位；CAN 2.0B 是扩展格式的 CAN，标志符长度可达 29 位。

CAN 总线的结构按照 OSI（open system interconnection，开放系统互连）基准模型可划分为物理层和数据链路层。但在实际应用中，还需要通过为不同的物理节点分配不同的报文标志符，定义帧报文的内容及含义等来支持应用进程，所以必须制定严谨的 CAN 总线应用层协议。

SAE J 1939 标准由美国汽车工程师协会（society of automotive engineers，SAE）编制，当前主要应用在以 CAN 为基础的汽车等交通工具的嵌入式网络中。SAE J 1939 标准使用 29 位标志符，并提供了一个完整的网络定义。SAE J 1939 中使用的标志符包括：priorty（优先权位，3 bits）；r（保留位，1 bit）；DP（数据页位，1 bit）；PDU format（协议数据单元，PF，8 bits）；PDU specific（扩展单元，PS，8 bits）和 source address（源地址，SA，8 bits）。

SAE J 1939 标准中包括三种基本的通信方式，具体内容如下：

① 目的地特殊通信：采用 PDU 1 格式（PF 值为 0～239，以及采用全局目的地址 255）；

② 广播通信：采用 PDU 2 格式（PF 值为 240～255）；

③ 专有通信：采用 PDU 1 或 PDU 2 格式。

当信息必须直接到达某个特殊目的地时，采用目的地特殊通信方式；广播通信用于信息由一个或多个信源到多个目的地的情况；专有通信主要用于不必进行标准通信或通信的私有信息很重要时两种情况。

6.3 综合监控系统的设计

6.3.1 综合监控系统的架构

综合监控系统通常采用分层式架构，按功能的不同可以划分成4个子系统，具体内容如下。

① 场站运行监控子系统：监控和管理充电场站节点，对其下级系统和设备进行信息采集和控制，同时将信息转发到综合管理与用户服务子系统；

② 综合管理与用户服务子系统：作为系统管理者、电动汽车用户及其他相关人员的访问接口，向外界提供综合管理与用户接入功能；

③ 视频监控子系统：提供对全站重要电气设备的安装地点及周边环境的全天候监视；

④ 车辆监测子系统：利用车载信息采集模块完成对车辆位置和BMS信息的采集，并通过GPRS/3G网络传输至监测中心。

综合监控系统的分层结构如图6-1所示。

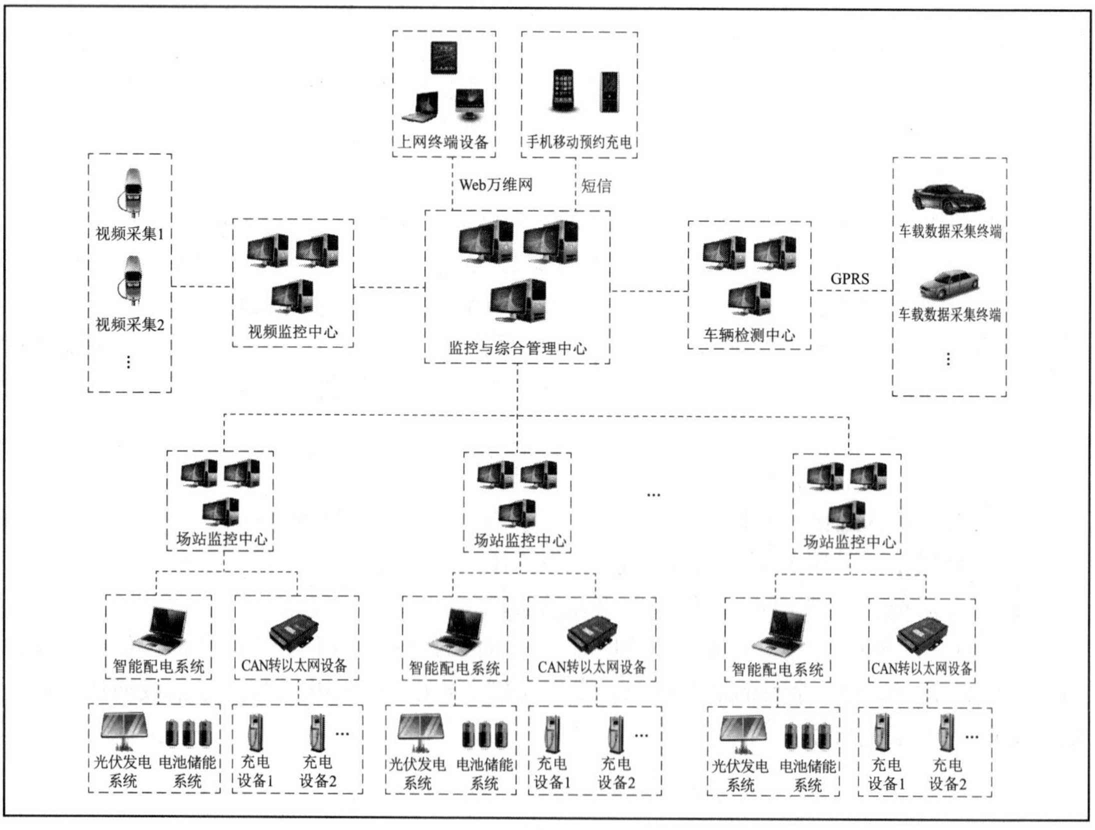

图6-1 综合监控系统的分层式结构

6.3.2　场站运行监控子系统

1. 场站运行监控子系统的结构

场站运行监控子系统的基本结构如图 6-2 所示，利用 CAN 和 TCP/IP 网络等通信总线将场站内的相关设备进行连接，并将所有信息汇总至场站监控中心。场站监控中心对采集到的信息进行处理后，根据监控调度中心的需求，将场站运行信息上传至监控调度中心。场站监控中心也接收来自于监控调度中心的场站运行控制指令，并且根据本场站的设备运行情况，对场站运行控制指令做出响应，控制本场站内设备的运行。

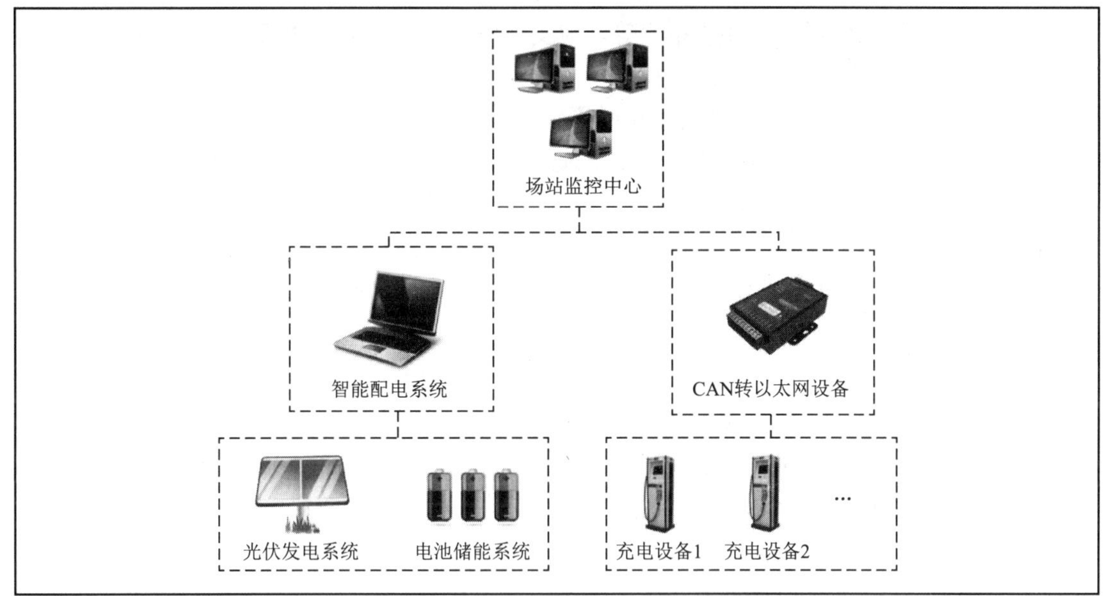

图 6-2　场站运行监控子系统的基本结构图

场站监控中心的硬件系统采用主流配置的 PC 服务器和监控工作站构建，软件系统采用 C/S 体系架构。

2. 场站运行监控子系统的功能需求

场站运行监控子系统应满足的主要功能包括以下几个方面。

（1）组态管理：应具有完整的系统组态画面和状态报警图，可实时监控系统的运行状态。

（2）系统设置：应具有统一定义的系统遥信术语和强大完善的用户权限管理。

（3）用户管理/权限管理：应提供统一的途径来管理用户人员的资料，并根据不同职责分配不同的操作权限，保证系统运行的安全性和可靠性。

（4）状态查看：应可监视设备的实时运行状态，查看遥测、遥信及电能等数据，并能查看相关测点所对应的事件、历史数据及实时曲线等。

（5）人工置数/封锁：应根据现场需要，提供对设备通信中的遥测、遥信及电能等数据进行人工置数、人工置开/关及封锁的功能。

（6）事故报警：当系统有告警事件发生时，应具有弹出事故报警窗口、显示当前告警事件的功能。

(7) 画面推出功能：当系统有告警事件发生时，通过相关设置，监控界面应可切换显示故障点所关联的组态画面。

(8) 声音报警：当有告警事件发生时，应可启用声音或语音报警通知运行人员。

(9) 闪烁报警：当有告警事件发生时，故障点状态应能进行闪烁报警，以便运行人员快速定位报警点的位置，并采取相关解决措施。

(10) 曲线管理：能够支持以曲线方式查看和分析遥测量、电能量等历史数据，使运行人员可以更直观地了解各种数据的变化趋势，以便对问题进行分析和定位。

(11) 报表管理：应支持多种类型的报表制作和查询，包括日报、周报、旬报、月报、年报、季报、自定义时段月报和年报表等，应支持将报表输出至打印机打印及将报表导出为EXCEL、Word或PDF等格式的文档。

(12) 统计管理：应具有对遥测量和遥信数据进行归类统计的功能。遥测功能应可实现对某个时间段内的最大值、最小值、最值出现时间、平均值、合格率、越限次数及越限时间等数据类型的统计；遥信功能应可实现对开关量从合到分的次数、从分到合的次数、合位时间及分位时间等数据的统计。

(13) 事件管理：可实现对事件查看的功能，并可对告警事件、操作事件及系统事件等不同类型的事件进行过滤分类查看。

(14) 数据模板：能够将相似的数据制成模板，以方便在工程中的快速应用；重复或相似的数据应可快速生成数据记录，方便现场工程组态。

(15) 应可编辑各遥控指令的控制策略，并可实现控制策略的手动调用、自动运行和停止。

3. 场站运行监控子系统的软件架构

基于上述对场站运行监控子系统的结构和功能需求的分析，可以在总体上将场站运行监控子系统的软件分为三个部分，分别为通信服务器（IOServer）、数据存储服务器（DbServer）和组态客户端（UIClient）。这三个部分均建立在Windows操作系统平台下。

通信服务器（IOServer）作为前置机，处理各个设备传输的通信报文，并在对报文进行解析后将数据交给业务处理层（HisData）。业务处理层根据需要将数据存储到数据存储服务器（DbServer），同时接受客户端的请求，将数据在客户端上展现出来。数据存储服务器采用实时数据库方案，并且对于连续曲线查询进行优化。

软件采用C/S架构，通过将业务处理与客户展现分离以提高各个系统模块的健壮性。客户端采用组态的设计理念，具有元素丰富、界面友好及简单易用等优点，并且支持脚本编辑，可以根据需要自定义界面和交互方式。场站运行监控子系统的软件结构如图6－3所示。

4. 场站运行监控子系统的工作机制

场站运行监控子系统的工作流程通常如下：

① 各设备通道以不同的传输方式（以太网、RS-232、RS-485等）将信息传输到监控系统。

② 监控系统首先对各通道传送的不同协议进行解包，并将信息更新到数据点表中。

③ 然后根据需求将数据存储于数据库中。客户端通过RPC的方式向服务器请求新的数据更新，并在运行时的组态上做出响应。场站运行监控子系统的数据流如图6－4所示。

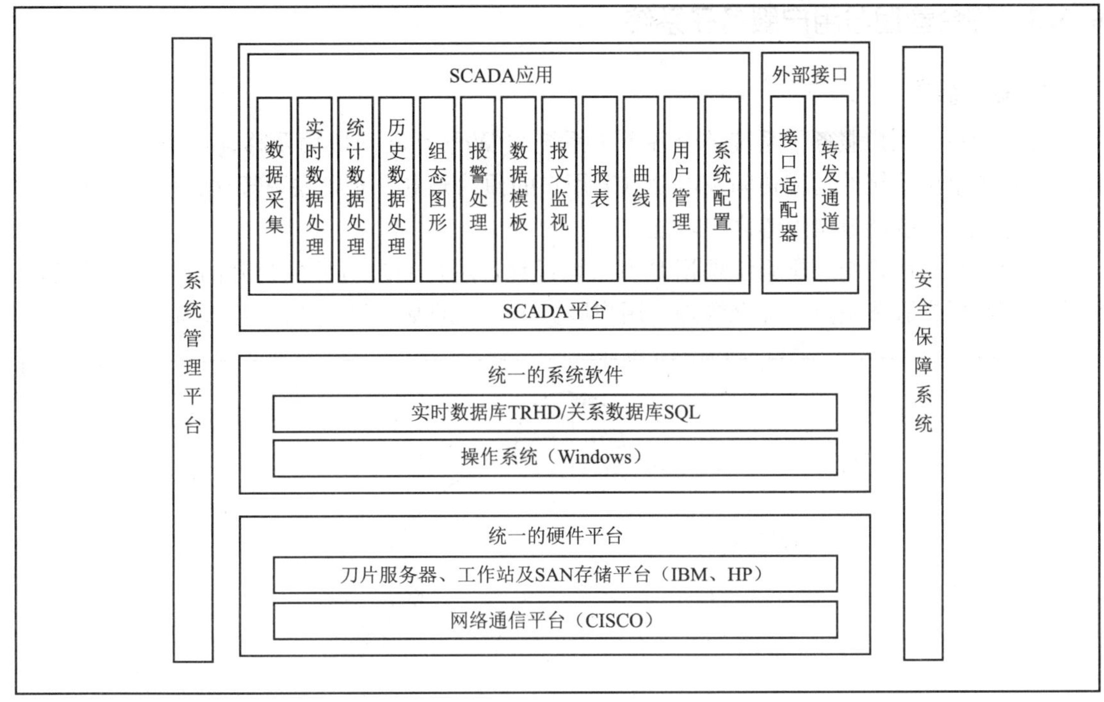

图 6－3　场站运行监控子系统的软件结构图

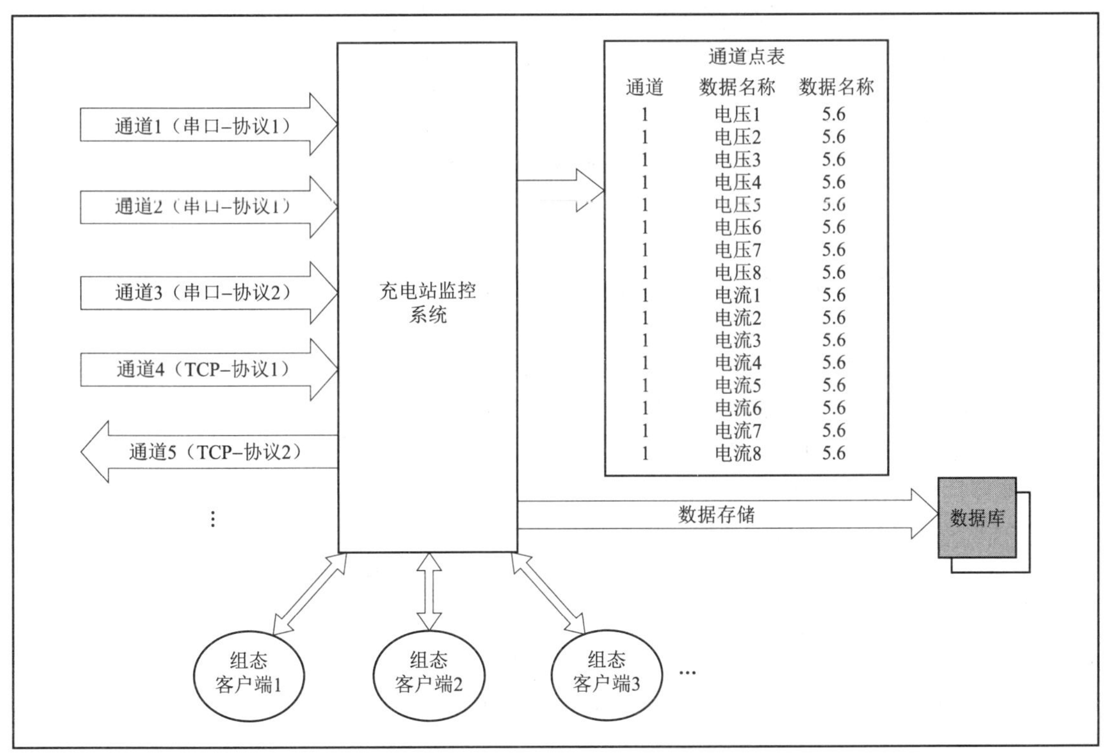

图 6－4　场站运行监控子系统的数据流图

6.3.3 综合管理与用户服务子系统

1. 基本组成

综合管理与用户服务子系统结合各个子系统与 Web 互联网应用及移动通信等技术，可以实现对各个子系统的远程访问及电动汽车用户的预约充电、充电收费管理、系统有序充电引导与管理、系统能量调度等高级功能。

综合管理与用户服务子系统根据 B/S 架构设计，用户通过对外网公开的 Web 方式访问综合管理与用户服务站点。综合管理与用户服务子系统的基本组成如图 6-5 所示。

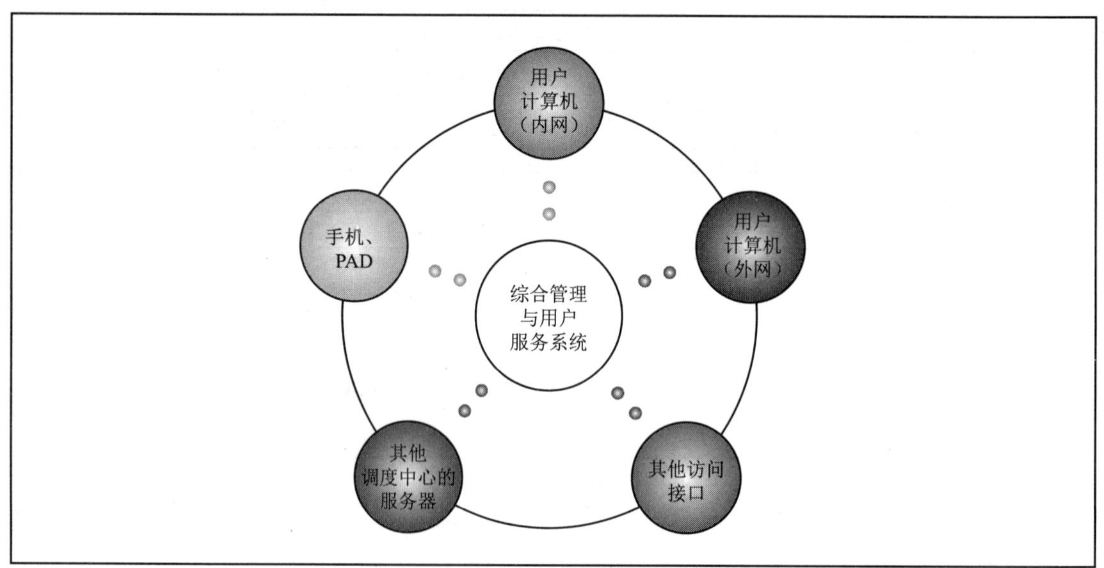

图 6-5 综合管理与用户服务子系统的组成图

2. 基本功能

综合管理与用户服务子系统作为充电站与电动汽车用户交互的主要媒介，主要具有以下功能。

① 用户管理：对使用用户和管理用户提供不同的管理方式和界面。

② 车辆信息管理：对车辆及其使用者的信息进行管理。

③ 充电设备管理：可显示当前等充电设备的工作状态，能够查找和提示当前有哪些设备可以使用及设备的功率等级等信息。

④ 预约充电：可以通过该功能、用户的预约充电并选择方便的充电地点。

⑤ 通道转发：可转发其他功能模块的信息，方便远程调用。

⑥ 账单结算：提供账单结算，方便用户支付租赁费用和电量使用费用。

⑦ 日志记录：对用户所有的充电和操作行为进行日志记录。

⑧ 查询分析：用户可以查看历史消费记录并打印。

6.3.4 视频监控子系统

场站的视频监控子系统提供对全站重要电气设备的安装地点及周边环境的全天候监视，

视频采集终端采用高清摄像头，以模拟视频线连接到硬盘录像机，硬盘录像机将视频保存在场站的本地服务器上。监控中心根据需要以 TCP/IP 方式访问硬盘录像机，获取场站硬盘录像机的实时视频信息并显示。视频监控子系统的基本结构如图 6 - 6 所示。

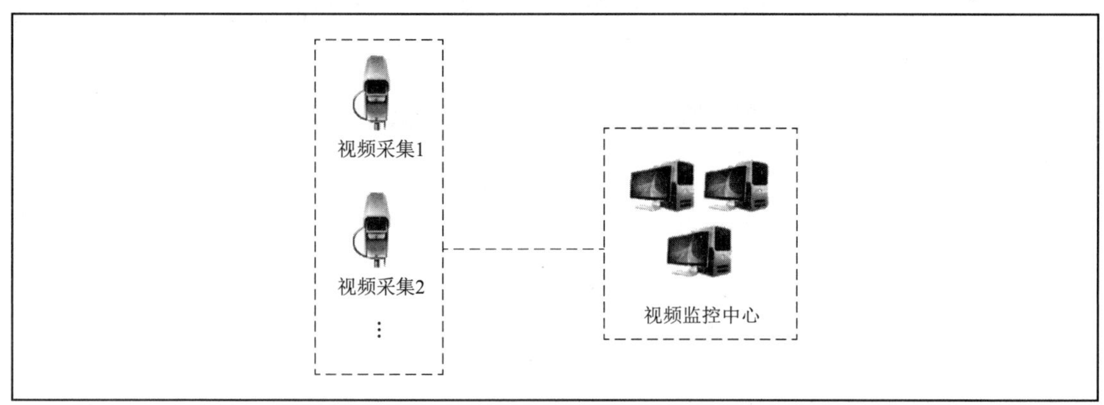

图 6 - 6　视频监控子系统的结构图

视频监控子系统拥有的主要功能包括：

① 获取各设备的即时视频信号；

② 存储各设备的视频信号；

③ 查看历史视频；

④ 可以调整摄像头的角度和焦距，捕捉人物活动画面。

6.3.5　车辆监测子系统

1. 基本组成

车辆监测子系统利用 BMS、GIS、GPS 及 GPRS 等技术，在电动车辆行驶时，对其进行实时电子地图定位和跟踪，帮助用户（如公交公司和出租车公司等）了解电动汽车的分布和行驶状况，便于用户实时掌握车载电池及车辆的相关运行状态，并对车辆信息进行综合分析和管理。

整套系统由车载终端和监控中心后台软件两大部分组成。其中监控中心后台软件由通信服务器（IOServer）、业务服务器（HisData）、实时历史数据库（TRHD）及 GIS 工作站组成，负责与车载监控终端的数据通信、GIS 定位、人机界面交互、信息处理、数据的存储、分析和管理等。车辆监测子系统的基本结构如图 6 - 7 所示。

车辆监测子系统采用 C/S 架构的软件设计及分布式的部署方式，既可分散安装在各职能服务器中，又可集中安装在中心服务器中，并可为多台 GIS 工作站同时提供相关的数据服务，能够自动进行数据同步。

车辆监测子系统整合了 SCADA 系统的优势，可以灵活地配置各通道的不同规约并高效地处理及存储大量并发的实时数据。此外，车辆监测子系统的软件系统还采用了组件化、平台化和模块化的设计，属于典型的多层体系架构，因而能够保证系统具有较高的适应性，便于升级和维护。

车辆监测子系统各组成部分的功能如下所示。

（1）通信服务器（IOServer）：主要负责与设备的通信和实时数据的初步加工，并将数

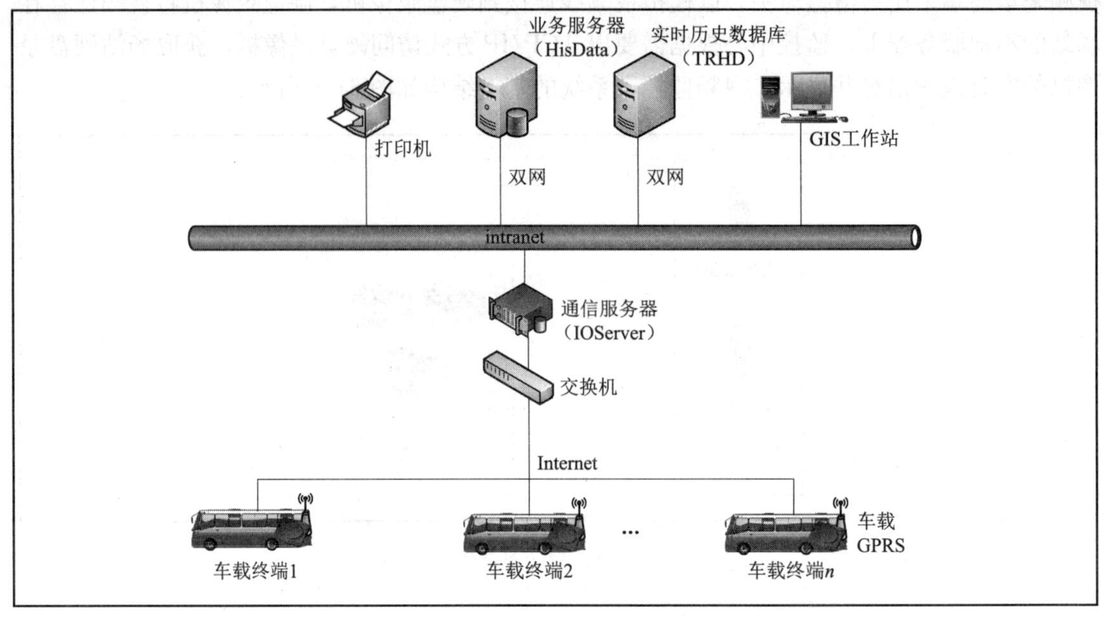

图 6-7 车辆监测子系统的结构图

据发送至业务服务器（HisData）、通信监控软件（IOMonitor）及上级调度系统。

（2）业务服务器（HisData）主要负责对通信服务器（IOServer）发送的数据进行加工，并存入数据库及提供客户端的访问接口。此外，业务服务器（HisData）还提供了能够读取实时数据和历史数据，遥控设备，修改通道、设备和测点属性等所有客户端功能的接口。

（3）实时历史数据库（TRHD）是海量数据处理的核心。

（4）GIS 工作站为用户提供了功能丰富的地理地图应用和数据查询分析功能。

车辆监测子系统的软件架构如图 6-8 所示。

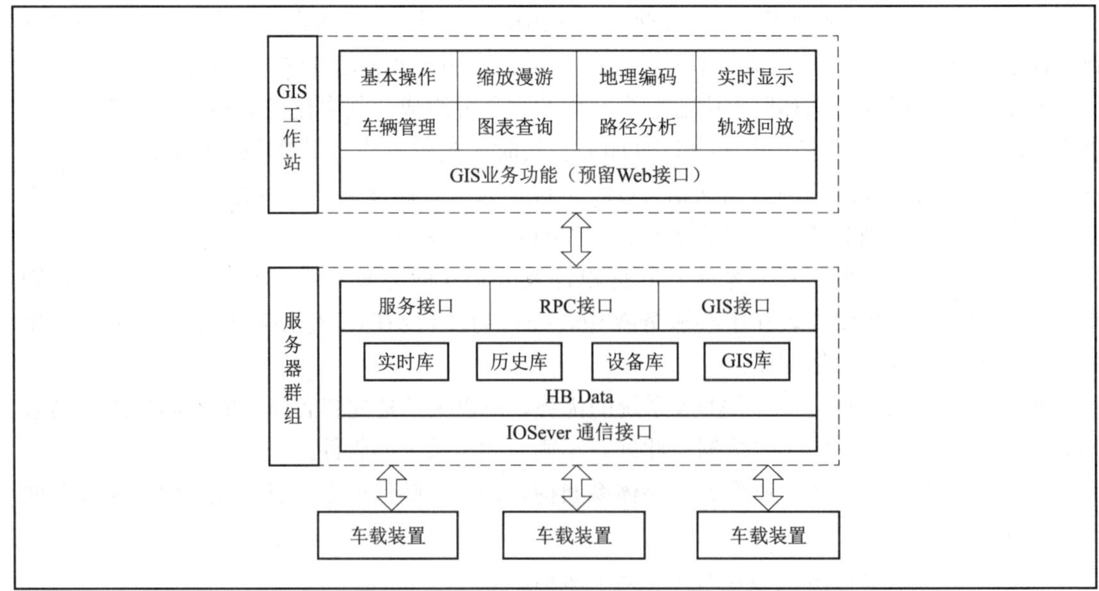

图 6-8 车辆监测子系统的软件架构图

2. 基本功能

车辆监测子系统的主要功能包括以下 6 个方面。

1）实时数据处理、监测各车辆的位置和电池使用信息

该功能主要包括以下两个方面。

（1）实时显示电动汽车的位置、状态及电池组数据等信息，包括：经度、纬度、对地方向角、对地速度、SOC、电池组最高电压及相应的箱号和编号、电池组最低电压及相应的箱号和编号、电池组最高温度及相应的箱号和编号、电池组最低温度及相应的箱号和编号、各箱/节的单体电压及各采集点的温度等。

（2）显示各种故障信息，包括：SOC 过高、SOC 过低、总电压过高、总电压过低、放电电流过高、电池温度过低、电池温度过高、电池欠压、电池过压、温度不均衡、电压不均衡、电池不匹配及其他故障等。

2）电子地图、车辆跟踪及显示车辆的历史轨迹

车辆监测子系统可根据监控目标和范围等的需要，分层显示厂区、道路、政府机关及充电站等信息，可根据对目标地理信息的要求进行多层地理信息处理，具有可见性与图层显示优先性控制功能。

对于地图上的一些重要目标，系统能够根据特性的不同将这些目标分类、分层次地存储在地理数据库系统中，方便以后系统的扩充及为管理员提供决策信息。

系统能自动监视车辆的实时运行状态，使用者可通过该功能跟踪指定的车辆，实时显示车辆的位置、速度及时间等信息，并在电子地图上绘制车辆的实时行驶轨迹。

系统后台能够全天候地自动记录各受监控车辆在某时间段的运行轨迹数据，根据保存的历史数据，可在电子地图上回放所选车辆的实际行车过程，也可在电子地图上快速再现所选车辆的行车路线及时间信息，为使用者提供必要的资料信息。

3）事故报警

当系统经过判断，认为预先定义的告警事件发生时，系统将弹出事故报警窗口并显示当前的告警事件，如数据越限、所关注的遥信变位等。同时，语音报警将播报事件的简要信息，提醒用户注意当前所发生的事件。

4）存储、统计及查看电池数据

系统以实时历史数据库（TRHD）为存储核心，可实现海量通信数据的本地化处理。用户可通过实时数据监控、历史数据查询、报表输出等多种方式统计和查看电池数据。

5）曲线和报表管理

系统支持海量数据的曲线绘制功能，具有数据读取速度快、绘制效率高等优点。使用者可以根据需要选择不同的查询对象、查询时间或查询条件等绘制数据的图形曲线，从而能够更直观地查看各种数据的变化趋势，便于定位和分析问题。

系统提供多种类型的报表制作查询，包括日报、周报、旬报、月报、季报、年报、自定义时段月报、年报表等，可将报表输出至打印机、导出为 Excel、Word、PDF 等格式的文档。

6）系统管理、用户管理及权限管理

该功能主要包括以下几个方面。

① 车载终端设备的增加、删除与设备信息的修改；

② 对网络通信参数进行设置；

③ 对相关运行系统参数进行设置；

④ 提供用户的增加、删除及修改等管理功能；

⑤ 能提供统一的途径对用户人员的资料进行管理，并根据不同的职责分配不同的操作权限，保证系统运行的安全性和可靠性。

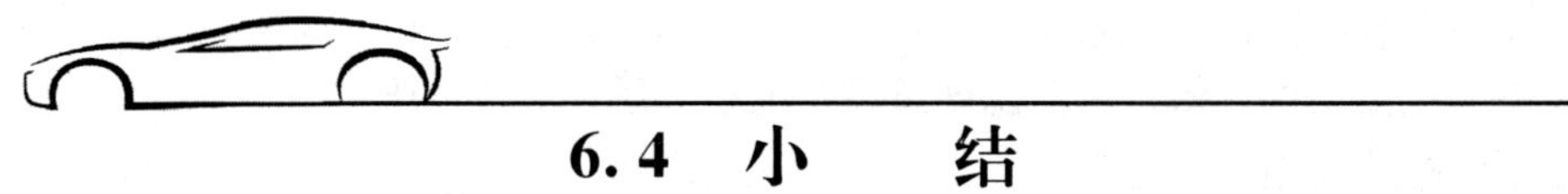

6.4 小　　结

电动汽车充电站综合监控系统是保证充电站和电动汽车安全可靠运行，提高系统使用效率的重要系统。综合运用本章所介绍的各种先进技术，可以开发出性能优良、安全可靠的电动汽车充电站监控系统。

第7章

电动汽车充电机（站）的安全防护

电动汽车充电系统主要由供配电系统、充电系统和动力电池等构成。由于充电机（站）是充电系统的重要组成部分，因此对其采取适宜的安全防护技术，合理可靠的安全防护措施是充电系统安全和可靠运行的重要保证。目前已颁布的电动汽车充电系统的相关国家标准主要有GB/T 18487.1—2001《电动车辆传导充电系统　一般要求》、GB/T 18487.2—2001《电动车辆传导充电系统　电动车辆与交流/直流电源的连接要求》和GB/T 18487.3—2001《电动车辆传导充电系统　电动车辆交流/直流充电机（站）》等。本章将在上述标准及其他用电设施相关国家标准的基础上，对包括人员（尤其是充电操作人员）和运营设备等在内的电动汽车充电机（站）的安全防护要求进行介绍。

7.1 电击防护

电击防护的一般要求为：无论充电系统是在正常运行中或是在发生故障时，外露可导电部分都不允许带电，而带电部分则应避免被接触到。GB 14821.1—1993《建筑物的电气装置　电击防护》中所定义的正常操作下的电击防护是指直接接触防护或基本保护，误操作时的电击防护是指间接接触防护，在这两种操作情况下应提供一个或多个措施，以避免在充电系统正常运行时带电部分被触碰到。

1. 直接接触防护

当电动汽车、充电设备与供配电网连接时，若充电系统运行正常，其所有外露可导电部分都不允许带电，在不需要工具就能开启的部分打开后，应保证其内部带电部分被有效隔离，不能被直接触碰到，以免人员触电。限值内部的容性储能元件的放电量应符合安全要求，即当电动汽车与充电电源断开1 s后，在任何可触碰到的可导电部分之间或任何可触碰到的可导电部分与地之间的峰值电压应低于42.4 V（有效值为30 V），并且存储的能量应少于20 J；如果峰值电压高于42.4 V或储存的能量大于或等于20 J，则应在合适的部位设置警告标示。此外，还可采取基本绝缘、加装外护物及限制接触电流与电压等措施进行直接接触防护。

2. 间接接触防护

由于存在基本（绝缘）保护措施失效或误操作的可能，因此还应在直接接触防护的基础上采取如下必要的附加防护措施保障使用人员的安全。

（1）采取附加或强化绝缘措施。对于不接地的局部设备，可通过设备内部作保护性等电位连接。

（2）设备和装置中所有外露可导电部分和外部的导电部分（如充电机外壳）必须接地。

（3）漏电保护。如应在电动汽车传导式充电设备的接地系统中提供一个漏电保护器，其漏电流应小于或等于 30 mA。

（4）采取保护性屏蔽措施。

（5）自动断开电源。绝缘系统中用于监测电路对地绝缘情况的装置应能在出现故障时自动断开电动汽车或充电设备与供配电电源的连接。

（6）电路之间及电路与地之间进行电气隔离。

其他可选的附加保护措施还包括在特殊环境条件下通过使用控制导引或接地监测设备等附加装置或部件来加强保护，在任何情况下都应能够防止谐波或突变电流的产生，以免影响漏电流保护装置或其他设备的功能。

7.2　充电机硬件的安全性要求

1. 对充电机耐环境性能的要求

充电机应具有防雨、雪等恶劣天气的能力，外壳机械部分具有足够的抗冲击变形强度及耐锈蚀性能。无论充电机是否处于工作状态，电动汽车充电连接线缆的插孔、连接器、插头与插座的最小防护等级应不低于 IP44。

2. 对充电机的温升要求

在额定工作电流和环境温度为 40 ℃的条件下进行手动操作时，充电机表面的最高允许温度应符合金属部分低于 50 ℃、非金属部分低于 60 ℃的要求；对那些可能碰到但不需手动操作的部分，最高允许温度应符合金属部分低于 60 ℃、非金属部分低于 85 ℃的要求。此外，应在充电机内部加装温度传感与检测设备，以便实时监控充电机内部的温度，一旦发现温度超过允许值，充电系统将会自动采取减小充电电流或切断充电电源等控制措施。

3. 对连接装置的要求

充电机与电动汽车或动力电池组连接进行充电时，插头和插座等连接器件应具备锁紧和联锁功能，锁紧装置保证在充电时插头不意外脱落或在有直流负载电流通过高压接线端子时无法拔开连接器，联锁功能则确保只有在所有充电安全条件都满足时才能接通电源开始充电，或只有在断电后插头或连接器才能从插座中拔出，以保证操作人员及设备的安全。此外，还应保证充电机与电动汽车或动力电池组在断开连接前电动汽车不能启动。

连接器由高压充电线路、充电控制导引线路、充电控制电源线路、充电监控通信连接线路及接地保护线路等部分组成，主要技术指标包括以下几个方面：

① 工作温度为−50～300 ℃；

② 插拔寿命应大于或等于 1 000 次；

③ 介电强度与绝缘电阻应符合 GB/T 11918—2001《工业用插头　插座及耦合器》中的相关要求；

④ 电磁兼容性应符合 GB/T 18487.2—2001《电动车辆传导充电系统　电动车辆与交流/直流电源的连接要求》的要求；

⑤ 具有防溅水和防反接的功能；

⑥ 手柄采用高强度阻燃绝缘材料制作。

连接器在插接时，各端子的连接顺序应为：接地保护端子和高压插接端子应先于控制和通信插接端子连接；在断开连接时，则要求控制和通信插接端子先于高压插接端子和接地保护端子分离。连接器在不使用时要求放置在距离地面 0.4～1.5 m 处，且应有自动检测功能用以提示连接器在充电完成断开连接后的放置位置是否正确。

4. 其他要求

充电机应具备自动检测并提示充电电缆在断开连接后是否放置妥当的功能。另外，禁止在电动汽车与充电机之间使用除扩展电缆之外的任何有过载危险及缺少保护性导体的不安全连接部件。

7.3　充电机控制系统的安全性要求

充电系统在对电动汽车或动力电池组充电之前应能检测连接器是否完全插入车辆插孔并连接正确，该环节由连接器内的充电控制导引电路完成。充电控制导引电路一般由控制导引导体、保护性接地导体、动力电池控制单元及充电机内的电子电路等部分组成，具有确认充电机与电动汽车之间的充电连接器是否正确连接、接地导体的可靠性监测和充电系统通电状态指示等功能。只有在确认控制导引电路工作正常，接地连接无误及包括网络与通信功能的充电监控系统工作正常之后，充电系统才被允许上电进行充电，并由控制导引电路直接控制充电机功率变换电路的运行及输出的电流与电压等。若发生控制导引电路断开，包括网络与通信功能的充电监控系统工作异常，充电设备故障或温升异常时，要么无法启动充电系统进行充电、要么立刻自动断开供配电电源与电动汽车或动力电池组之间连接的电缆与连接器，防止出现电击或起火等事故，但控制电路仍可维持通电状态，断开设备也应有一定的保护措施，防止偶然断开。

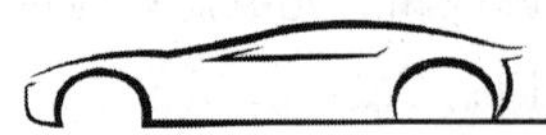

7.4 动力电池的安全性要求

目前电动汽车用动力电池主要包括锂离子电池、铅酸电池和镍氢电池三种类型，充电机应能为其中的至少一种电池进行充电，或者能够自动检测电池种类，再依据相应的充电策略进行充电。若连接动力电池的电路发生短路导致出现过电流或充电机（站）其他故障时，过流断路器应能自动断开充电机与动力电池的连接。各类动力电池的消防等级应与危险化学品等同，电池更换区、电池存换库和电池维护间等场所应保持干燥、通风良好、避免阳光暴晒及维持温度为 5～40 ℃的环境条件。电池距离热源不少于 2 m，在搬运过程中应避免受到机械撞击或重压，并且有防火、防爆等安全措施。

7.5 充电站建筑与使用中的安全性要求

充电站主要由供配电室、中央控制室、充电区和工作人员办公与生活区等部分组成，其中的电气设施按照电气安全设计规范进行设计，且站内的电气装置均采取保护性接地；各类建筑物均应按照 GB 50057—2010《建筑物防雷设计规范》中的有关要求进行防雷设计并敷设防雷击设施；各建筑物内的电力、照明和电气设备等均应采取接地措施，选用的有关电气设备均应符合相关产品标准的要求，防止漏电和电击事故的发生。

1. 供配电室

供配电室内供电系统、变压器室、配电室和配电箱的布置不应妨碍充电站的发展及今后扩建的可能性，并应位于充电站内偏向电网供电电源进线的一侧，以便于供电电源的进线与出线及设备运输。供电系统应符合 GB 50052—2009《供配电系统设计规范》的要求，变压器室、配电室应符合 GB 50053—2013《20kV 及以下变电所设计规范》的要求，低压配电部分应符合 GB 50054—2011《低压配电设计规范》的要求。

2. 中央监控室

中央监控室包含控制、网络及通信等系统，宜单独设置，若是组成综合建筑物时，则宜设在一层平面且为相对独立的单元；宜紧邻充电场所，但不宜与高压配电室相邻，若相邻，则应采取电磁屏蔽和防静电措施。监控室门的位置和数目应考虑操作员的人数及与监控室外的功能区域的联系，并满足有关消防安全规范的要求。窗户应设置在操作员的视野之内，窗户尺寸的大小或视频监视设备的配置应能使监控室的操作者对充电场所的环境一目了然。

3. 充电区

充电区充电设备的布置应便于充电车辆的停放和充电人员的操作，在多车同时充电时，各充电机及车辆应不影响其他充电机和车辆的充电。充电设备安装在室内时，为防止温度过高，应安装通风设施，充电设备最好安装在距地面一定高度的地方以满足防雨和防积水要求。此外，还应尽量缩短充电电缆的长度，以节约材料及能耗。

7.6　人员操作的安全防护要求

除了需要对上述充电系统中的电气设备采取安全防护措施以避免电击危害外，为进一步保护操作人员的安全，必须加强教育培训，以增强安全防护意识及严格遵守操作规程。充电站内应设有便于监控室、办公室、休息室及充电区工作人员安全撤离的通道，尽可能提高充电设施及充电操作过程中充电车辆、动力电池和操作人员的安全性，在相关位置提供明确的导引标志和安全警告标识等信息。此外，还需采取有效的隔离措施并设置醒目的警示标志，以防止无关人员进入充电站的相关区域。

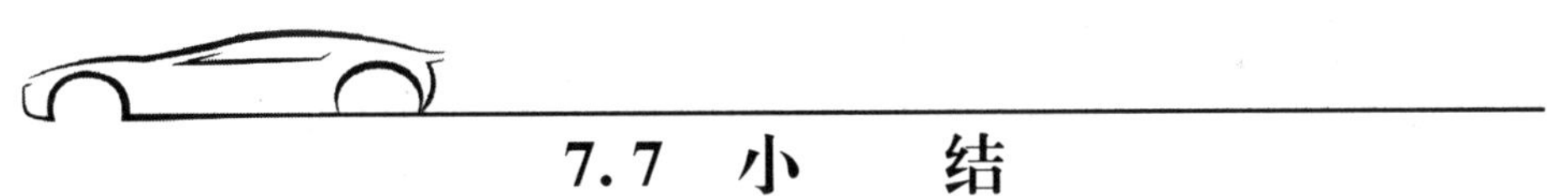

7.7　小　　结

本章论述了电动汽车充电站安全防护的原理和措施，包括对充电机、蓄电池和充电站相关设施等的安全性要求及防护措施。

第8章

电动汽车充电系统设计实例

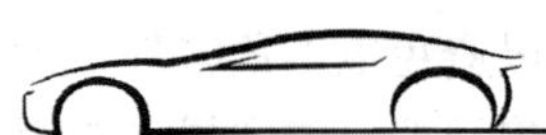

8.1 纯电动公交车换电站的优化设计

8.1.1 换电站核心参数的计算模型

在换电站的设计阶段，主要根据车辆运行需要的备用电池数量、换电站配电容量及快换设备数量等核心参数进行相关的电气、机械、土建等的设计工作，换电站核心参数计算的准确性对换电站的建设成本和占地面积等方面有着重要的影响。为推广服务于电动公交车的换电站在城市核心区域的建设，需要提取能够反映电动公交车运行规律的特征参数，并在此基础上建立准确计算换电站核心参数的方法和工具，提高换电站核心参数的设计精度和换电站的设计效率。

1. 换电站核心参数的组成

换电站核心参数主要包括车辆数、备用电池组数、更换工位数和配电功率4个要素。这些核心参数与公交车的高峰持续时间、高峰和平峰发车间隔、车辆运行周期、电池充电时间及电池组充电功率等密切相关。本章结合换电站的设计经验和实际运营数据，给出了基本的换电站参数设计模型，如图8-1。图8-2为车辆运行时间和电池使用时间的示意图。

2. 换电站参数设计的基本原则

在换电站的参数设计中应考虑以下几项基本原则：

① 换电站设计时要考虑最严峻的情况，即应满足车辆在一天中高峰持续时间最长的时间段及与其相邻的平峰时间段（图8-2中加粗部分所代表的那一段时间）的更换电池需求，以保证车辆及线路的正常运营；

② 更换工位数的计算要满足车辆进站即可更换电池的要求；

③ 模型中的计算方法基于换电站为单条线路服务，并且车辆只运行一圈就更换电池。

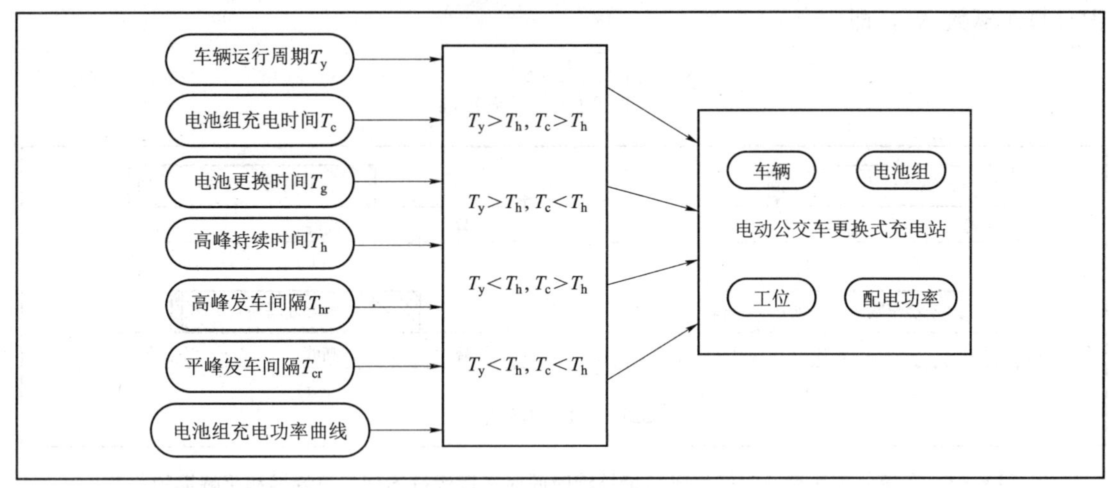

图 8-1　换电站参数的设计模型

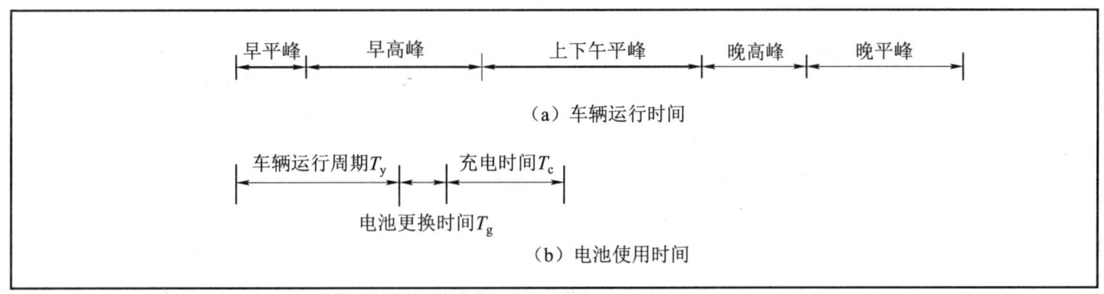

图 8-2　车辆运行时间和电池使用时间

3. 换电站核心参数的计算

1) 车辆数的计算方法

一条线路的配车数应满足任一辆车在运行周期内该线路能以规定的平峰或高峰间隔发车。由于纯电动公交车还需要换电，在计算中还应考虑换电的时间，因此对于纯电动公交车来说，车辆数主要与车辆的运行周期 T_y、线路的高峰发车间隔 T_{hr}、线路的平峰间隔 T_{cr}和电池的更换时间 T_g 有关。由于高峰时段的发车间隔显著小于平峰时段的发车间隔，对车辆数的需求较大，因此主要应以满足线路在高峰时段的需求为出发点计算配车数。

① 当 $T_y>T_h$ 时，即车辆的单次运行时间大于高峰持续时间时，车辆的运行周期与高峰和平峰的关系可以有如图 8-3 所示的四种情况。由图 8-3（c）可知，在高峰起始阶段发车，平峰时段回站换电的车辆在运行周期中线路对车辆数的需求最大，图 8-3（c）又可以等效为图 8-4（d）。因此应以图 8-3（d）所示的情况计算车辆数 N_c，即

$$N_c=\left|\frac{T_h}{T_{hr}}+\frac{T_y-T_h+T_g}{T_{cr}}\right|_{\text{向上取整}} \tag{8-1}$$

式中：N_c——充换电站内的车辆数。

② 当 $T_y<T_h$ 时，即车辆的单次运行时间小于高峰持续时间时，车辆运行时间与高峰期和平峰期的关系可以有如图 8-4 所示的三种情况，由图 8-4（c）可知，运行时间全部位于高峰时段内的车辆在运行中线路对车辆的需求数量最大，因此应以图 8-4（c）所示的情

况计算车辆数 N_c，即

$$N_c=\left|\frac{T_y+T_g}{T_{hr}}\right|_{\text{向上取整}} \tag{8-2}$$

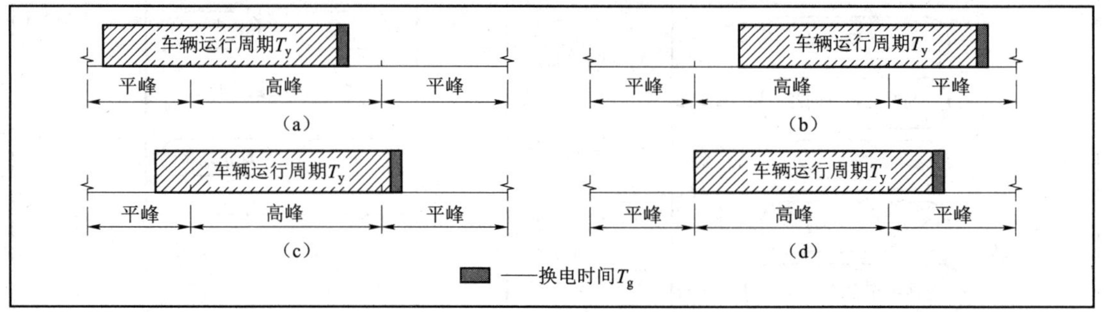

图 8-3　车辆的单次运行时间大于高峰持续时间时车辆运行周期与高峰期和平峰期的关系

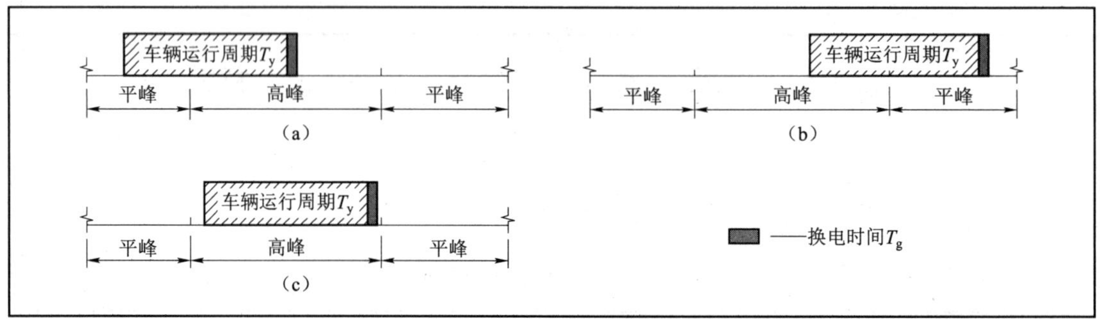

图 8-4　车辆的单次运行时间小于高峰持续时间时车辆运行周期与高峰期和平峰期的关系

2）备用电池组数量的计算方法

备用电池的数量应满足一套电池从车上卸下—充电—重新装车的时间内，线路车辆能以规定的间隔更换电池的需要，因此备用电池的数量主要与充电时间 T_c、车辆的高峰间隔 T_{hr}、车辆的平峰间隔 T_{cr}和电池的更换时间 T_g 有关。

① 当 $T_c>T_h$ 时，即充电时间大于高峰持续时间时电池的充电时间与平峰和高峰期的关系有如图 8-5 所示的三种情况，由图 8-5（c）可知，在高峰起始阶段开始充电，在平峰时段充满的电池组在充换电周期内线路所需的备用电池组数量最大 ，因此应以图 8-5（c）所示的情况计算备用电池组的套数，即

$$N_b=\left|\frac{T_h}{T_{hr}}+\frac{T_c-T_h+T_g}{T_{cr}}\right|_{\text{向上取整}} \tag{8-3}$$

式中：N_b——备用电池组套数。

② 当 $T_c<T_h$ 时，即充电时间小于高峰持续时间时，电池充电时间与平峰和高峰期的关系有如图 8-6 所示的三种情况，由图 8-6（c）可知，充换电时间全部位于高峰期的电池组，在充换电周期内线路所需的备用电池组数最大，因此应以图 8-6（c）所示的情况计算备用电池组的套数，即

$$N_b=\left|\frac{T_c+T_g}{T_{hr}}\right|_{\text{向上取整}} \tag{8-4}$$

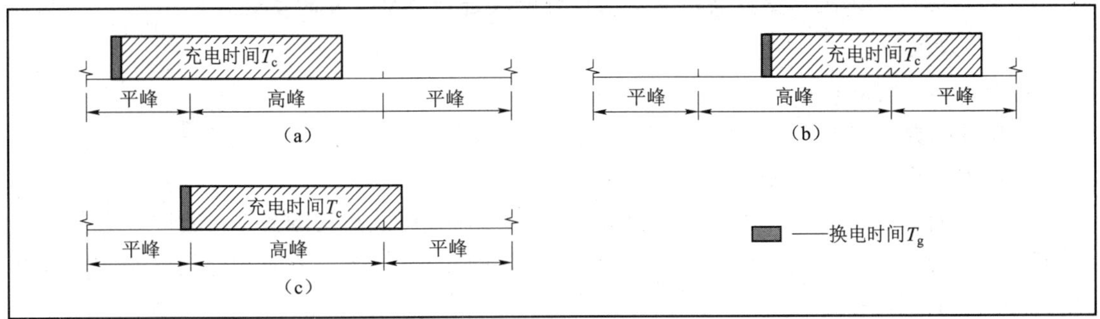

图 8-5　充电时间大于高峰持续时间时充电时长与高峰期和平峰期的关系

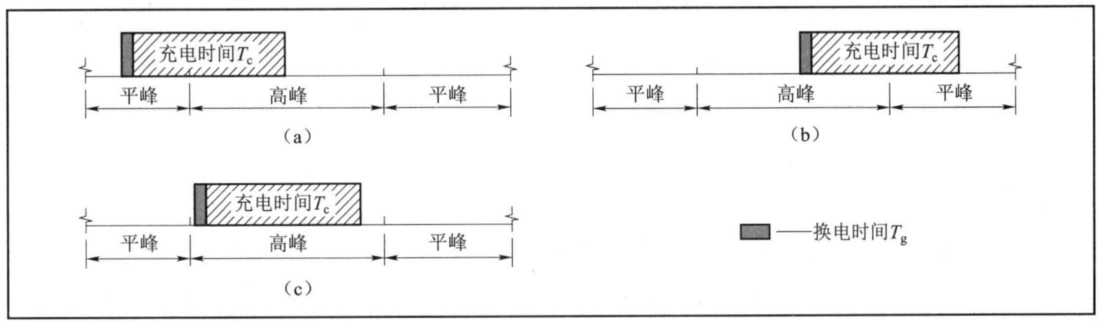

图 8-6　充电时间小于高峰持续时间时充电时长与高峰期和平峰期的关系

3）更换工位数的计算方法

$$N_k = \left| \frac{T_g}{T_{hr}} \right|_{\text{向上取整}} \tag{8-5}$$

式中：N_k——充换电站需要配置的更换工位数。

4）充电站充电功率的计算方法

当 $T_c > T_h$ 时，即充电时间大于高峰持续时间时的充电功率为

$$P = P_{ave} \cdot \left(\frac{T_h}{T_{hr}} + \frac{T_c - T_h + T_g}{T_{cr}} \right) \tag{8-6}$$

式中：P_{ave}——电池组的平均充电功率。

当 $T_c < T_h$ 时，即充电时间小于高峰持续时间时的充电功率为

$$P = P_{ave} \cdot \frac{T_c + T_g}{T_{hr}} \tag{8-7}$$

式中：P——充换电站需要配置的充电功率。

8.1.2　换电站核心参数计算的影响因素

综上所述，影响换电站配电容量、备用电池组数及更换通道数等关键参数的主要因素有车辆运行时间、电池组充电时间、电池更换时间、高峰和平峰的发车间隔、高峰持续时间及电池组充电功率曲线等。这些参数可分成两类：一类是对实际运行工况影响较大，需要在设计阶段进行准确估算的参数；另一类需要综合考虑成本、效益和服务能力之后，进行设计优化的参数。

1）对实际运行工况影响较大、需要在设计阶段进行准确估算的参数

这些参数包括：

① 车辆运行时间；

② 电池组充电时间；

③ 电池组充电功率曲线。

表 8－1 列出了换电站在设计时所采用的核心参数和实际运行时的数据，通过对比表 8－1 中的数据可以发现，配电容量、车辆使用数、备用电池数量等参数在换电站设计与实际运营时存在较大的差异。

表 8－1　换电站设计参数与实际运行的数据对比

对比内容	充电时间/h	车辆数/辆	备用电池数量/组	工位数/个	配电容量/MW
设计数据	3	50	30	2	3.2
实际数据	1.8～2.5	50	24	2	0.95

造成部分核心参数出现很大差异的主要原因是由于电池组的充电时间和多组电池同时充电的功率的计算方法存在较大的误差。在原设计中，按电池组 100％ DOD（depth of discharge，放电深度）的放电深度来计算充电时间，而考虑到车辆在实际运行过程中运行线路的长度、运行时间及为应对突发性交通拥堵等因素，车辆每次回站更换下来的电池的放电深度通常在 40％～60％，因此造成了充电时间的设计值与实际值存在较大差异，从而影响车辆的使用数量、备用电池数量及换电站的配电容量。

换电站按照电池更换的频率对电池组进行充电，存在多台充电机同时工作的情况，但由于锂离子电池的充电功率是随充电过程动态变化的，虽然多台充电机同时工作，但每台充电机工作的起始时间不一样，因此充电站运行时的总功率也是动态变化的。此外，由于在原设计中换电站的配电容量是按各台充电机最大输出功率的累加来计算的，因此造成设计值远远大于实际的配电容量。

2）综合考虑成本、效益及服务能力之后，需进行设计优化的参数

这些参数包括：

① 高峰和平峰发车间隔；

② 高峰持续时间；

③ 电池更换时间。

为适应不同时段客流的变化情况，公交车的运行存在高峰段和平峰段，这两个时间段的发车间隔有较大的区别。采用普通燃油车型的线路通过在不同时段投入不同数量的车辆来应对客流的变化，不需要其他方面的支持；而纯电动公交车为满足高峰运行的要求，不仅需要投入相应的车辆，同时还需要提高换电站的电池更换能力，并增加备用电池组的数量，因此对换电站的建设成本和占地面积带来较大的影响。

在上海世博会换电站的设计过程中，为满足在高峰期能满足断面客流量达到每小时 14 000 人次，发车间隔为 100 s，电池更换时间为 10 min 的要求，必须配置 8 套更换设备及 4 个更换通道，造成换电站的建设投资增加了 3 000 多万元，备用电池数达到 120 套，备用电池数和车辆数的比值达到 2∶1，远超北京奥运会换电站 1.4∶1 的数值。但经过上

海世博会期间的实际运行发现，高峰期断面客流量达到每小时 14 000 人次的持续时间很短，在绝大多数时间内大部分的更换设备和备用电池处于闲置状态。因此，为了降低换电站的建设成本，需要在满足客流对车辆的需求和换电站建设成本之间进行综合考虑，优化设计。

为此，本章后续内容将通过建立准确的锂离子动力电池充电功率模型、车辆电池的回站荷电状态（SOC）评估方法、换电站累计充电功率的计算方法及基于时间序列的仿真设计和验证软件来提高换电站核心参数的设计精度。

8.1.3　基于车辆回站荷电状态（SOC）估算的配电容量设计

360 Ah 的锰酸锂电池在不同初始荷电状态（SOC）条件下的充电曲线如图 8－7 所示，采用的充电方法为先进行恒流充电，在到达恒压点后转为恒压充电。

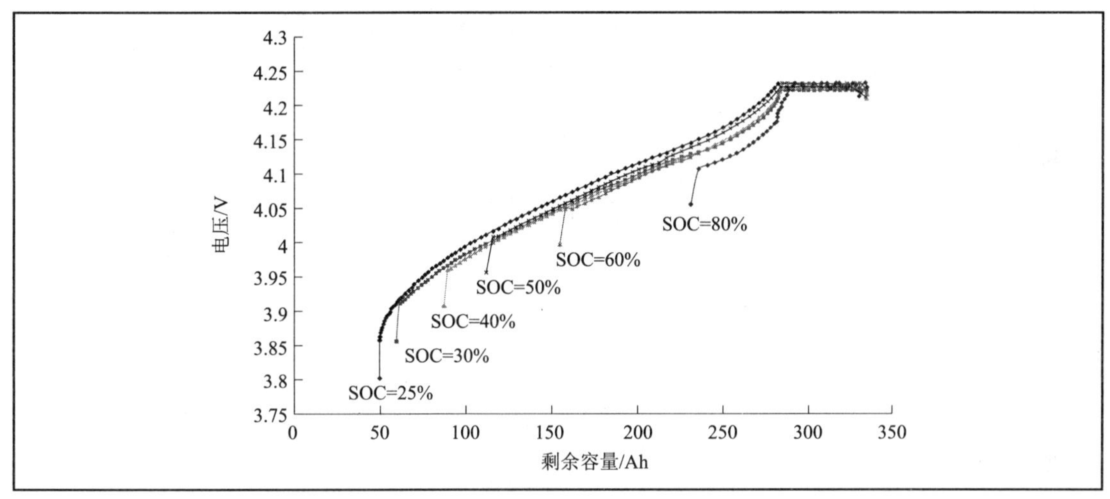

图 8－7　不同初始 SOC 条件下的电池充电曲线

1. 锂离子电池充电时间的计算

锂离子电池的充电过程主要由恒流段和恒压段构成，恒压段充电时间的长短与从恒流段向恒压段转换时的 SOC、锂离子电池的类型和极化状态有关。在充电倍率和温度固定的条件下，电池的极化状态相对稳定的，从图 8－7 中可以看出，在充电初始 SOC 分别为 25％～80％的不同条件下，各恒压段充电时间的差异小于 5％，恒流段向恒压段转换时的 SOC 基本保持不变，因此在计算锂离子电池恒压段充电时间时，可采用一个固定的关系式来表达。

基于回站 SOC 的锂离子电池充电时间可用下式来计算。

$$T_{\mathrm{c}}=\frac{C\cdot(\mathrm{SOC_c}-\mathrm{SOC_e})}{I_{\mathrm{c}}}+T_{\mathrm{const}} \tag{8-8}$$

式中：　C——电池容量，Ah；

$\mathrm{SOC_e}$——车辆回站时的 SOC；

$\mathrm{SOC_c}$——恒流段向恒压段转换时的 SOC；

T_{const}——固定的恒压段充电时间（具体计算方法见 3.3.1 节），min；

I_c——充电电流，A。

2. 车辆电池组回站 SOC 的分布规律

车辆电池组回站时的 SOC 主要与车辆运行时的能量消耗有关，由于公交车的运行具有线路、里程和时刻等固定的特点，因此公交车在一个运行周期内的能量消耗基本是稳定的。

图 8－8 为北京奥运会换电站和上海世博会换电站车辆电池组回站时 SOC 的统计情况，分别反映了车辆在城市公交线路和在封闭区域条件下的运行情况。

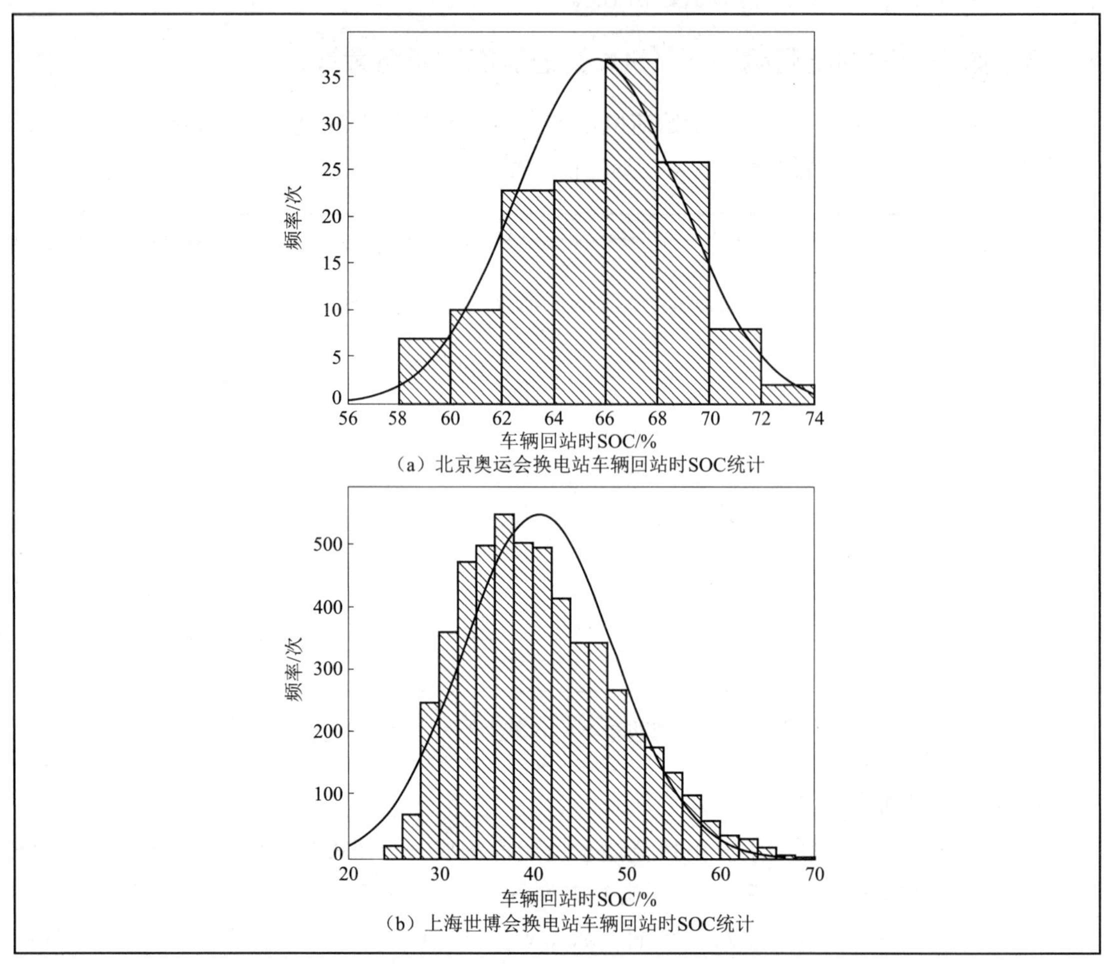

图 8－8　北京奥运会和上海世博会换电站车辆回站时 SOC 统计

根据图 8－8 中的结果可以发现，车辆回站时电池 SOC 的统计结果大致服从正态分布，对应的期望和标准差如表 8－2 所示。

表 8－2　车辆回站时电池 SOC 的期望和标准

充换电站	北京奥运会北土城充换电站	上海世博会充换电站
期望	65.7%	40.6%
标准差	0.031 6	0.080 7

3. 环境温度对电动汽车能耗的影响

环境温度对电动汽车的能耗也会有一定的影响，主要表现在两个方面：一方面是由于锂离子电池在不同温度条件下的内阻会有一定的差别；另一方面，由于电动汽车对于空调或暖风系统的使用，也会使能量消耗出现一定程度的差别。表 8-3 是不同季节中北京市纯电动公交车的能耗统计，从表 8-3 中可以看出，电动公交车在夏季的平均能耗最高。

表 8-3　北京市纯电动公交在不同月份中的耗电量

月份	1	2	3	4	5	6
日均最低气温/℃	−9	−6	0	8	14	19
日均最高气温/℃	2	5	12	20	26	30
耗电量/（kW·h/km）	1.336	1.246	1.231	1.191	1.197	1.245
月份	7	8	9	10	11	12
日均最低气温/℃	22	21	15	8	0	−6
日均最高气温/℃	31	30	26	19	10	3
耗电量/（kW·h/km）	1.365	1.377	1.247	1.217	1.244	1.324

4. 车辆回站时的 SOC 的计算

综上所述，对于在实际线路运行的车辆的回站时的SOC_e的估算可通过车辆的运行里程、单位距离的耗电量及锂离子电池的 SOC-OCV（open circuit voltage）曲线进行。以锰酸锂电池为例，电池在充电时的 SOC-OCV 曲线如图 8-9 所示。

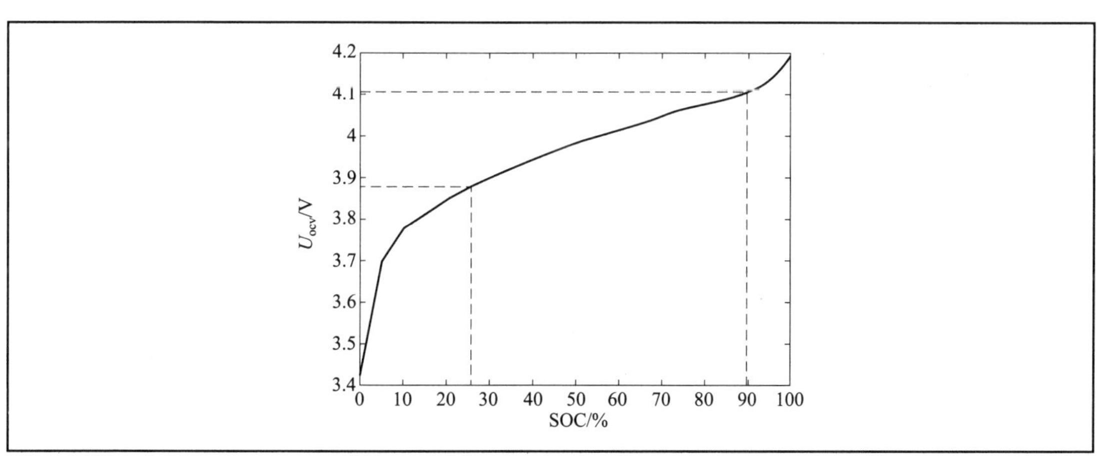

图 8-9　锰酸锂电池在充电时的 SOC-OCV 曲线

电池组平均电压V_{ave}按 SOC-OCV 曲线中 SOC 从 25%～90%的过程中所对应的开路电压U_{ocv}的平均值计算，则纯电动公交车电池组的平均电压为 $k \cdot V_{ave}$，k 为电池组串联的数量，设公交车实际运行的线路长度为 s，则可计算车辆回站时电池的荷电状态 SOC_e为：

$$SOC_e = SOC_s - \frac{1\,000 \cdot h_m \cdot s}{k \cdot V_{ave} \cdot C} \tag{8-9}$$

式中： s——公交车实际运行线路长度，km；

SOC_s——电池组在充电完成时的初始 SOC，%；

C——电池组的容量，Ah；

h_m——车辆运行单位里程的耗电量，kW·h/km，一般取夏季最高耗电量作为计算依据。

5. 充电功率的计算

1）单台电动公交车充电功率的计算

图 8-10 为电池组的充电功率随充电时间及 SOC 的变化曲线。从图 8-10 中可知，锂离子电池组充电功率的最大值出现在恒流段到恒压段的转换点处，以奥运会公交车所用的一套电池为例，放电深度为 100%的充电过程中整组电池充电功率的变化情况为：启动功率为 42.7 kW，峰值功率为 51.8 kW，截止功率为 4.3 kW。

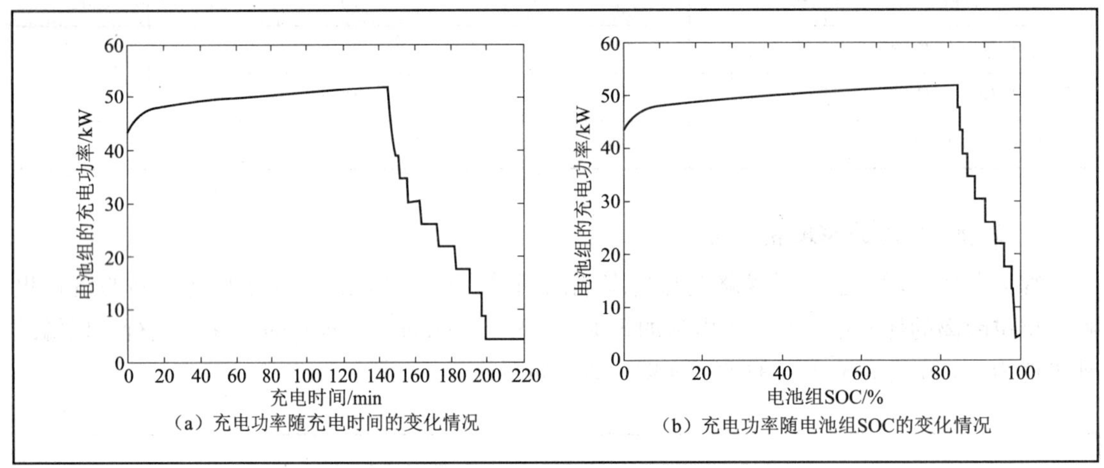

图 8-10 电池组充电功率的变化曲线

从充电功率随 SOC 的变化情况可知，在电池组 SOC 从 10%到 SOCc（恒流段到恒压段的转换点）的范围内充电功率基本上呈现出线性变化的规律，考虑到车辆在实际运行时很少出现电池组 SOC 在 10%以下的情况，因此可将这一段拟合成直线。充电设备在恒压段一般采用按固定比例降低电流的控制方法来使充电功率下降，同时由于锂离子电池在恒压段的充电时间较短，所以充电功率在恒压段的变化情况也可以拟合成固定斜率的直线，从而得到充电功率随时间的变化表达式为：

$$P(t)=\begin{cases} P_o+\dfrac{P_{max}-P_o}{t_c}\cdot(t-t_o) & t_o<t<(t_o+t_c) \\ p_{max}-\dfrac{P_{max}}{T_{const}}\cdot(t-t_c-t_o) & (t_c+t_o)<t<(t_c+t_o+T_{const}) \end{cases} \tag{8-10}$$

式中：P_{max}——在恒流/恒压转换点所达到的最大功率，kW；

T_{const}——恒压段的持续时间，min；

P_o——电池组 SOC 为 10%时的充电功率，kW；

t_o——电池组 SOC 从 0～10%的充电时间，min；

t_c——恒流段的充电时间，min。

t_c 可由下式表达

$$t_c=\frac{C\cdot(SOC_c-SOC_{10\%})}{I_c} \tag{8-11}$$

式中：I_c——恒流段的充电电流，A。

在实际设计过程中，可对充换电站选用的锂离子电池进行相关的实验室测试，以确定电池的充电曲线和相关的计算参数。

以锰酸锂电池组为例，将相关的由试验测得的数据代入到式（8－10）中，可得到其充电功率曲线的表达式为：

$$P(t)=\begin{cases}47.9\ \text{kW}+0.0307\ 1\times(t-17) & 17<t<144\\ 52.84\ \text{kW}-0.94\times(t-144) & 144<t<200\end{cases} \tag{8-12}$$

利用模型得到的模拟充电功率曲线与实际充电功率曲线的对比情况如图 8－11 所示。

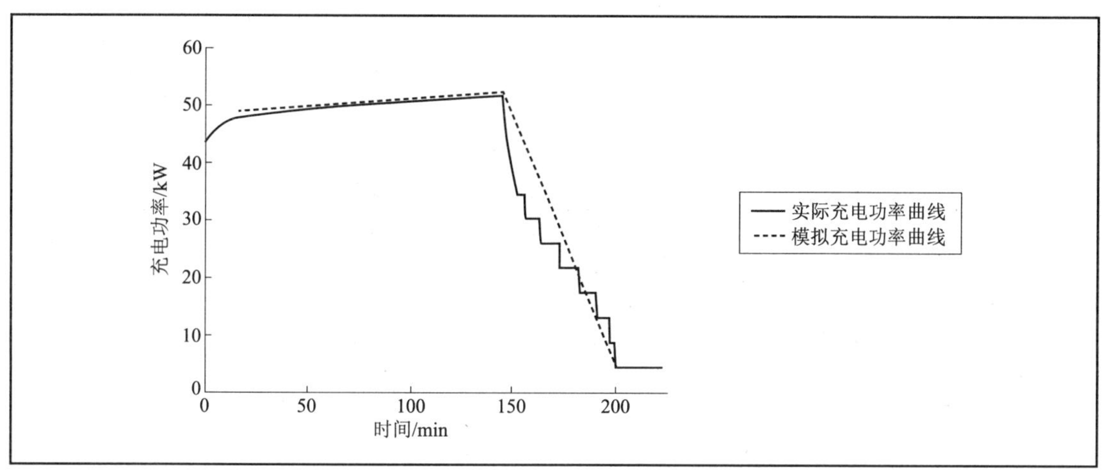

图 8－11　模拟充电功率曲线与实际充电功率曲线的对比情况

2）换电站充电功率的计算

由于在不同的时刻每组电池的充电功率各不相同，并不会同时达到最大充电功率，因此采用式（8－6）和式（8－7）计算得到的换电站的充电功率比实际所需偏大，应根据实际情况进行适当的修正。在计算换电站的充电功率时，应该选取投入电池最多的时间段，把每组电池在不同时间点的充电功率累加，从而得到换电站的最大充电功率。由于在不同的时段中，电池组的投入间隔也不一样，具体的计算方法也有所不同。

（1）当 $T_c<T_h$ 时，即充电时间小于高峰持续时间时，选取如图 8－6（c）所示的充电时段，假定每组电池的回站 SOC 相等，均为 SOC_e，充电总功率E_P则可以通过对各组电池实时充电功率的累加得到，其表达式为

$$E_P=\sum_{k=1}^{m}P\left[\frac{C\cdot(SOC_e-SOC_{10\%})}{I_c}+t_0+k\cdot T_{hr}\right] \tag{8-13}$$

式中：m——投入充电的电池组的数量，由图 8－12（a）可以看出，在第一个更换时长 T_g 内更换下来的电池组还未开始投入充电，因此在计算时应将这些电池排除，则 $m=\frac{T_c}{T_{hr}}$。

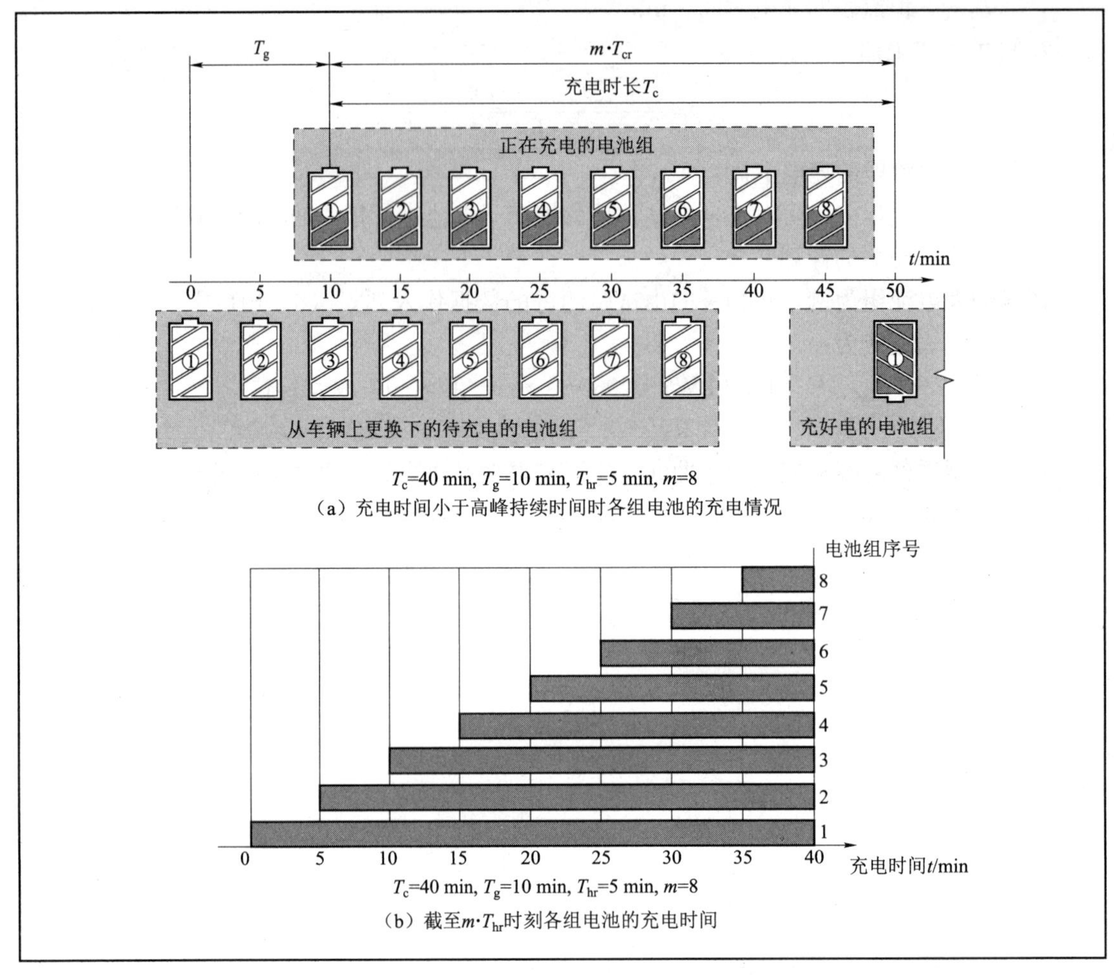

（a）充电时间小于高峰持续时间时各组电池的充电情况

（b）截至$m \cdot T_{hr}$时刻各组电池的充电时间

图 8-12　充电时间小于高峰持续时间时换电站的充电功率

在式（8-13）中，每组电池的实时充电功率可以用充电时间的函数表示。其中 t_0 表示电池由 0 充至 10%电量所需的时间，由于该段时间内充电功率随充电时间的变化为非线性，所以单独提取出来。$C \cdot (SOC_e - SOC_{10\%})/I_c$ 表示电池由 10%电量充至 SOC_e（车辆回站时的荷电状态，即电池的充电初始 SOC）所需的时间；$C \cdot (SOC_e - SOC_{10\%})/I_c + t_0$ 为一个定值，其所对应的充电功率为充电初始时刻的充电功率；以 $m \cdot T_{hr}$ 作为截止时刻建立参考坐标系，$k \cdot T_{hr}$ 表示第（$m+1-k$）组电池在截止时刻所经历的充电时间（即距离截止时刻的时间），$C \cdot (SOC_e - SOC_{10\%})/I_c + t_0 + k \cdot T_{hr}$ 所对应的充电功率即为（$m+1-k$）组电池在截止时刻的实时充电功率，通过相应的计算公式中即可得到具体的数值。

为此，设计了一组仿真模拟，各基本参数为：车辆充电时间 T_c = 40 min，高峰间隔 T_{hr} = 5 min，换电时间 T_g = 10 min，截止时刻为无限趋近于第 50 min（$m \cdot T_{hr}$），可得 $m=8$。各组电池的投入情况如图 8-12（a）所示，各组电池在截止时刻的充电时间如图 8-12（b）所示。从图 8-12（b）可以看出，在截止时刻各组电池的充电时间呈现出分别以 T_{hr} 递减，第 1 组电池的充电时长最长，为 40 min（$m \cdot T_{hr}$），第 8 组电池的充电时间最短，为 5 min（T_{hr}）。

（2）当 $T_c > T_h$ 时，即充电时间大于高峰持续时间时，选取如图 8-13（a）所示的充电

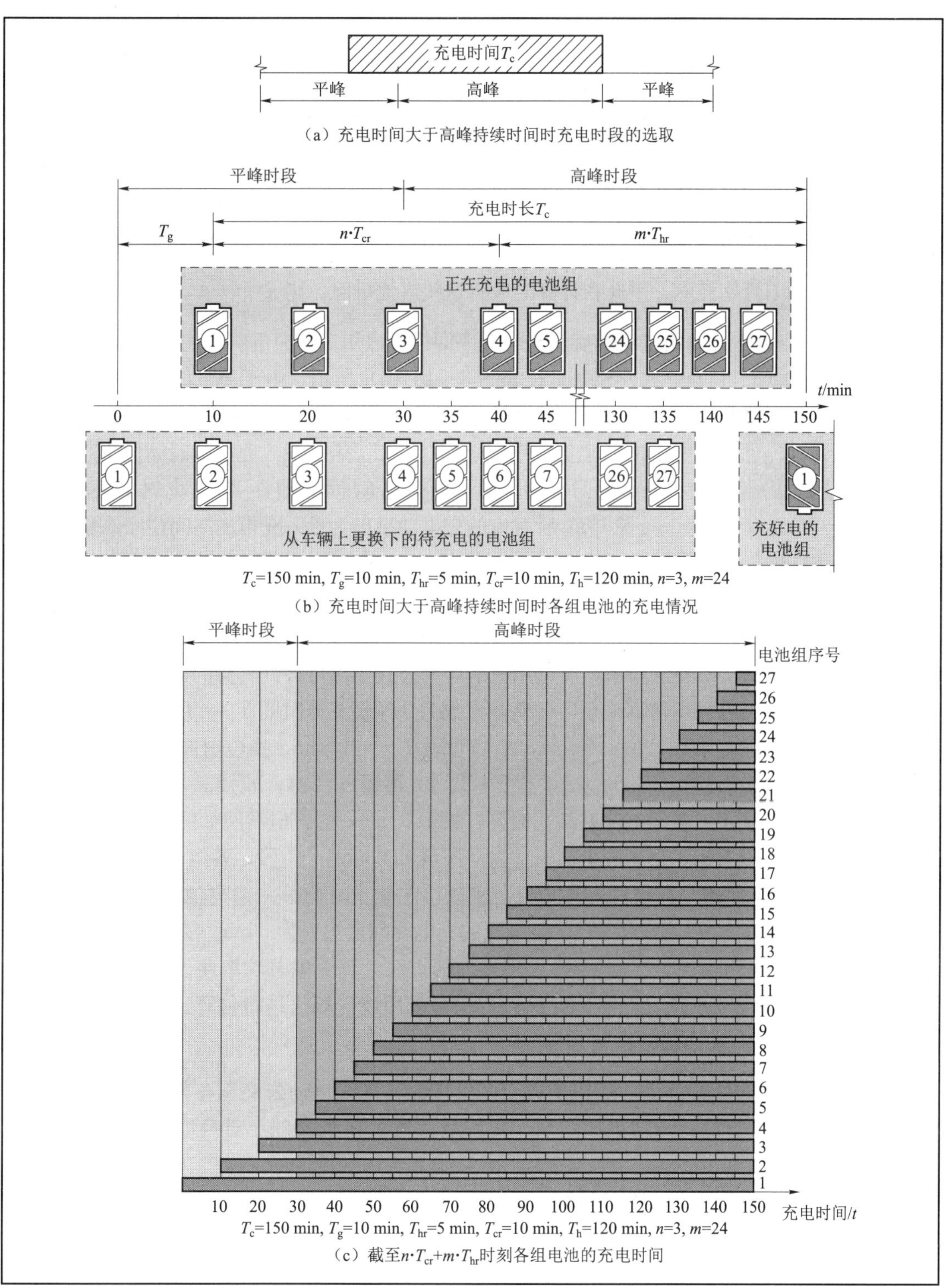

图 8－13　充电时间大于高峰持续时间时换电站的充电功率

时段，假定每组电池的回站 SOC 相等，均为 SOC_e，充电总功率 E_P 同样采用对各组电池实际充电功率的累加求取，其表达式为

$$E_P=\sum_{k=1}^{m}P\left[\frac{C\cdot(SOC_e-SOC_{10\%})}{I_c}+t_0+k\cdot T_{hr}\right]+\sum_{k=1}^{n}P\left[\frac{C\cdot(SOC_e-SOC_{10\%})}{I_c}+t_0+m\cdot T_{hr}+k\cdot T_{cr}\right] \quad (8-14)$$

式中：m——在充电时段中的高峰期所投入的电池组数量，$m=\frac{T_h}{T_{hr}}$；

n——在充电时段中的平峰期所投入的电池组数量，由于在第一个更换时长 T_g 内更换下来的电池组还未开始充电，因此在计算时应将这些电池排除，则 $n=\frac{T_c-T_h}{T_{cr}}$。

在式（8-14）中，每组电池的实时充电充率同样可以用关于充电时间的函数表示并计算，其基本思路与式（8-13）一致。充电时长如图 8-13（a）所示，由于充电时间在大于高峰持续时间时包含有平峰和高峰两个时段，电池在平峰段和高峰段的投入间隔也不同，因此应以（$m\cdot T_{hr}+n\cdot T_{cr}$）作为截止时刻建立参考坐标系，$k\cdot T_{hr}$ 表示投入充电的时间位于高峰时段内的第（$m+1-k$）组电池在截止时刻所经历的充电时间（即距离截止时刻的时间），$C\cdot(SOC_e-SOC_{10\%})/I_c+t_0+k\cdot T_{hr}$ 所对应的充电功率即为投入充电的时间位于高峰时段内的（$m+1-k$）组电池在截止时刻的实时充电功率；$k\cdot T_{hr}+n\cdot T_{cr}$ 表示投入充电的时间位于平峰时段内的第（$m+1-k$）组电池在截止时刻所经历的充电时间，$(SOC_e-SOC_{10\%})/I_c+t_0+k\cdot T_{cr}+m\cdot T_{hr}$ 所对应的充电功率即为投入充电的时间位于平峰时段内的（$m+1-k$）组电池在截止时刻的实时充电功率，通过相应的计算公式中即可得到具体的数值。

为此，设计了另外一组仿真模拟，各基本参数为：车辆充电时间 T_c= 140 min，高峰间隔 T_{hr}=5 min，高峰持续时间 T_h=120 min，平峰间隔 T_{cr}=10 min，换电时间 T_g=10 min，截止时刻为无限趋近于第150 min（$m\cdot T_{hr}+n\cdot T_{cr}$），可得 $m=24$，$n=3$。各组电池的投入情况如图 8-13（b）所示，各组电池在截止时刻（第 150 min）的充电时间如图 8-13（c）所示。从图 8-13（b）可以看出，由于充电时长包含了平峰和高峰两个时段，各组电池的充电时间因此在平峰时段以 T_{cr} 递减，在高峰时段以 T_{hr} 递减，在截止时刻第一组电池的充电时长最长，为 140 min（$m\cdot T_{hr}+n\cdot T_{cr}$），第 27 组电池的充电时间最短，为 5 min（T_{hr}）。

在式（8-13）和式（8-14）中，采用累加的方法计算充电总功率便于理解，但人工计算配电容量较为复杂和烦琐，在实际计算过程中可采用遗传算法进行估算。

6. 实际换电站参数的模拟仿真计算

根据上面得到的计算方法，随机抽取上海世博会越江线电动公交车在某一天的运营数据（单圈运行模式）进行统计，结果如图 8-14 所示，然后在此基础上对换电站的核心参数进行计算。

由图 8-14 可知，该线路的高峰时间段主要集中在 11:30—13:30 和 20:30—22:30，可得高峰持续时间 T_h 为 2 h。高峰时段总计发车 77 车次，可得高峰时间段的发车间隔 $T_{hr}=(4\times60)/70\approx$ 3 min；而平峰时段总计发车 51 车次，可得平峰发车间隔 $T_{hr}=(6\times60)/51\approx7$ min。

已知电池的更换时间 T_g 为 10 min，经过对越江线车辆运行时间的统计可得车辆的运行周期 T_y 约为 3 h，通过实验室测试同样的锂离子电池得到充电初始 SOC 为 40%下的充电时

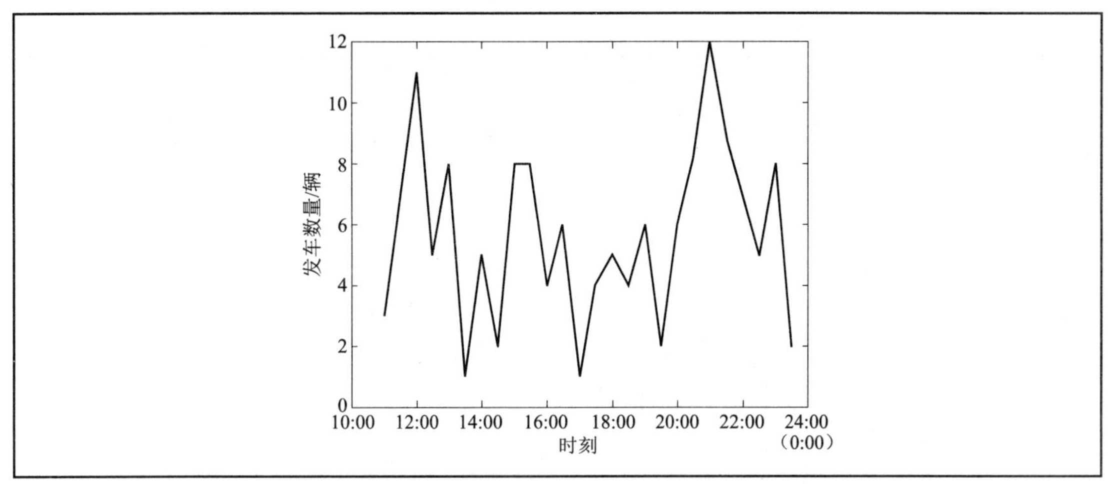

图 8-14　上海世博会电动公交车充电站越江线某一天发车数量的分布规律

间为 1.98 h，其中恒流充电时间为 1.8 h，恒压充电时间为 0.18 h，代入相关的计算公式并得出计算结果，优化设计输出的数据与实际运营数据的对比情况如表 8-4 所示。

表 8-4　优化设计输出数据与实际运营数据的比较

对比内容	充电时间/h	车辆数量/辆	备用电池数量/组	工位数量/个	配电容量/MW
充电站实际配置	3	60	56	4	4
实际运营数据	1.85～2.1	50	40	4	1.9
优化计算输出数据	1.98	50	43	4	2.0

由表 8-4 可知，根据设计模型计算得到的输出结果与实际运营的数据非常一致，充分验证了设计模型的正确性和相关计算方法的准确性。

8.1.4　车辆运行模式对换电站核心参数计算的影响

1. 在单线路、多圈运行条件下换电站核心参数的计算

前文所述的设计模型主要考虑的是电动公交车在单圈运行条件下核心参数的计算方法，但公交车辆及线路的实际运行情况往往与设定的情形差异较大，如当线路比较短时及在电池容量允许的条件下，电动公交车可以运行多圈后再回站换电。通过对北京市城区的 600 多条公交线路的长度进行统计，可以得到线路长度的基本分布情况如图 8-15 所示。

由图 8-15 可知，北京市大多数公交线路的运行里程主要集中在 10～30 km 之间。而现有的电池技术能够保证车辆在充电完成后的有效行驶距离达到 70～100 km，所以按照现有公交线路长度的分布情况，在大部分情况下，电动公交车运行两圈甚至更多圈再回站换电是可行的。

1）车辆的运行模式

换电站在车辆多圈运行的模式下的换电间隔与发车间隔存在两种可能的关系，分别为换电间隔等于发车间隔（简称集中换电）和换电间隔不等于发车间隔（简称均匀错开换电）。以某换电站为例，不同的运行方式对更换间隔的影响如图 8-16 所示。

(1) 集中换电。在该模式下，每辆车都在行驶满既定的单次发车运行圈数后按照高峰间隔依次回站换电，以换电站为参照，车辆回站换电的间隔与发车间隔是一致的。

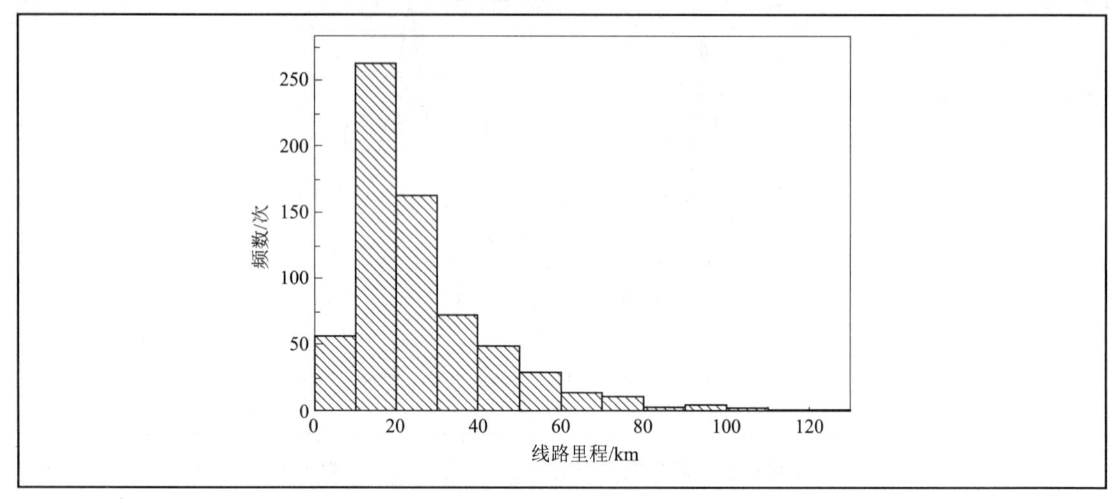

图 8-15　北京市城区公交线路长度的基本分布情况

(2) 均匀错开换电。在该模式下，部分车辆在第一次发车后未行驶满规定的单次发车运行圈数既回站换电，另一部分车辆则按既定的单次发车运行圈数换电，而后全部车辆按照既定的更换规则回站换电。以一条配车数为 8 辆、采用运行两圈均匀错开换电模式的线路来说，在开始阶段，以发车次序为基准，第 1、2、5、7 辆车在运行一圈后回站换电，这些车辆在第一次换电后随即恢复行驶两圈更换电池的运行模式，而 2、4、6、8 号车则一直遵循运行两圈后回站换电的规则。以换电站为参照，车辆回站的间隔大于发车间隔，即以两倍的发车间隔回站换电，因此该模式下的调度策略相对复杂。

(3) 不同更换模式下的电池更换规律。由图 8-16 可知，三种更换模式下的电池更换规律不尽相同，其各自的情况分别如下所述。

① 由图 8-16 (a) 可知，采用车辆运行单圈集中换电的模式时，在整个运行周期 T_y 内的每个发车间隔 T_{hr} 中均有车辆回站换电，该模式下的更换间隔与发车间隔一致，均为 Δt。

② 由图 8-16 (b) 可知，采用车辆运行两圈集中换电的模式时，电池更换间隔与发车间隔一致。同样为 Δt，由于车辆数不变，但运营周期延长了一倍至 $2T_y$，因此换电工位会在运行周期中的第二个 T_y 中出现闲置。

③ 由图 8-16 (c) 可知，采用运行两圈均匀错开换电的模式时，换电间隔增加了一倍，为 $2\Delta t$。为实现均匀错开的更换，车辆 1（发出的第一辆电动公交车）第一次换电的更换间隔为 T_y，在车辆 1 车换电的期间车辆 2（发出的第一辆电动公交车）则经过总站，其在 $2T_y$ 后回站换电。以此类推，距离车辆 1 的发车间隔为 $2T_{hr}$ 倍数的车辆在第一次换电时的运行周期为 T_y，这部分车辆在第一次换电后恢复按照 $2T_y$ 的间隔换电，而距离车辆 1 发车间隔为 $(2k+1)\cdot T_{hr}$（$k=0,1,2,3,\cdots$）的车辆则一直遵循以 $2T_y$ 的间隔换电。换电工位没有闲置期，能够得到充分的利用。

2) 对图 8-16 所示的三种运行模式的分析和验证

对图 8-16 的三种运行模式的分析和验证见表 8-5～8-9。表 8-10 为不同运行方式下的充电站核心参数计算的比较。

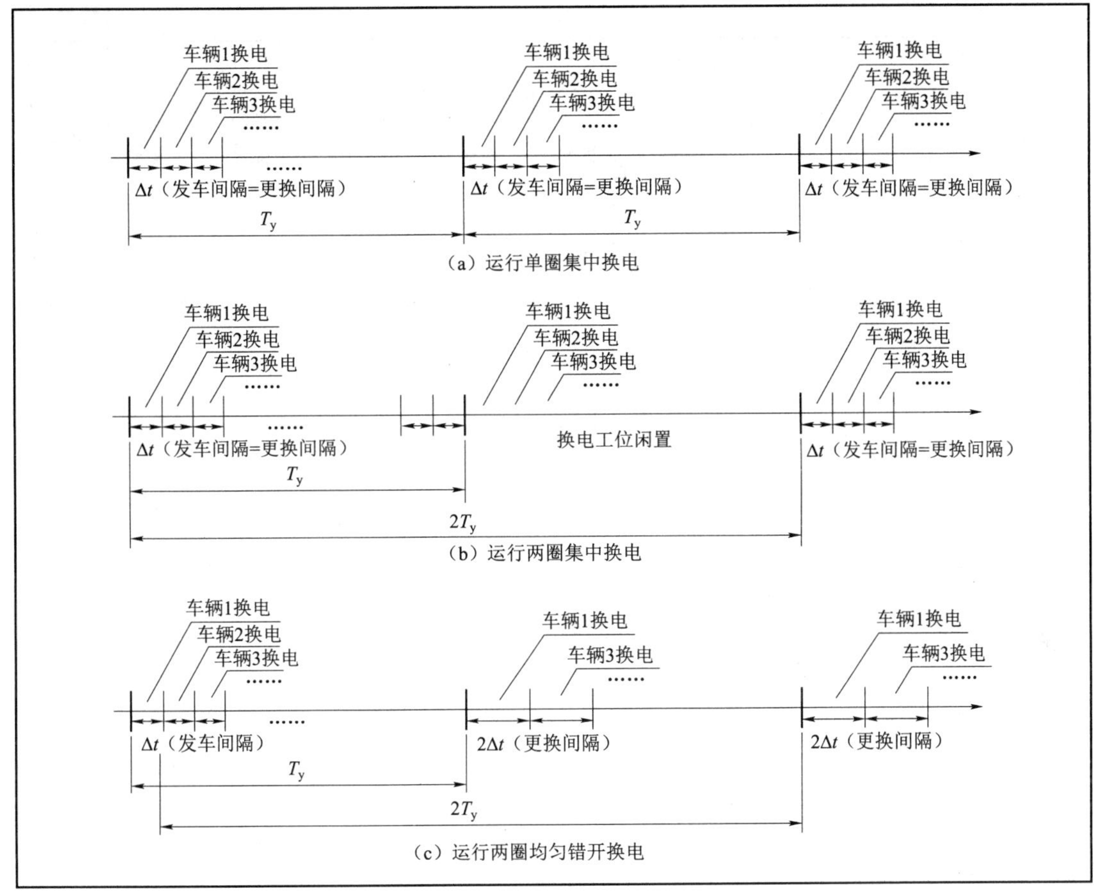

图 8-16　三种更换模式下的电池更换规律

表 8-5　运行单圈集中换电模拟

基本参数：车辆数为 8 辆；运行周期 T_y=30 min；高峰间隔 T_{hr}=5 min；换电时间 T_g=10 min；充电时长 T_c=40 min；换电工位数为 2

时刻/min	发车	圈数	换电工位 1			换电工位 2			开始充电的电池组	充好的电池组
			换电车辆	换上的电池组	换下的电池组	换电车辆	换上的电池组	换下的电池组		
0	车辆 1 发车	1	闲置			闲置				
5	车辆 2 发车	1	闲置			闲置				
10	车辆 3 发车	1	闲置			闲置				
15	车辆 4 发车	1	闲置			闲置				
20	车辆 5 发车	1	闲置			闲置				
25	车辆 6 发车	1	闲置			闲置				

续表

<table>
<tr><th rowspan="2">时刻/min</th><th rowspan="2">发车</th><th rowspan="2">圈数</th><th colspan="3">换电工位 1</th><th colspan="3">换电工位 2</th><th rowspan="2">开始充电的电池组</th><th rowspan="2">充好的电池组</th></tr>
<tr><th>换电车辆</th><th>换上的电池组</th><th>换下的电池组</th><th>换电车辆</th><th>换上的电池组</th><th>换下的电池组</th></tr>
<tr><td>30</td><td>车辆 7 发车</td><td>1</td><td rowspan="2">车辆 1 换电</td><td rowspan="2">备用电池 1 ⇧</td><td rowspan="2">车辆 1 电池组⇩</td><td>闲置</td><td></td><td></td><td></td><td></td></tr>
<tr><td>35</td><td>车辆 8 发车</td><td>1</td><td rowspan="2">车辆 2 换电</td><td rowspan="2">备用电池 2</td><td rowspan="2">车辆 2 电池组⇩</td><td></td><td></td></tr>
<tr><td>40</td><td>车辆 1 发车</td><td>2</td><td rowspan="2">车辆 3 换电</td><td rowspan="2">备用电池 3 ⇧</td><td rowspan="2">车辆 3 电池组⇩</td><td>车辆 1 电池组</td><td></td></tr>
<tr><td>45</td><td>车辆 2 发车</td><td>2</td><td rowspan="2">车辆 4 换电</td><td rowspan="2">备用电池 4 ⇧</td><td rowspan="2">车辆 4 电池组⇩</td><td>车辆 2 电池组</td><td></td></tr>
<tr><td>50</td><td>车辆 3 发车</td><td>2</td><td rowspan="2">车辆 5 换电</td><td rowspan="2">备用电池 5 ⇧</td><td rowspan="2">车辆 5 电池组⇩</td><td>车辆 3 电池组</td><td></td></tr>
<tr><td>55</td><td>车辆 4 发车</td><td>2</td><td rowspan="2">车辆 6 换电</td><td rowspan="2">备用电池 6 ⇧</td><td rowspan="2">车辆 6 电池组⇩</td><td>车辆 4 电池组</td><td></td></tr>
<tr><td>60</td><td>车辆 5 发车</td><td>2</td><td rowspan="2">车辆 7 换电</td><td rowspan="2">备用电池 7 ⇧</td><td rowspan="2">车辆 7 电池组⇩</td><td>车辆 5 电池组</td><td></td></tr>
<tr><td>65</td><td>车辆 6 发车</td><td>2</td><td rowspan="2">车辆 8 换电</td><td rowspan="2">备用电池 8 ⇧</td><td rowspan="2">车辆 8 电池组⇩</td><td>车辆 6 电池组</td><td></td></tr>
<tr><td>70</td><td>车辆 7 发车</td><td>2</td><td rowspan="2">车辆 1 换电</td><td rowspan="2">备用电池 9 ⇧</td><td rowspan="2">备用电池 1 ⇩</td><td>车辆 7 电池组</td><td></td></tr>
<tr><td>75</td><td>车辆 8 发车</td><td>2</td><td rowspan="2">车辆 2 换电</td><td rowspan="2">备用电池 10 ⇧</td><td rowspan="2">备用电池 2 ⇩</td><td>车辆 8 电池组</td><td></td></tr>
<tr><td>80</td><td>车辆 1 发车</td><td>3</td><td rowspan="2">车辆 3 换电</td><td rowspan="2">车辆 1 电池组⇧</td><td rowspan="2">备用电池 3 ⇩</td><td>备用电池 1</td><td>车辆 1 电池组</td></tr>
<tr><td>85</td><td>车辆 2 发车</td><td>3</td><td rowspan="2">车辆 4 换电</td><td rowspan="2">车辆 2 电池组⇧</td><td rowspan="2">备用电池 4 ⇩</td><td>备用电池 2</td><td>车辆 2 电池组</td></tr>
<tr><td>90</td><td>车辆 3 发车</td><td>3</td><td rowspan="2">车辆 5 换电</td><td rowspan="2">车辆 3 电池组⇧</td><td rowspan="2">备用电池 5 ⇩</td><td>备用电池 3</td><td>车辆 3 电池组</td></tr>
<tr><td>95</td><td>车辆 4 发车</td><td>3</td><td rowspan="2">车辆 6 换电</td><td rowspan="2">车辆 4 电池组⇧</td><td rowspan="2">备用电池 6 ⇩</td><td>备用电池 4</td><td>车辆 4 电池组</td></tr>
<tr><td>100</td><td>车辆 5 发车</td><td>3</td><td rowspan="2">车辆 7 换电</td><td rowspan="2">车辆 5 电池组⇧</td><td rowspan="2">备用电池 7 ⇩</td><td>备用电池 5</td><td>车辆 5 电池组</td></tr>
<tr><td>105</td><td>车辆 6 发车</td><td>3</td><td rowspan="2">车辆 8 换电</td><td rowspan="2">车辆 6 电池组⇧</td><td rowspan="2">备用电池 8 ⇩</td><td>备用电池 6</td><td>车辆 6 电池组</td></tr>
<tr><td>110</td><td>车辆 7 发车</td><td>3</td><td>车辆 1 换电</td><td>车辆 7 电池组⇧</td><td>备用电池 9 ⇩</td><td>备用电池 7</td><td>车辆 7 电池组</td></tr>
</table>

续表

<table>
<tr><th rowspan="2">时刻/
min</th><th rowspan="2">发车</th><th rowspan="2">圈数</th><th colspan="3">换电工位 1</th><th colspan="3">换电工位 2</th><th rowspan="2">开始
充电的
电池组</th><th rowspan="2">充好的
电池组</th></tr>
<tr><th>换电
车辆</th><th>换上的
电池组</th><th>换下的
电池组</th><th>换电
车辆</th><th>换上的
电池组</th><th>换下的
电池组</th></tr>
<tr><td>115</td><td>车辆 8
发车</td><td>3</td><td>车辆 1
换电</td><td>车辆 7
电池组⇧</td><td>备用
电池 9 ⇩</td><td rowspan="2">车辆 2
换电</td><td rowspan="2">车辆 8
电池组⇧</td><td rowspan="2">备用
电池 10 ⇩</td><td>备用
电池 8</td><td>车辆 8
电池组</td></tr>
<tr><td>120</td><td>车辆 1
发车</td><td>4</td><td rowspan="2">车辆 3
换电</td><td rowspan="2">备用
电池 1 ⇧</td><td rowspan="2">车辆 1
电池组⇩</td><td>备用
电池 9</td><td>备用
电池 1</td></tr>
<tr><td>125</td><td>车辆 2
发车</td><td>4</td><td rowspan="2">车辆 4
换电</td><td rowspan="2">备用
电池 2 ⇧</td><td rowspan="2">车辆 2
电池组⇩</td><td>备用
电池 10</td><td>备用
电池 2</td></tr>
<tr><td>130</td><td>车辆 3
发车</td><td>4</td><td rowspan="2">车辆 5
换电</td><td rowspan="2">备用
电池 3 ⇧</td><td rowspan="2">车辆 3
电池组⇩</td><td>车辆 1
电池组</td><td>备用
电池 3</td></tr>
<tr><td>135</td><td>车辆 4
发车</td><td>4</td><td rowspan="2">车辆 6
换电</td><td rowspan="2">备用
电池 4 ⇧</td><td rowspan="2">车辆 4
电池组⇩</td><td>车辆 2
电池组</td><td>备用
电池 4</td></tr>
<tr><td>140</td><td>车辆 5
发车</td><td>4</td><td rowspan="2">车辆 7
换电</td><td rowspan="2">备用
电池 5 ⇧</td><td rowspan="2">车辆 5
电池组⇩</td><td>车辆 3
电池组</td><td>备用
电池 5</td></tr>
<tr><td>145</td><td>车辆 6
发车</td><td>4</td><td rowspan="2">车辆 8
换电</td><td rowspan="2">备用
电池 6 ⇧</td><td rowspan="2">车辆 6
电池组⇩</td><td>车辆 4
电池组</td><td>备用
电池 6</td></tr>
<tr><td>150</td><td>车辆 7
发车</td><td>4</td><td rowspan="2">车辆 1
换电</td><td rowspan="2">备用
电池 7 ⇧</td><td rowspan="2">车辆 7
电池组⇩</td><td>车辆 5
电池组</td><td>备用
电池 7</td></tr>
<tr><td>155</td><td>车辆 8
发车</td><td>4</td><td rowspan="2">车辆 2
换电</td><td rowspan="2">备用
电池 8 ⇧</td><td rowspan="2">车辆 8
电池组⇩</td><td>车辆 6
电池组</td><td>备用
电池 8</td></tr>
<tr><td>160</td><td>车辆 1
发车</td><td>5</td><td>车辆 3
换电</td><td>备用
电池 9 ⇧</td><td>备用
电池 1 ⇩</td><td>车辆 7
电池组</td><td>备用
电池 9</td></tr>
</table>

表 8-6　运行两圈集中换电模拟（$2T_c<2T_y$）

基本参数：车辆数为 8 辆；运行周期 T_y=30 min；高峰间隔 T_{hr}=5 min；换电时间 T_g=10 min；单圈充电时长 T_c=20 min；运行两圈充电时长为 $2T_c$=40 min；换电工位数为 2

<table>
<tr><th rowspan="2">时刻/
min</th><th rowspan="2">发车</th><th rowspan="2">圈数</th><th colspan="3">换电工位 1</th><th colspan="3">换电工位 2</th><th rowspan="2">满电闲
置车辆</th><th rowspan="2">开始
充电的
电池组</th><th rowspan="2">充满电
的电池组</th></tr>
<tr><th>换电
车辆</th><th>换上的
电池组</th><th>换下的
电池组</th><th>换电
车辆</th><th>换上的
电池组</th><th>换下的
电池组</th></tr>
<tr><td>0</td><td>车辆 1
发车</td><td>1</td><td>闲置</td><td></td><td></td><td>闲置</td><td></td><td></td><td></td><td></td><td></td></tr>
<tr><td>5</td><td>车辆 2
发车</td><td>1</td><td>闲置</td><td></td><td></td><td>闲置</td><td></td><td></td><td></td><td></td><td></td></tr>
<tr><td>10</td><td>车辆 3
发车</td><td>1</td><td>闲置</td><td></td><td></td><td>闲置</td><td></td><td></td><td></td><td></td><td></td></tr>
<tr><td>15</td><td>车辆 4
发车</td><td>1</td><td>闲置</td><td></td><td></td><td>闲置</td><td></td><td></td><td></td><td></td><td></td></tr>
</table>

续表

<table>
<tr><th rowspan="2">时刻/min</th><th rowspan="2">发车</th><th rowspan="2">圈数</th><th colspan="3">换电工位 1</th><th colspan="3">换电工位 2</th><th rowspan="2">满电闲置车辆</th><th rowspan="2">开始充电的电池组</th><th rowspan="2">充满电的池组</th></tr>
<tr><th>换电车辆</th><th>换上的电池组</th><th>换下的电池组</th><th>换电车辆</th><th>换上的电池组</th><th>换下的电池组</th></tr>
<tr><td>20</td><td>车辆 5
发车</td><td>1</td><td>闲置</td><td></td><td></td><td>闲置</td><td></td><td></td><td></td><td></td><td></td></tr>
<tr><td>25</td><td>车辆 6
发车</td><td>1</td><td>闲置</td><td></td><td></td><td>闲置</td><td></td><td></td><td></td><td></td><td></td></tr>
<tr><td>30</td><td>车辆 1
经过总站</td><td>2</td><td>闲置</td><td></td><td></td><td>闲置</td><td></td><td></td><td></td><td></td><td></td></tr>
<tr><td>35</td><td>车辆 2
经过总站</td><td>2</td><td>闲置</td><td></td><td></td><td>闲置</td><td></td><td></td><td></td><td></td><td></td></tr>
<tr><td>40</td><td>车辆 3
经过总站</td><td>2</td><td>闲置</td><td></td><td></td><td>闲置</td><td></td><td></td><td></td><td></td><td></td></tr>
<tr><td>45</td><td>车辆 4
经过总站</td><td>2</td><td>闲置</td><td></td><td></td><td>闲置</td><td></td><td></td><td></td><td></td><td></td></tr>
<tr><td>50</td><td>车辆 5
经过总站</td><td>2</td><td>闲置</td><td></td><td></td><td>闲置</td><td></td><td></td><td></td><td></td><td></td></tr>
<tr><td>55</td><td>车辆 6
经过总站</td><td>2</td><td>闲置</td><td></td><td></td><td>闲置</td><td></td><td></td><td></td><td></td><td></td></tr>
<tr><td>60</td><td>车辆 7
发车</td><td>1</td><td rowspan="2">车辆 1
换电</td><td rowspan="2">备用
电池 1 ⇧</td><td rowspan="2">车辆 1
电池组⇩</td><td>闲置</td><td></td><td></td><td></td><td></td><td></td></tr>
<tr><td>65</td><td>车辆 8
发车</td><td>1</td><td rowspan="2">车辆 2
换电</td><td rowspan="2">备用
电池 2 ⇧</td><td rowspan="2">车辆 2
电池组⇩</td><td></td><td></td><td></td></tr>
<tr><td>70</td><td>车辆 1
发车</td><td>3</td><td rowspan="2">车辆 3
换电</td><td rowspan="2">备用
电池 3 ⇧</td><td rowspan="2">车辆 3
电池组⇩</td><td></td><td>车辆 1
电池组</td><td></td></tr>
<tr><td>75</td><td>车辆 2
发车</td><td>3</td><td rowspan="2">车辆 4
换电</td><td rowspan="2">备用
电池 4 ⇧</td><td rowspan="2">车辆 4
电池组⇩</td><td></td><td>车辆 2
电池组</td><td></td></tr>
<tr><td>80</td><td>车辆 3
发车</td><td>3</td><td rowspan="2">车辆 5
换电</td><td rowspan="2">备用
电池 5 ⇧</td><td rowspan="2">车辆 5
电池组⇩</td><td></td><td>车辆 3
电池组</td><td></td></tr>
<tr><td>85</td><td>车辆 4
发车</td><td>3</td><td rowspan="2">车辆 6
换电</td><td rowspan="2">备用
电池 6 ⇧</td><td rowspan="2">车辆 6
电池组⇩</td><td></td><td>车辆 4
电池组</td><td></td></tr>
<tr><td>90</td><td>车辆 7
经过总站</td><td>2</td><td>闲置</td><td></td><td></td><td>车辆 5</td><td>车辆 5
电池组</td><td></td></tr>
<tr><td>95</td><td>车辆 8
经过总站</td><td>2</td><td>闲置</td><td></td><td></td><td>闲置</td><td></td><td></td><td>车辆 5
车辆 6</td><td>车辆 6
电池组</td><td></td></tr>
<tr><td>100</td><td>车辆 1
经过总站</td><td>4</td><td>闲置</td><td></td><td></td><td>闲置</td><td></td><td></td><td>车辆 5
车辆 6</td><td></td><td></td></tr>
</table>

续表

<table>
<tr><th rowspan="2">时刻/min</th><th rowspan="2">发车</th><th rowspan="2">圈数</th><th colspan="3">换电工位 1</th><th colspan="3">换电工位 2</th><th rowspan="2">满电闲置车辆</th><th rowspan="2">开始充电的电池组</th><th rowspan="2">充满电的池组</th></tr>
<tr><th>换电车辆</th><th>换上的电池组</th><th>换下的电池组</th><th>换电车辆</th><th>换上的电池组</th><th>换下的电池组</th></tr>
<tr><td>105</td><td>车辆 2 经过总站</td><td>4</td><td>闲置</td><td></td><td></td><td>闲置</td><td></td><td></td><td>车辆 5
车辆 6</td><td></td><td></td></tr>
<tr><td>110</td><td>车辆 3 经过总站</td><td>4</td><td>闲置</td><td></td><td></td><td>闲置</td><td></td><td></td><td>车辆 5
车辆 6</td><td></td><td>车辆 1 电池组</td></tr>
<tr><td>115</td><td>车辆 4 经过总站</td><td>4</td><td>闲置</td><td></td><td></td><td>闲置</td><td></td><td></td><td>车辆 5
车辆 6</td><td></td><td>车辆 2 电池组</td></tr>
<tr><td>120</td><td>车辆 5 发车</td><td>3</td><td rowspan="2">车辆 7 换电</td><td rowspan="2">车辆 1 电池组⇧</td><td rowspan="2">车辆 7 电池组⇩</td><td>闲置</td><td></td><td></td><td>车辆 6</td><td></td><td>车辆 3 电池组</td></tr>
<tr><td>125</td><td>车辆 6 发车</td><td>3</td><td rowspan="2">车辆 8 换电</td><td rowspan="2">车辆 2 电池组⇧</td><td rowspan="2">车辆 8 电池组⇩</td><td></td><td></td><td>车辆 4 电池组</td></tr>
<tr><td>130</td><td>车辆 7 发车</td><td>3</td><td rowspan="2">车辆 1 换电</td><td rowspan="2">车辆 3 电池组⇧</td><td rowspan="2">备用电池 1 ⇩</td><td></td><td>车辆 7 电池组</td><td>车辆 5 电池组</td></tr>
<tr><td>135</td><td>车辆 8 发车</td><td>3</td><td rowspan="2">车辆 2 换电</td><td rowspan="2">车辆 4 电池组⇧</td><td rowspan="2">备用电池 2 ⇩</td><td></td><td>车辆 8 电池组</td><td>车辆 6 电池组</td></tr>
<tr><td>140</td><td>车辆 1 发车</td><td>5</td><td rowspan="2">车辆 3 换电</td><td rowspan="2">车辆 5 电池组⇧</td><td rowspan="2">备用电池 3 ⇩</td><td></td><td>备用电池 1</td><td></td></tr>
<tr><td>145</td><td>车辆 2 发车</td><td>5</td><td rowspan="2">车辆 4 换电</td><td rowspan="2">车辆 6 电池组⇧</td><td rowspan="2">备用电池 4 ⇩</td><td></td><td>备用电池 2</td><td></td></tr>
<tr><td>150</td><td>车辆 5 经过总站</td><td>4</td><td>闲置</td><td></td><td></td><td>车辆 3</td><td>备用电池 3</td><td></td></tr>
<tr><td>155</td><td>车辆 6 经过总站</td><td>4</td><td>闲置</td><td></td><td></td><td>闲置</td><td></td><td></td><td>车辆 3
车辆 4</td><td>备用电池 4</td><td></td></tr>
<tr><td>160</td><td>车辆 7 经过总站</td><td>4</td><td>闲置</td><td></td><td></td><td>闲置</td><td></td><td></td><td>车辆 3
车辆 4</td><td></td><td></td></tr>
</table>

表 8-7　运行两圈集中换电模拟（$2T_c > 2T_y$）

基本参数：车辆数为 8 辆；运行周期 T_y=30 min；高峰间隔 T_{hr}=5 min；换电时间 T_g=10 min；单圈充电时长 T_c=40 min；运行两圈充电时长为 $2T_c$=80 min；换电工位数为 2

<table>
<tr><th rowspan="2">时刻/min</th><th rowspan="2">发车</th><th rowspan="2">圈数</th><th colspan="3">换电工位 1</th><th colspan="3">换电工位 2</th><th rowspan="2">满电闲置车辆</th><th rowspan="2">开始充电的电池组</th><th rowspan="2">充好的电池组</th></tr>
<tr><th>换电车辆</th><th>换上的电池组</th><th>换下的电池组</th><th>换电车辆</th><th>换上的电池组</th><th>换下的电池组</th></tr>
<tr><td>0</td><td>车辆 1 发车</td><td>1</td><td>闲置</td><td></td><td></td><td>闲置</td><td></td><td></td><td></td><td></td><td></td></tr>
<tr><td>5</td><td>车辆 2 发车</td><td>1</td><td>闲置</td><td></td><td></td><td>闲置</td><td></td><td></td><td></td><td></td><td></td></tr>
</table>

续表

<table>
<tr><th rowspan="2">时刻/min</th><th rowspan="2">发车</th><th rowspan="2">圈数</th><th colspan="3">换电工位 1</th><th colspan="3">换电工位 2</th><th rowspan="2">满电闲置车辆</th><th rowspan="2">开始充电的电池组</th><th rowspan="2">充好的电池组</th></tr>
<tr><th>换电车辆</th><th>换上的电池组</th><th>换下的电池组</th><th>换电车辆</th><th>换上的电池组</th><th>换下的电池组</th></tr>
<tr><td>10</td><td>车辆 3 发车</td><td>1</td><td>闲置</td><td></td><td></td><td>闲置</td><td></td><td></td><td></td><td></td><td></td></tr>
<tr><td>15</td><td>车辆 4 发车</td><td>1</td><td>闲置</td><td></td><td></td><td>闲置</td><td></td><td></td><td></td><td></td><td></td></tr>
<tr><td>20</td><td>车辆 5 发车</td><td>1</td><td>闲置</td><td></td><td></td><td>闲置</td><td></td><td></td><td></td><td></td><td></td></tr>
<tr><td>25</td><td>车辆 6 发车</td><td>1</td><td>闲置</td><td></td><td></td><td>闲置</td><td></td><td></td><td></td><td></td><td></td></tr>
<tr><td>30</td><td>车辆 1 经过总站</td><td>2</td><td>闲置</td><td></td><td></td><td>闲置</td><td></td><td></td><td></td><td></td><td></td></tr>
<tr><td>35</td><td>车辆 2 经过总站</td><td>2</td><td>闲置</td><td></td><td></td><td>闲置</td><td></td><td></td><td></td><td></td><td></td></tr>
<tr><td>40</td><td>车辆 3 经过总站</td><td>2</td><td>闲置</td><td></td><td></td><td>闲置</td><td></td><td></td><td></td><td></td><td></td></tr>
<tr><td>45</td><td>车辆 4 经过总站</td><td>2</td><td>闲置</td><td></td><td></td><td>闲置</td><td></td><td></td><td></td><td></td><td></td></tr>
<tr><td>50</td><td>车辆 5 经过总站</td><td>2</td><td>闲置</td><td></td><td></td><td>闲置</td><td></td><td></td><td></td><td></td><td></td></tr>
<tr><td>55</td><td>车辆 6 经过总站</td><td>2</td><td>闲置</td><td></td><td></td><td>闲置</td><td></td><td></td><td></td><td></td><td></td></tr>
<tr><td>60</td><td>车辆 7 发车</td><td>1</td><td rowspan="2">车辆 1 换电</td><td rowspan="2">备用电池 1 ⇧</td><td rowspan="2">车辆 1 电池组⇩</td><td>闲置</td><td></td><td></td><td></td><td></td><td></td></tr>
<tr><td>65</td><td>车辆 8 发车</td><td>1</td><td rowspan="2">车辆 2 换电</td><td rowspan="2">备用电池 2 ⇧</td><td rowspan="2">车辆 2 电池组⇩</td><td></td><td></td><td></td></tr>
<tr><td>70</td><td>车辆 1 发车</td><td>3</td><td rowspan="2">车辆 3 换电</td><td rowspan="2">备用电池 3 ⇧</td><td rowspan="2">车辆 3 电池组⇩</td><td></td><td>车辆 1 电池组</td><td></td></tr>
<tr><td>75</td><td>车辆 2 发车</td><td>3</td><td rowspan="2">车辆 4 换电</td><td rowspan="2">备用电池 4 ⇧</td><td rowspan="2">车辆 4 电池组⇩</td><td></td><td>车辆 2 电池组</td><td></td></tr>
<tr><td>80</td><td>车辆 3 发车</td><td>3</td><td rowspan="2">车辆 5 换电</td><td rowspan="2">备用电池 5</td><td rowspan="2">车辆 5 电池组⇩</td><td></td><td>车辆 3 电池组</td><td></td></tr>
<tr><td>85</td><td>车辆 4 发车</td><td>3</td><td rowspan="2">车辆 6 换电</td><td rowspan="2">备用电池 6 ⇧</td><td rowspan="2">车辆 6 电池组⇩</td><td></td><td>车辆 4 电池组</td><td></td></tr>
<tr><td>90</td><td>车辆 7 经过总站</td><td>2</td><td>闲置</td><td></td><td></td><td>车辆 5</td><td>车辆 5 电池组</td><td></td></tr>
</table>

续表

<table>
<tr><th rowspan="2">时刻/min</th><th rowspan="2">发车</th><th rowspan="2">圈数</th><th colspan="3">换电工位 1</th><th colspan="3">换电工位 2</th><th rowspan="2">满电闲置车辆</th><th rowspan="2">开始充电的电池组</th><th rowspan="2">充好的电池组</th></tr>
<tr><th>换电车辆</th><th>换上的电池组</th><th>换下的电池组</th><th>换电车辆</th><th>换上的电池组</th><th>换下的电池组</th></tr>
<tr><td>95</td><td>车辆 8 经过总站</td><td>2</td><td>闲置</td><td></td><td></td><td>闲置</td><td></td><td></td><td>车辆 5
车辆 6</td><td>车辆 6 电池组</td><td></td></tr>
<tr><td>100</td><td>车辆 1 经过总站</td><td>4</td><td>闲置</td><td></td><td></td><td>闲置</td><td></td><td></td><td>车辆 5
车辆 6</td><td></td><td></td></tr>
<tr><td>105</td><td>车辆 2 经过总站</td><td>4</td><td>闲置</td><td></td><td></td><td>闲置</td><td></td><td></td><td>车辆 5
车辆 6</td><td></td><td></td></tr>
<tr><td>110</td><td>车辆 3 经过总站</td><td>4</td><td>闲置</td><td></td><td></td><td>闲置</td><td></td><td></td><td>车辆 5
车辆 6</td><td></td><td></td></tr>
<tr><td>115</td><td>车辆 4 经过总站</td><td>4</td><td>闲置</td><td></td><td></td><td>闲置</td><td></td><td></td><td>车辆 5
车辆 6</td><td></td><td></td></tr>
<tr><td>120</td><td>车辆 5 发车</td><td>3</td><td rowspan="2">车辆 7 换电</td><td rowspan="2">备用电池 7 ⇧</td><td rowspan="2">车辆 7 电池组⇩</td><td>闲置</td><td></td><td></td><td>车辆 6</td><td></td><td></td></tr>
<tr><td>125</td><td>车辆 6 发车</td><td>3</td><td rowspan="2">车辆 8 换电</td><td rowspan="2">备用电池 8 ⇧</td><td rowspan="2">车辆 8 电池组⇩</td><td></td><td></td><td></td></tr>
<tr><td>130</td><td>车辆 7 发车</td><td>3</td><td rowspan="2">车辆 1 换电</td><td rowspan="2">备用电池 9 ⇧</td><td rowspan="2">备用电池 1 ⇩</td><td></td><td>车辆 7 电池组</td><td></td></tr>
<tr><td>135</td><td>车辆 8 发车</td><td>3</td><td rowspan="2">车辆 2 换电</td><td rowspan="2">备用电池 10 ⇧</td><td rowspan="2">备用电池 2 ⇩</td><td></td><td>车辆 8 电池组</td><td></td></tr>
<tr><td>140</td><td>车辆 1 发车</td><td>5</td><td rowspan="2">车辆 3 换电</td><td rowspan="2">备用电池 11 ⇧</td><td rowspan="2">备用电池 3 ⇩</td><td></td><td>备用电池 1</td><td></td></tr>
<tr><td>145</td><td>车辆 2 发车</td><td>5</td><td rowspan="2">车辆 4 换电</td><td rowspan="2">备用电池 12 ⇧</td><td rowspan="2">备用电池 4 ⇩</td><td></td><td>备用电池 2</td><td></td></tr>
<tr><td>150</td><td>车辆 5 经过总站</td><td>4</td><td>闲置</td><td></td><td></td><td>车辆 3</td><td>备用电池 3</td><td>车辆 1 电池组</td></tr>
<tr><td>155</td><td>车辆 6 经过总站</td><td>4</td><td>闲置</td><td></td><td></td><td>闲置</td><td></td><td></td><td>车辆 3
车辆 4</td><td>备用电池 4</td><td>车辆 2 电池组</td></tr>
<tr><td>160</td><td>车辆 7 经过总站</td><td>4</td><td>闲置</td><td></td><td></td><td>闲置</td><td></td><td></td><td>车辆 3
车辆 4</td><td></td><td>车辆 3 电池组</td></tr>
</table>

表 8-8　运行两圈均匀错开换电模拟（1）

基本参数：车辆数为 8 辆；运行周期 T_y=30 min；高峰间隔 T_{hr}=5 min；换电时间 T_g=10 min；单圈充电时长 T_c=40 min；两圈充电时长 T_c=80 min；换电工位数为 1

时刻/min	发车	圈数	换电工位 1			等待换电车辆	满电闲置车辆	开始充电的电池组	充好的电池组
			换电车辆	换上的电池组	换下的电池组				
0	车辆 1 发车	1	闲置						
5	车辆 2 发车	1	闲置						
10	车辆 3 发车	1	闲置						
15	车辆 4 发车	1	闲置						
20	车辆 5 发车	1	闲置						
25	车辆 6 发车	1	闲置						
30	车辆 7 发车	1	车辆 1 换电	备用电池 1 ⇧	车辆 1 电池组⇩				
35	车辆 2 经过总站	2							
40	车辆 1 发车	2	车辆 3 换电	备用电池 2 ⇧	车辆 3 电池组⇩			车辆 1 电池组	
45	车辆 4 经过总站	2							
50	车辆 3 发车	2	车辆 5 换电	备用电池 3 ⇧	车辆 5 电池组⇩			车辆 3 电池组	
55	车辆 6 经过总站	2							
60	车辆 5 发车	2	车辆 7 换电	备用电池 4 ⇧	车辆 7 电池组⇩			车辆 5 电池组	
65	车辆 8 发车	1				车辆 2 等待			
70	车辆 1 经过总站	3	车辆 2 换电	备用电池 5 ⇧	车辆 2 电池组⇩		车辆 7	车辆 7 电池组	
75	车辆 7 发车	2				车辆 4 等待			
80	车辆 3 经过总站	3	车辆 4 换电	车辆 1 电池组⇧	车辆 4 电池⇩		车辆 2	车辆 2 电池组	车辆 1 电池组
85	车辆 2 发车	3				车辆 6 等待			
90	车辆 5 经过总站	3	车辆 6 换电	车辆 3 电池组⇧	车辆 6 电池组⇩		车辆 4	车辆 4 电池组	车辆 3 电池组
95	车辆 8 经过总站	2					车辆 4		
100	车辆 4 发车	3	车辆 1 换电	车辆 5 电池组⇧	备用电池 1 ⇩		车辆 6	车辆 6 电池组	车辆 5 电池组
105	车辆 7 经过总站	3					车辆 6		
110	车辆 6 发车	3	车辆 3 换电	车辆 7 电池组⇧	备用电池 2 ⇩		车辆 1	备用电池 1	车辆 7 电池组
115	车辆 2 经过总站	4					车辆 1		
120	车辆 1 发车	4	车辆 5 换电	备用电池 6 ⇧	备用电池 3 ⇩		车辆 3	备用电池 2	
125	车辆 3 发车	4				车辆 8 等待			
130	车辆 4 经过总站	4	车辆 8 换电	备用电池 7 ⇧	车辆 8 电池组⇩		车辆 5	备用电池 3	
135	车辆 5 发车	4				车辆 7 等待			
140	车辆 6 经过总站	4	车辆 7 换电	备用电池 8 ⇧	备用电池 4 ⇩		车辆 8	车辆 8 电池组	
145	车辆 8 发车	3				车辆 2 等待			
150	车辆 1 经过总站	5	车辆 2 换电	备用电池 9 ⇧	备用电池 5 ⇩		车辆 7	备用电池 4	
155	车辆 3 经过总站	5					车辆 7		

续表

时刻/min	发车	圈数	换电工位 1			等待换电车辆	满电闲置车辆	开始充电的电池组	充好的电池组
			换电车辆	换上的电池组	换下的电池组				
160	车辆 7 发车	4	车辆 4 换电	车辆 2 电池组⇧	车辆 1 电池组⇩		车辆 2	备用电池 5	车辆 2 电池组
165	车辆 5 经过总站	5					车辆 2		
170	车辆 2 发车	5	车辆 6 换电	车辆 4 电池组⇧	车辆 3 电池组⇩		车辆 4	车辆 1 电池组	车辆 4 电池组
175	车辆 8 经过总站	4					车辆 4		
180	车辆 4 发车	5	车辆 1 换电	车辆 6 电池组⇧	车辆 5 电池组⇩		车辆 6 车辆 6	车辆 3 电池组	车辆 6 电池组

表 8-9　运行两圈均匀错开换电模拟（2）

时刻/min	发车	圈数	换电工位 1			开始充电的电池组	充好电的电池组
			换电车辆	换上的电池组	换下的电池组		
0	车辆 1 发车	1	闲置				
5	车辆 2 发车	1	闲置				
10	车辆 3 发车	1	闲置				
15	车辆 4 发车	1	闲置				
20	车辆 5 发车	1	闲置				
25	车辆 6 发车	1	闲置				
30	车辆 7 发车	1	闲置				
35	车辆 8 发车	1	车辆 1 换电	备用电池 1 ⇧	车辆 1 电池组⇩		
40	车辆 2 经过总站	2					
45	车辆 1 发车	2	车辆 3 换电	备用电池 2 ⇧	车辆 3 电池组⇩	车辆 1 电池组	
50	车辆 4 经过总站	2					
55	车辆 3 发车	2	车辆 5 换电	备用电池 3 ⇧	车辆 5 电池组⇩	车辆 3 电池组	
60	车辆 6 经过总站	2					
65	车辆 5 发车	2	车辆 7 换电	备用电池 4 ⇧	车辆 7 电池组⇩	车辆 5 电池组	
70	车辆 8 经过总站	2					
75	车辆 7 发车	2	车辆 2 换电	备用电池 5 ⇧	车辆 2 电池组⇩	车辆 7 电池组	
80	车辆 1 经过总站	3					
85	车辆 2 发车	3	车辆 4 换电	车辆 1 电池组⇧	车辆 4 电池组⇩	车辆 2 电池组	车辆 1 电池组
90	车辆 3 经过总站	3					
95	车辆 4 发车	3	车辆 6 换电	车辆 3 电池组⇧	车辆 6 电池组⇩	车辆 4 电池组	车辆 3 电池组
100	车辆 5 经过总站	3					
105	车辆 6 发车	3	车辆 8 换电	车辆 5 电池组⇧	车辆 8 电池组⇩	车辆 6 电池组	车辆 5 电池组
110	车辆 7 经过总站	3					
115	车辆 8 发车	3	车辆 1 换电	车辆 7 电池组⇧	备用电池 1 ⇩	车辆 8 电池组	车辆 7 电池组
120	车辆 2 经过总站	4					

续表

时刻/min	发车	圈数	换电工位1			开始充电的电池组	充好电的电池组
			换电车辆	换上的电池组	换下的电池组		
125	车辆1发车	4	车辆3换电	备用电池6⇧	备用电池2⇩	备用电池1	
130	车辆4经过总站	4					
135	车辆3发车	4	车辆5换电	备用电池7⇧	备用电池3⇩	备用电池2	
140	车辆6经过总站	4					
145	车辆5发车	4	车辆7换电	备用电池8⇧	备用电池4⇩	备用电池3	
150	车辆8经过总站	4					
155	车辆7发车	4	车辆2换电	备用电池9⇧	备用电池5⇩	备用电池4	
160	车辆1经过总站	5					
165	车辆2发车	5	车辆4换电	车辆2电池组⇧	备用电池6⇩	备用电池5	车辆2电池组
170	车辆3经过总站	5					
175	车辆4发车	5	车辆6换电	车辆4电池组⇧	备用电池7⇩	备用电池6	车辆4电池组
180	车辆5经过总站	5					

表8-10　不同运行方式下的充电站核心参数计算的比较

运行模式	单圈换电	多圈集中换电		多圈均匀错开换电
车辆数	$\frac{T_y+T_g}{T_{hr}}$	$\frac{T_y+T_g}{T_{hr}}$		$\frac{T_y+T_g}{T_{hr}}$
备用电池组套数	$\frac{T_c+T_g}{T_{hr}}$	$nT_c<nT_y$ $\frac{T_y+T_g}{T_{hr}}$	$nT_c>nT_y$ $\frac{T_y+T_g}{T_{hr}}+\frac{T_c-nT_y}{T_{hr}}$	$\frac{nT_c+T_g}{nT_{hr}}$
更换工位数	$\left\|\frac{T_g}{T_{hr}}\right\|_{向上取整}$	$\left\|\frac{T_g}{T_{hr}}\right\|_{向上取整}$		$\left\|\frac{T_g}{nT_{hr}}\right\|_{向上取整}$
充电功率	$\sum_{k=0}^{Nb}P\left[\frac{C\cdot(SOC_e-SOC_{10\%})}{I_c}+t_0+k\cdot T_{hr}\right]$	$\sum_{k=0}^{N_b'}P\left[\frac{C\cdot(SOC_e-SOC_{10\%})}{I_c}+t_0+k\cdot T_{hr}\right]$		$\sum_{k=0}^{N_b''}P\left[\frac{C\cdot(SOC_e-SOC_{10\%})}{I_c}+t_0+k\cdot T_{hr}\right]$

注：N_b——全部备用电池组数。

3）结论

通过对运行单圈集中换电、运行多圈集中换电和运行多圈均匀错开换电三种运行模式的仿真模拟可以看出，这三种运行方式之间最核心的区别在于更换间隔和更换频次的不同，通过对比表8-5、表8-6、表8-7、表8-8和表8-9，并结合表8-10的数据可以得出以下几点结论：

(1) 更换频次。采用运行两圈再换电的模式比运行单圈即换电的更换频次减少了约一半，但换电的峰值更换间隔没有变化。

(2) 换电工位的使用情况。车辆在运行一圈即换电，换电工位在换电开始后不存在闲置的情况，而车辆在采用运行两圈再换电时，两个换电工位均会在一定的时间段内出现闲置的情况；在均匀错开换电方式下换电工位不会出现闲置的情况，即换电开始后一直处于使用状态，因此其利用率较高。

(3) 车辆的滞留情况。

① 车辆在运行一圈即换电的模式下各车辆在更换好电池后即可发车，在运营的各个时刻都没有滞留的车辆等待发车；

② 车辆在采用运行两圈再换电的模式下会出现一些特定的时间段内部分换好电的车辆滞留的情况，其发车时刻与换电完成的时刻间隔较长，但没有换电前的滞留情况；

③ 在均匀错开换电方式下，车辆的滞留情况比较复杂，需要分两种情况讨论：如表 8-8 所示，在车辆运行周期为发车间隔的偶数倍的情况下，在一些特定时刻会出现车辆换电前的等待情况，并且在换电开始后在某个时刻开始一直存在的换好电的车辆滞留等待发车的情况，但其发车时刻与换好电的时刻的间隔较短，滞留的车辆数也少于运行多圈集中换电时的数量；如图 8-9 所示，在车辆运行周期为发车间隔的奇数倍的情况下，不会出现车辆滞留的情况，各车辆在换点后都能及时发车投入运营。

(4) 车辆的调度策略。在运行单圈换电的模式下，各车辆在换好电后均可按时发车，不存在滞留的情况，调度策略相对简单；在运行多圈集中换电的模式下，在部分时刻会出现车辆滞留的情况，因此该模式下的车辆调度策略比单圈换电时复杂；在均匀错开换电方式下，由于如图 8-8 所示的模型中会出现车辆滞留的情况，因此其调度策略比较复杂；而如图 8-9 所示的模型中由于没有车辆滞留的情况，因此其调度策略也相对简单。

(5) 电池更换间隔与更换工位数。由表 8-5～表 8-9 可知，运行单圈集中换电和运行多圈集中换电时的更换间隔与发车间隔一致，均为 5 min，而均匀错开换电方式的峰值更换间隔增大了一倍，为 10 min，但可以减少换电工位数，仅使用一个即可满足使用需求。

(6) 车辆数。由表 8-5～表 8-9 可知，车辆数只与车辆单圈运行的时间和发车间隔相关，在三种模式下不会发生变化；

(7) 充电站的备用电池数、更换工位和充电功率等则会受更换间隔和更换频次变化的影响而发生相应的改变。在车辆运行单圈集中换电和运行两圈均匀错开换电模式下，备用电池组的数量不受充电时间和运行周期变化的影响，即无论电池组的充电时间是否大于车辆运行一圈或两圈的周期，电池组的数量只与充换电时间和发车间隔有关；通过对比表 8-6～表 8-7 可以看出，在运行两圈集中换电的模式下，如果车辆运行两圈所需的电池组充电时间小于车辆运行两圈的周期，则备用电池组的数量与单圈换电模式下的相同（车辆运行单圈所需的电池充电时间不变），如果电池组的充电时间大于车辆的运行时间，则备用电池组的数量大于单圈运行模式下的值；而在车辆运行两圈均匀错开换电模式下，备用电池组的数量同样不受充电时间和运行周期之间关系的影响，只与充换电时间和发车间隔有关，并且小于单圈换电和运行两圈集中换电时的数量，由此也导致各模式下同时充电的电池组数量和充电功率的不同。

2. 换电站在多线路、多圈运行条件下核心参数的计算

本章前面的内容讨论了在单线路单圈和单线路多圈的运行模式下换电站核心参数的设计方法，此外，也应考虑到在实际运行中还存在同一换电站为多条公交线路服务的模式。

在多线路、多圈的运行条件下，由于各线路的发车规则和发车间隔不同，高峰期和平峰期的时间也有差异，换电站总的电池更换规则与其中某条线路的发车规则之间不存在相互的对应关系，因此换电站的核心参数需要采用不同的设计及计算方法。换电站核心参数与运行工况之间的关系如图 8 - 17 所示。

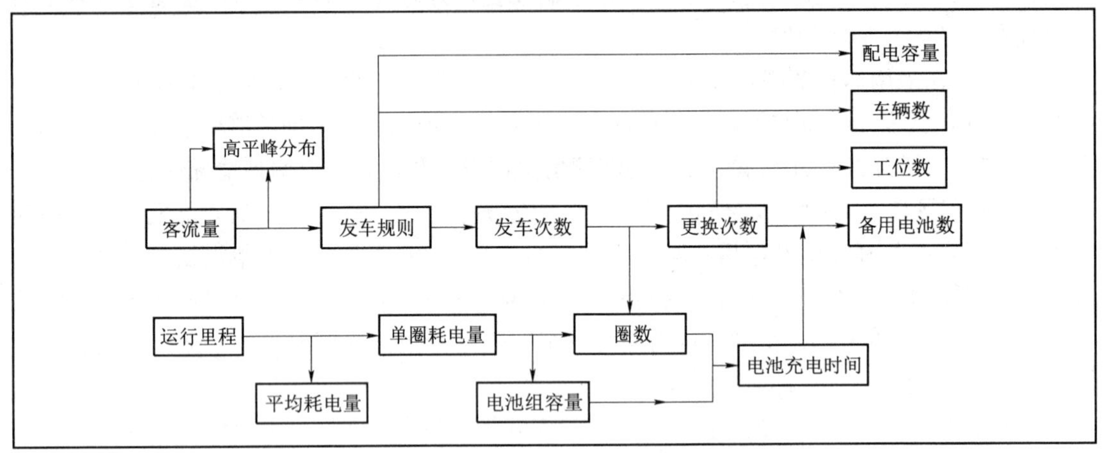

图 8 - 17　基于多线路、多圈运营条件下换电站核心参数与运行工况之间的关系

在同一换电站为多线路、多圈运营服务的条件下，根据多条线路不同的发车规则得到电池在一天中随时间分布的更换规则是换电站设计的关键问题，选取更换次数最多的一个运行时间段的时长，根据更换间隔计算出备用电池组数、更换工位数及换电站的充电功率。

1）换电站需要为所有线路配备的车辆数 N_v 为

$$N_v = \sum_{i=1}^{n} N_{vi} \tag{8-15}$$

式中：N_{vi}——换电站为每条线路配置的车辆数。

2）备用电池组数和更换工位数

根据发车间隔可以得到发车次数 N，在运行多圈换电的情况下，如果车辆在非换电时间途经总站也计入一次发车，对于第 i 条线路，更换次数 N_{ci} 为

$$N_{ci} = [N_i / n_i]_{向上取整} \tag{8-16}$$

式中：n_i——第 i 条线路车辆每更换一次电池所间隔的圈数。

通过对充电站相关运行数据的统计可以得到一天中电池更换次数随时间的分布曲线。选取某个充电时长内各线路更换次数最大值之和 $[\sum N_{ci}]_{max}$ 即为所需全部备用电池组数 N_b，其表达式为

$$N_b = \left[\int_{t}^{t+T_c} \sum N_{ci}\right]_{max} \tag{8-17}$$

设充电时长内所有电池的充电时间一致，则该时段内的电池最短更换间隔可以等效为 $(T_c + T_g) / N_b$ 表示，则更换工位数 N_k 为

$$N_k = \frac{T_g \cdot N_b}{T_c + T_g} \tag{8-18}$$

3）换电站的配电容量

选取某个充电时长内各线路更换次数最大值之和$[\sum N_{ci}]_{max}$，通过对该充电时长内各组电池充电功率的累加可以计算得到换电站的配电容量 E_P：

$$E_P = \sum_{i=1}^{[\sum N_{ci}]_{max}} P\left[\mathrm{SOC}_{ei} + \frac{I_c \Delta t_i}{C}\right] \tag{8-19}$$

式中：SOC_{ei}——第 i 组电池的回站 SOC，%；

I_c——电池的充电电流，A；

Δt_i——充电时长内第 i 组投入电池距离最后一组（即第$[\sum N_{ci}]_{max}$组）投入电池的时间差，可以根据一天中更换时间的分布规律得到；

C——每组电池的额定容量，Ah。

在式（8-19）中，各组电池的实时充电功率可以用关于 SOC 的函数来表示，其中 $I_c\Delta t_i/C$ 表示第 i 组电池在 Δt_i 时间内所充入电量与电池额定容量的比值，然后通过与电池充电的初始时刻的荷电状态相加即可得到第 i 组电池在 Δt_i 时刻的荷电状态，再通过充电功率随 SOC 变化的计算公式得出第 i 组电池在 Δt_i 时刻的实时充电功率，对各组电池的充电功率进行累加即可得到换电站充电的总功率，即配电容量。

8.1.5　换电站核心参数的设计实例

1. 单线路、多圈的运行模式

以某典型多圈运行模式的纯电动公交线路为例，分别对集中换电，运行两圈集中换电和均匀错开换电三种模式进行仿真，求取换电站的核心配置参数。该线路在一天中的不同运营时段中的发车间隔如表 8-11 所示。

表 8-11　某典型纯电动公交线路的发车间隔

运营时段	6:30—9:00	9:00—16:30	16:30—19:00	19:00—21:30
发车间隔/min	4	10	4	20

假设车辆在该条线路运行一圈的时间为 1 h，电池的容量可以支持车辆运行两圈之后再进行换电，车辆运行一圈后更换下来的电池组的充电时间为 55 min，则车辆运行两圈后更换下来的电池组的充电时间为 110 min。

换电站在三种运行模式下的负荷曲线对比如图 8-18 所示，换电站的配置参数对比如表 8-12 所示。

表 8-12　三种运行模式下的换电站配置参数对比

对比项	车辆数/辆	更换工位数/个	备用电池组数/套	最大充电功率/kW
单圈换电	18	3	16	645
运行两圈集中换电	18	3	16	802
两圈均匀错开换电	18	2	13	644

根据如上所述内容，对换电站在三种车辆运行模式下的核心参数进行对比，结果如表 8-13 所示。

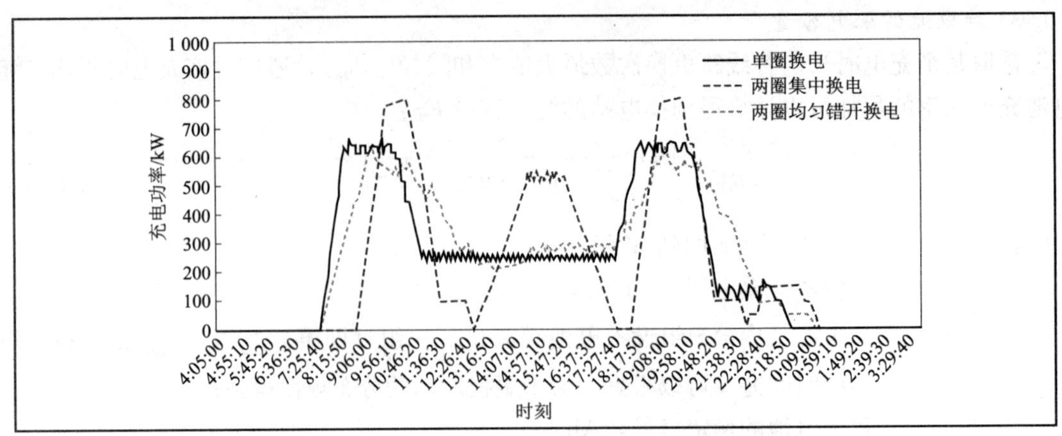

图 8-18　三种运行模式下的换电站负荷曲线对比

表 8-13　换电站在三种运行模式下的核心参数比较

对比项	车辆数	更换工位数	电池组数	配电功率	全天更换次数	调度难度
单圈换电	一样	多	多	少	多	最简单
运行多圈集中换电	一样	多	多	多	少	较简单
多圈均匀错开换电	一样	少	少	少	少	复杂

通过表 8-13 中的数据对比可以看出，相比于单圈换电的运行方式，车辆运行多圈集中换电不会导致车辆数的增加，并且由于运行里程的增加，全天总的更换次数减少，但会导致电池的充电时间增加，而多圈集中换电模式下的高峰更换间隔并没有改变，所以会导致备用电池组数的增加，从而导致充电功率的增加；而均匀错开换电方式由于减低了更换频次，因此可以减少所需要的备用电池数，还能降低对更换工位的需求。综合以上分析结果，在有条件的情况下，采用多圈均匀错开换电的运营方式更有利于节约换电站的资源和建设成本，但多圈均匀错开换电模式的车辆调度策略相对更为复杂。

2. 多线路、多圈的运行模式

除了表 8-11 中所示的公交线路外，再另外选取两条纯电动公交线路，这两条公交线路的发车间隔如表 8-14 和表 8-15 所示。选取这三条线路按照多种车辆运行模式对换电站核心参数计算的影响进行仿真，按照车辆运行一圈即回站换电的模式计算换电站的核心配置参数。其中公交线路 1（发车间隔见表 8-11）的运行周期为 60 min，充电时长为 55 min；公交线路 2 的运行周期为 90 min，充电时长为 86 min；公交线路 3 的运行周期为 120 min，充电时长为 115 min。

表 8-14　北京市某纯电动公交线路 2 的发车间隔

运营时段	7:00—9:00	9:00—16:00	16:00—18:00	18:00—20:00
发车间隔/min	5	10	5	15

表 8-15　北京市某纯电动公交线路 3 的发车间隔

运营时段	6:30—8:30	9:00—16:00	16:00—18:00	18:00—20:00
发车间隔/min	8	15	8	20

1）每条线路单独建设充电站

首先假设三条线路各自单独建设换电站，即车辆数、备用电池数、更换工位数和配电容量均是独立的，在车辆运行单圈即换电的模式下，每个换电站的充电负荷曲线如图 8-19 所示。

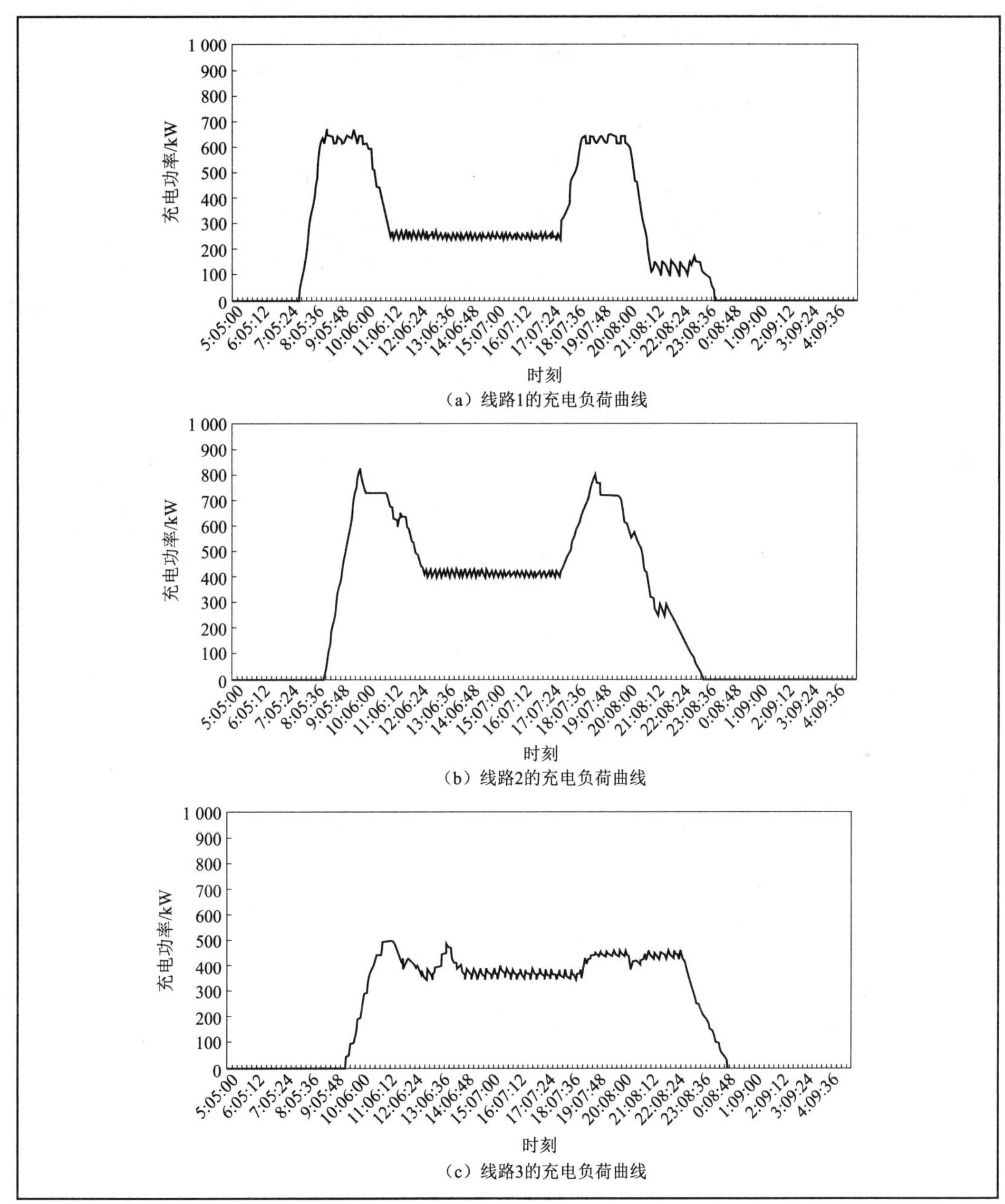

图 8-19　单条线路服务模式下的充电站负荷曲线（一）

2）多条线路共用充电站

假设上述 3 条线路合建换电站，采取不同线路车辆不共用，但电池、更换工位和充电机共用的原则，在 3 条线路共用换电站，车辆运行单圈即换电的模式下，换电站的充电负荷曲线如图 8-20 所示。

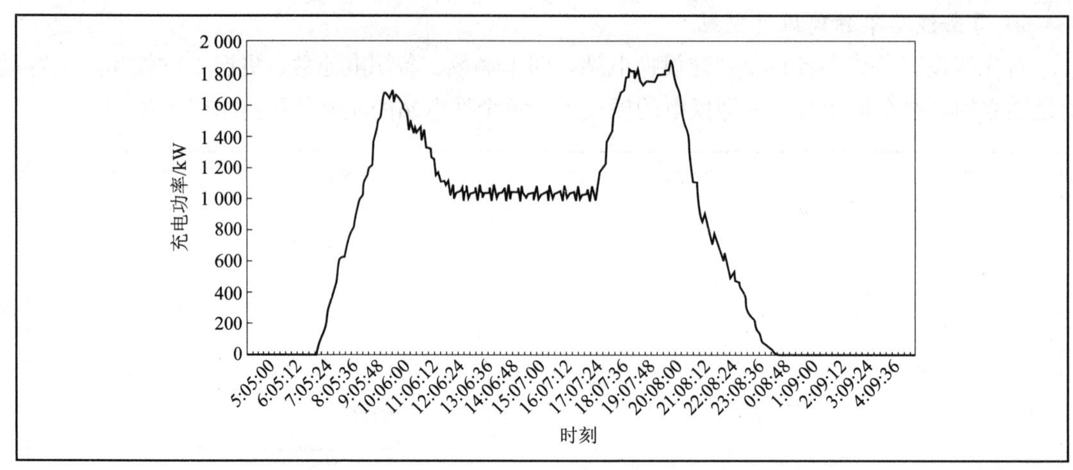

图 8-20 多条线路服务模式下的充电站负荷曲线（一）

每条线路独立建设换电站与多条线路共用换电站模式下的换电站核心配置参数的对比情况如表 8-16 所示。

表 8-16 单条线路服务模式与多条线路服务模式下的换电站配置参数对比（一）

项目	单条线路独立建站				多条线路共用换电站
	线路 1	线路 2	线路 3	合计	
车辆数/辆	18	20	17	55	55
备用电池组数/套	16	17	10	43	42
更换工位数/个	3	2	2	7	6
最大充电功率/kW	665	829	499	1 993	1 871

由表 8-16 可知，除了车辆数外，多条线路共用换电站模式下的备用电池组数、更换工位数和最大充电功率都会比 3 条线路独立建站模式有一定程度的减少，减少的幅度与各线路高峰时段的重合度有关，高峰时段的重合度越低，减少的幅度则会越大。为了验证这一结论，另外选取两条发车间隔与表 8-11 中线路 1 高峰错开的线路进行仿真，这两条线路分别命名为线路 4 和线路 5。其中公交线路 1 的运行周期为 60 min，充电时长为 55 min。公交线路 4 的运行周期为 90 min，充电时长为 86 min。公交线路 5 的运行周期为 120 min，充电时长为 115 min。线路 4 和线路 5 的发车规则分别如表 8-17 和表 8-18 所示。

表 8-17 北京市某纯电动公交线路 4 的发车间隔

时段	6:00—7:30	7:30—10:30	10:30—18:00	18:00—21:00
发车间隔/min	10	5	15	5

表 8-18 北京市某纯电动公交线路 5 的发车间隔

时段	6:30—10:00	10:00—14:00	14:00—18:00	18:00—22:00
发车间隔/min	10	8	15	20

首先同样假设三条线路各自单独建设换电站，即车辆数、电池数、更换工位数和配电容

量均是独立的。各换电站在车辆运行单圈即换电的模式下的充电负荷曲线如图 8-21 所示。

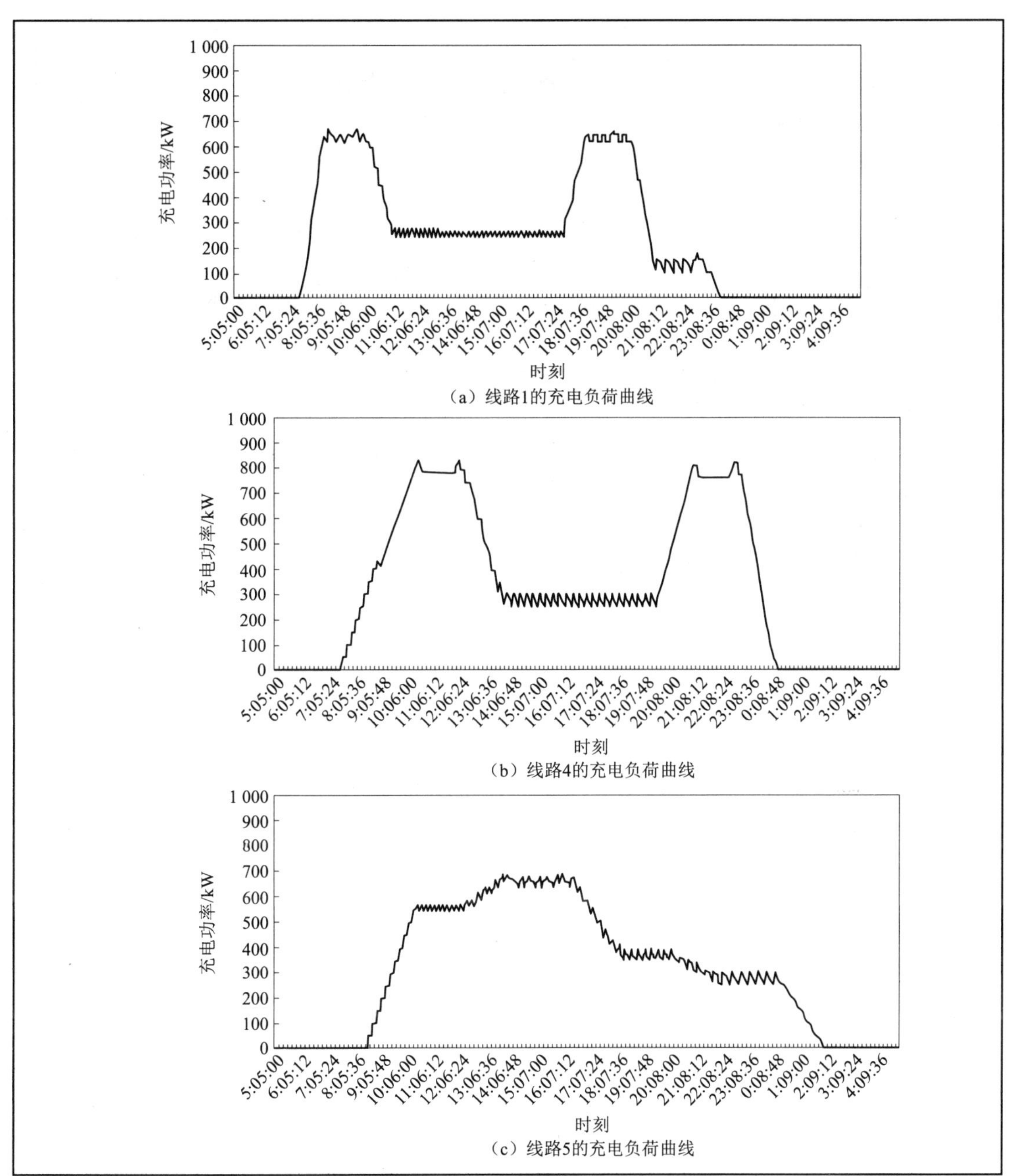

(a) 线路1的充电负荷曲线

(b) 线路4的充电负荷曲线

(c) 线路5的充电负荷曲线

图 8-21　单条线路服务模式下的充电站负荷曲线（二）

然后假设为上述 3 条线路合建换电站，采取不同线路车辆不共用，但电池、换电工位和充电机共用的原则，在 3 条线路共用换电站，车辆运行单圈即换电的模式下，换电站的充电负荷曲线如图 8-22 所示。单条线路独立建设换电站与多条线路共用换电站模式下的换电站核心配置参数的对比情况如表 8-19 所示。

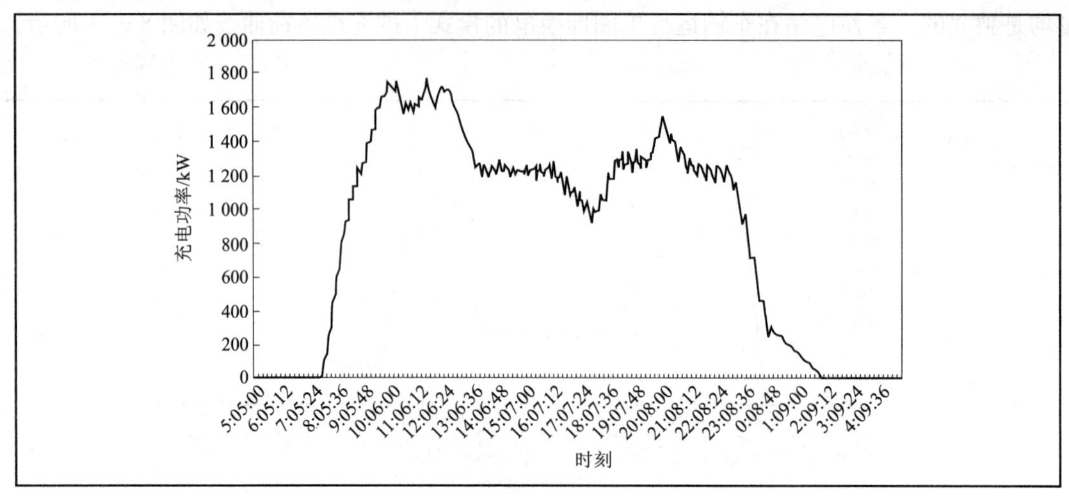

图 8-22 多条线路服务模式下的充电站负荷曲线（二）

表 8-19 单条线路服务模式与多条线路服务模式下的换电站配置参数对比（二）

项　目	单条线路独立建站模式				多条线路共用换电站模式
	线路 1	线路 4	线路 5	合计	
车辆数/辆	18	20	17	55	55
备用电池组数/套	16	18	15	49	41
更换工位数/个	3	2	2	7	6
最大充电功率/kW	665	829	684	2 178	1 713

从表 8-19 中可知，当不同线路的高峰重合度降低时，在多条线路共用换电站的模式下，备用电池组数、更换工位数和最大充电功率与三条线路独立建站模式相比也都会有一定程度的减少，特别是备用电池组数相比高峰重合度较高时有了明显的减少。因此，在各条线路高峰重合度不高时，采用多条线路共用换电站的模式更有优势。

8.1.6 车辆运行发车间隔的优化设计

由于电动公交车换电站的建设规模在很大程度上受到汽车电池更换间隔的影响，因此为有效降低充换电站的建设成本和占地面积，合理优化电动公交车的发车间隔具有非常重要的意义。

对于传统公交车的运行已经有很多优化调度的方法，各方法基本上都是采取通过权衡乘客和公交公司的利益，使二者利益之和达到最大的思路。本节借鉴传统公交线路的优化调度方法，结合电动公交车自身的特点，通过将乘客的等待时间转化为等待成本，再权衡公交公司运营电动公交车的成本和建设换电站的成本，使二者的成本之和达到最小，从而得到优化的发车间隔。

1. 设定前提条件

由于电动公交车的运行特点比较复杂，为使模型具有普遍性，在不影响目标函数计算的前提下，对电动公交车的运行情况进行如下假设。

① 该条线路上的电动公交车和配备的电池均为同一型号或同样的参数，车辆定员和续

航里程相同；

② 根据客流量的大小将电动公交车的运营时间分为若干个时间段，尽量保证每个时间段内的客流密度大小没有明显的差异；

③ 各个时间段内的发车间隔相等，所有运行中的电动公交车不允许越站和相互超越，并且准时到站和出站；

④ 电动公交车的运行环境良好，没有堵车及意外事故；

⑤ 各个时间段内到达各候车站点的乘客数量服从均匀分布，且各个时间段内到达的期望值相同；

⑥ 充电价格是固定的，不会因用电高峰和低峰而波动；

⑦ 电动公交车的满载率不超过 120%，线路的发车能力是固定的，发车间隔为整数，具体范围根据实际情况而定，作为模型目标函数的约束条件。

2. 建立目标函数

设 K 为一天运营时间段内划分的时段总数，K_i 为第 i 个时间段（$i=1, 2, \cdots, K$），T_i 为第 i 个时间段的长度，Δt_i 为第 i 个时间段内的发车间隔，m_i 为第 i 个时间段内发车的次数，L 为线路的车站数，L_j 为线路的第 j 个车站（$j=1, 2, \cdots, j$），Q 为电动公交车的定员，x_{ij} 为第 i 个时间段内在第 j 个站点上车的人数，ρ_{ij} 为第 i 个时间段内第 j 个站点在单位时间内的乘客密度，$\rho_{ij}=x_{ij}/T_i$，μ 为乘客因等待电动公交车每分钟所损失的广义费用，α 为每车次所需要的人工成本，β 为电池充电的单位（以 1 kW · h 为单位）服务价格；J 为电动公交车运行一圈所需要消耗的电量；ω_1 为乘客利益的权重，ω_2 为充换电站利益的权重，且 $\omega_1+\omega_2=1$。

根据上面的假设，需要分别计算乘客因等车损失的总费用和换电站运营的总费用。然后建立使二者之和为最小的目标函数。

1）乘客因等车损失的总费用的计算

① 首先分别计算出每个车站在单位时间段 T_i 内乘客候车的总时间，每位乘客的候车时间最长不超过该线路的发车间隔 Δt，最短则为刚好赶上车辆到达，因此每位乘客的候车时间取平均值 $\Delta t/2$，乘客候车的总时间为 $x_{ij} \cdot \Delta t/2$，又由于第 i 个时间段在第 j 个车站候车的单位时间内乘客密度 $\rho_{ij}=x_{ij}/T_i$，$T_i= m_i \cdot \Delta t$ ，因此 $x_{ij} \cdot T_i$ 可写成 $m_i \cdot \rho_{ij} \cdot \Delta t^2/2$，

② 然后在对各个车站在 T_i 内的乘客候车总时间进行累加，得到在 T_i 内全部车站乘客候车所花费的时间；

③ 再对各个时间段内全部车站的乘客候车时间进行累加得到一天全部运营时间内乘客候车的总时间；

④ 用该新路一天运营时间内所有车站全部乘客的等车时间乘以乘客因等待电动公交车每分钟所损失的广义费用即可得到乘客因候车而损失的总费用。

2）在换电站运营总费用的计算

① 首先求取单位车次的运营成本，包括人工成本和充电费用，可以用 $\alpha+\beta \cdot J$ 表示；

② 计算线路在一天运营时间内发车的总次数，可以通过每个运营时段内的发车次数求和得到；

③ 用单位车次的运营陈本乘以线路在一天运营时间内发车的总次数即可得到线路一天

运营的总成本。

3）目标函数的建立

在计算出线路在一天运营时间内乘客候车的总成本和换电站运用的总成本后，分别乘以各自的权重系数 w_1 和 w_2，即可列出综合考虑乘客和充换电站的利益的目标函数 Z，即

$$Z=\min\left\{w_1\cdot\mu\cdot\sum_{i=1}^{K}\sum_{j=1}^{L}\left(m_i\cdot\frac{\rho_{ij}\cdot\Delta t_i^2}{2}\right)+w_2\cdot(\alpha+\beta\cdot J)\sum_{i=1}^{K}\frac{T_i}{\Delta t_i}\right\} \tag{8-20}$$

在式（8－20）中，w_1 和 w_2 可根据实际情况确定，主要取决于偏重考虑哪一方的利益及偏重的程度，一般情况下可取相等的数值，即 $w_1=w_2=0.5$；

μ 可以根据该地区过去一年中的职工平均工资水平除以大部分人一年中的平均工作时间得到；G_{p} 为该地区过去一年中职工工资的平均水平，该地区法定节假日每年大约为 17 天，则：

$$\mu=\frac{G_{\mathrm{p}}}{(365-17)\cdot 8\cdot 60\cdot\frac{5}{7}}=\frac{7G_{\mathrm{p}}}{835\ 200} \tag{8-21}$$

α 结合该地区的工资水平及所消耗的人力情况来确定；

β 为动力电池的运营价格，包括基础电价、电池充电服务价格和电池租赁价格。经测算，含充电基础设施折旧费用的电池运营价格为 6.05 元/（kW・h）；不含充电基础设施折旧费用的电池运营价格为 5.25 元/（kW・h）。电动公交车动力电池运营价格的具体组成如表 8－20 所示。

表 8－20　电动公交车动力电池运营价格的组成

对比内容	含充电基础设施折旧费用	不含充电基础设施折旧费用
基础电价/［元/（kW・h）］	峰段 1.268 2；平段 0.874 5；谷段 0.379 8	
电池充电服务价格/［元/（kW・h）］	1.149	0.349
电池租赁价格/［元/（kW・h）］	3.78	3.78
电池运营价格/［元/（kW・h）］	6.05	5.25

3. 目标函数的求解

1）求解方法的确定

上文所建立的数学模型实际上是一个多目标优化求解问题，常用的优化算法包括人工免疫算法、遗传算法及程序算法等。人工免疫算法和遗传算法等智能算法通过放弃最优方案而转向近优方案，能够利用较短的时间求得较优结果。而程序算法则在在解空间内进行完全搜索，会花较长时间求得最优解。

在电动公交车换电站中，由于车辆、电池及土建的成本通常较高，因此需要在满足运营要求的前提下尽量减少成本，在其他建站条件固定的情况下，应该选用最优的发车间隔对换电站的各参数进行设计。由于这些参数需要在建站前进行规划而不是实时在线仿真计算，选取的运营时间分段也较少，所以对计算时间的要求不高。因此，可以通过编程利用程序算法求取最优的发车间隔。

2）目标函数的约束条件

在求解过程中，还要考虑目标函数的约束条件：

(1) 电动公交车的满载率不高于 120%，即在第 i 个时间段

$$\frac{\sum_{j=1}^{L}(x_{ij}-y_{ij})}{m_i \cdot Q} \leqslant 120\% \tag{8-22}$$

式中：y_{ij}——第 i 个时间段在第 j 个站点下车的人数。

(2) 该条线路一天的发车能力是固定的，即

$$\sum_{i=1}^{K} m_i \leqslant N \tag{8-23}$$

式中：N——线路的最大发车能力（车次）。

(3) 在第 i 个时间段中，发车间隔应为整数，且应满足一定的区间范围（时间限制条件），设 $\Delta t_{\min}$ 和 $\Delta t_{\max}$ 分别为最小发车间隔和最大发车间隔，即

$$\Delta t_{\min} \leqslant \Delta t_i \leqslant \Delta t_{\max} \tag{8-24}$$

3) 目标优化的求解过程

电动公交车发车间隔多目标优化求解的流程如图 8-23 所示。

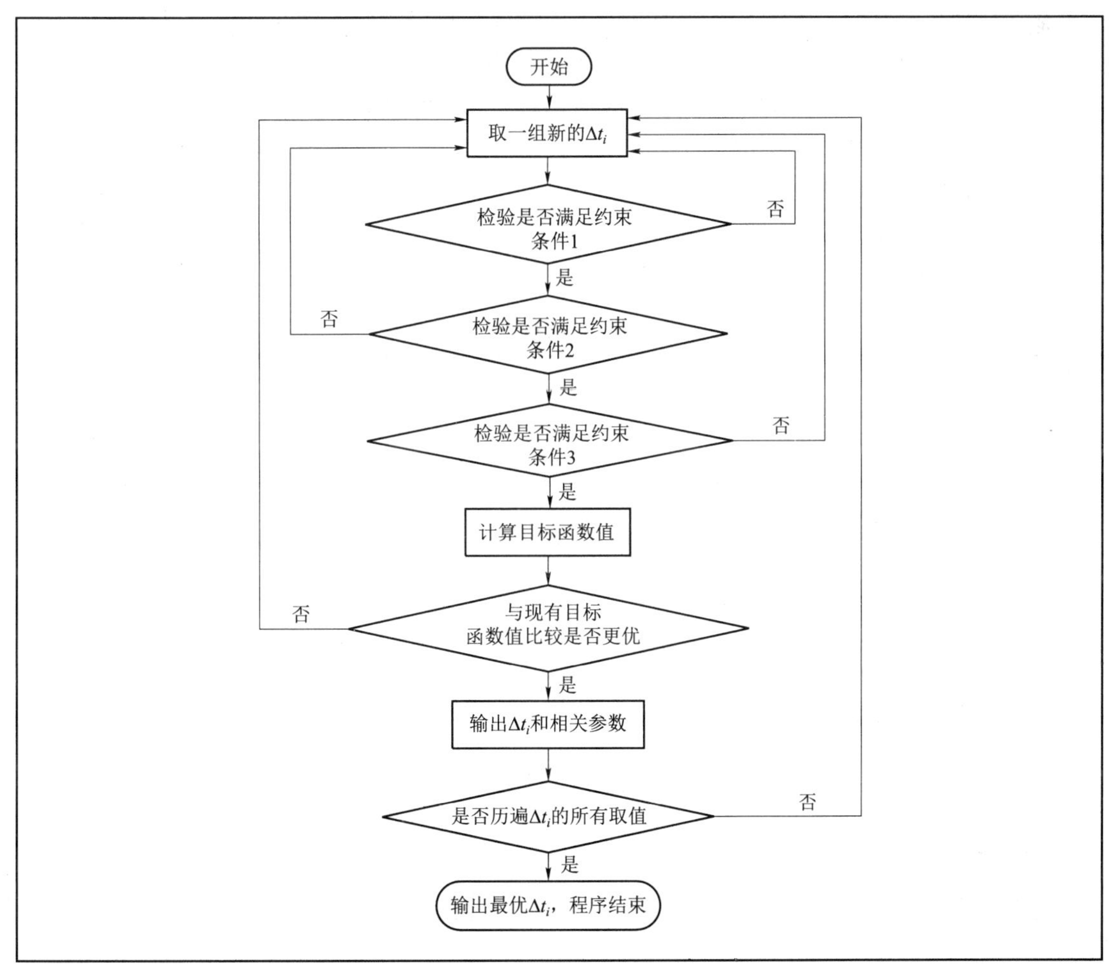

图 8-23　电动公交车发车间隔多目标优化求解流程

4. 计算实例

以北京市的纯电动公交线路 90 路内环为例，该线路沿途设有 38 个车站，首班车的发车时间为 6:30，末班车的发车时间为 17:30。随机抽取该线路某天的客流情况，将全天分为 6 个客流时段，各时段的运营时间分段如表 8－21 所示，各时间段内所有站点的客流密度如表 8－22 所示。

表 8－21　90 路内环的运营时间分段

时段序号	1	2	3	4	5	6
时间段	6:30—7:30	7:30—8:30	8:30—10:30	10:30—13:30	13:30—16:00	16:00—17:30
时段长度/min	60	60	120	180	150	90

表 8－22　90 路内环各时段的客流密度

时段序号	1	2	3	4	5	6
客流密度/（人/min）	3.95	13.1	9.9	6.4	12.3	5.2

根据北京市统计局的数据，2010 年北京市职工的平均工资水平为 50 415 元，可得 μ 为 0.42；α 结合换电站的工资水平及所消耗的人力情况计算得到每车次 117 元，其中司机和售票员每天出车三次，工资约为每人每天 100 元，换电站相关工作人员的人工成本约为每车次 50 元；β 可按每度 6.98 元取值，每一车次所消耗的电量约为 45 kW · h；所用车辆定员为 50 人，充换电站日均发车能力不超过 60 车次；参考实际的发车规律，可限定最小发车间隔为 5 min，最大发车间隔为 30 min。

将上述数据代入相应的计算公式，得到各时段的最优发车间隔，如表 8－23 所示，分别为 21 min、13 min、14 min、17 min、14 min 及 23 min。

表 8－23　通过优化算法得到的最优发车间隔

时段序号	1	2	3	4	5	6
时间段	6:30—7:30	7:30—8:30	8:30—10:30	10:30—13:30	13:30—16:00	16:00—17:30
发车间隔/min	21	13	14	17	14	23

根据换电站的运行数据，车辆运行周期约为 110 min；高峰期的最长时段可以确定在 13:30—16:00，为 150 min；电池更换时间约为 10 min；回站 SOC 为 45%，电池充电时间约为 99 min。

根据以上条件，利用前文优化后的模型中的计算方法求出车辆数、备用电池数、换电工位数和充换电站的充电总功率，并与换电站现有的配置参数进行对比，结果如表 8－24 所示。

表 8－24　优化参数与实际参数的比较情况

比较内容	车辆数/辆	备用电池数/组	工位数/个	充电总功率/kW	内环日发车数量/次	目标函数值/元
优化模型参数	10	8	1	348	40	17 860
实际配置参数	15	15	1	1 600	45	44 730

从表 8－24 中的比较结果可知，与先前的平均发车间隔相比较，经过模型优化后的结果减少了换电站核心参数的配置数量，特别是充电总功率和备用电池数量，从而在很大程度上

减少了换电站的投资成本。

8.2　纯电动公交车换电站的冗余设计

8.2.1　造成锂离子电池充电曲线改变的主要因素

纯电动公交车换电站内的各种电气、机械设备的性能参数在长期使用过程中的变化幅度较小，但锂离子电池在正常的使用过程中，包括容量、欧姆内阻和极化内阻等参数会发生较大的变化，直接影响电池的充电时间，而充电时间的改变会引起换电站中备用电池数和配电容量等参数的变化。因此在换电站的设计阶段就应正确评估电池容量衰退及环境温度等因素对锂离子电池充电时间的影响，对换电站的核心参数进行冗余设计，以保证在锂离子电池淘汰前换电站和电动汽车能够正常运行。

1. 锂离子电池的分类

锂离子电池根据正极活性材料的不同可分为钴酸锂、镍酸锂、三元材料、磷酸铁锂及锰酸锂等多种类型；根据应用场合与生产工艺的不同，锂离子电池又可以分为能量型和功率型两种类型，不同类型的锂离子电池在能量密度、使用环境温度、充放电特性及使用寿命等方面存在着一定程度的差异。不同类型的锂离子电池的分类和性能对比如表 8 - 25 所示。

表 8 - 25　锂离子电池的分类和性能对比

正极材料	钴酸锂	锰酸锂	磷酸铁锂	三元材料	钛酸锂
优点	能量密度高、可逆性好	资源丰富、安全可靠	循环寿命长、安全性高	循环性能好、稳定性好	良好的倍率充放电性能、安全性和循环性好
缺点	钴资源稀少、抗滥用能力差	高温循环性能较差	能量密度低	成本高、制作工艺复杂	价格昂贵

目前应用于纯电动公交车中的锂离子电池主要有能量型的锰酸锂电池、磷酸铁锂电池及三元材料电池等，本节主要以能量型锰酸锂电池作为分析对象。

2. 锂离子电池内部的电化学反应机制

锂离子电池在充放电过程中发生的能量存储或释放是一种电化学过程，可以用以下几个基本的电化学反应式为：

正极反应：$\mathrm{LiM_yO_z} \underset{\text{放电}}{\overset{\text{充电}}{\rightleftharpoons}} \mathrm{Li_{(1-x)}M_yO_z} + x\,\mathrm{Li^+} + x\mathrm{e}$

负极反应：$x\,\mathrm{Li^+} + x\mathrm{e} + 6\mathrm{C} \underset{\text{放电}}{\overset{\text{充电}}{\rightleftharpoons}} \mathrm{Li_xC_6}$

电池反应：$LiM_yO_z+6C \underset{放电}{\overset{充电}{\rightleftharpoons}} Li_{(1-x)}M_yO_z+Li_xC_6$

式中 M 为 Co，Ni，Mn 等。

3. 锂离子电池的等效电路模型

为了对锂离子电池的状态进行辨识，国内外学者建立了电化学模型、数学模型及等效电路模型等多种电池辨识模型，其中锂离子电池的等效电路模型是基于电池的工作原理，利用电阻、电容等元件组成电路网络来描述电池的工作特性，其物理意义清晰明确，并且可用数学关系式表达，非常适合于分析锂离子充电时间的影响因素。如图 8-24 所示，电池模型的参数包括开路电压 U_{OCV}、端电压 U_o、极化电压 U_p、极化电阻 R_p、欧姆内阻 R_Ω和欧姆内阻压降 U_r。

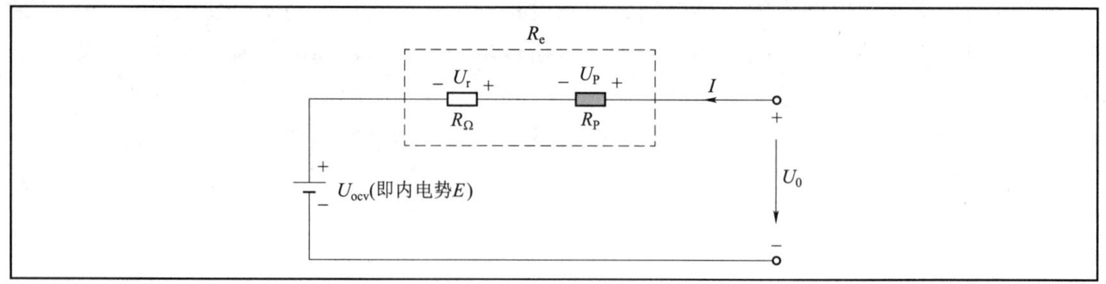

图 8-24　锂离子电池的等效电路模型

各参数的关系如式（8-25）所示：

$$\begin{cases} U_0=U_{OCV}-U_r-U_p \\ U_r=I\cdot R_\Omega \\ U_p=I\cdot R_p \\ U_{OCV}=f(SOC) \end{cases} \tag{8-25}$$

该模型表明，在充电电流的激励下，电池的输出电压 U_0 由内电势 E（约等于充分静置条件下电池的开路电压 U_{OCV}）、电池内部各化学材料的本体内阻和各部分之间的接触内阻 R_Ω 所对应的欧姆压降 V_r及化学反应等效极化阻抗 R_P 所对应的极化电压 V_p共同构成。

4. 锂离子电池等效电路模型的验证

为了验证锂离子电池等效电路模型中的 OCV-SOC 曲线、欧姆内阻、极化内阻等参数与电池的外部充放电曲线之间的对应关系，本节设计了针对 90 Ah 锰酸锂电池组单体电池的恒流恒压充电试验。

锂离子电池的整个充电过程分为两个阶段，分别为恒流充电阶段和恒压充电阶段。

(1) 恒流充电阶段：以恒定倍率的电流进行充电，直至电池端电压达到充电上限电压（4.2 V）为止。

(2) 恒压充电阶段：保持电池端电压恒定（4.2 V），以恒定的步进速率（1 A/s）减小充电电流，直至电流降为充电截止电流（10 A）为止，充电结束。

在图 8-25 中的 U_0 曲线为电池端电压在充电过程中的变化情况，OCV-SOC 曲线为每充 5% SOC 的电量后经充分静置后得到的开路电压变化情况，U_r 为直流电阻引起的欧姆压降，

U_0-U_r曲线为去掉欧姆内阻电压（压降）后的电池端电压曲线，U_p为U_0曲线与U_0-U_r曲线的差值，反映了充电过程中极化电压的变化过程，I为充电电流的变化曲线。

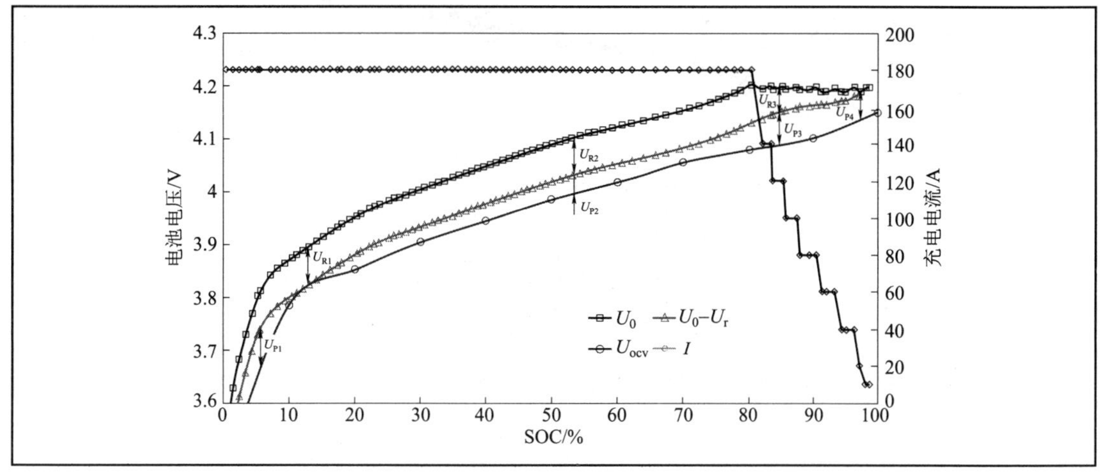

图 8-25 锂离子电池的恒流恒压充电曲线

在图 8-25 中，U_{R1}、U_{R2}和U_{R3}分别为在充电过程中的不同阶段所对应的欧姆电压，U_{P1}、U_{P2}和U_{P3}分别为在充电过程中的不同阶段所对应的极化电压。由图 8-25 可知，有三个原因可能会使电池的充电曲线发生改变：

① 电池的 OCV-SOC 曲线发生改变；

② 电池的欧姆内阻值发生改变；

③ 电池的极化内阻值发生改变。

而引起上述参数发生变化的原因主要有电池在使用过程中容量的衰退和电池使用环境温度的改变两个方面。下面首先设计使用过程中容量的衰退和使用环境温度的改变对锂离子电池 OCV-SOC 曲线的影响试验。

1）容量衰退对电池 OCV-SOC 曲线的影响

对 90 Ah 的锰酸锂电池进行充放电试验，以 $1/3C$ 的电流进行恒流恒压充电，再同样以（1/3）C的电流进行放电，总计进行 600 次充放电循环，每隔 100 次记录试验中的 OCV-SOC 测试曲线。电池在不同循环次数下的 OCV-SOC 曲线如图 8-26 所示，电池容量衰退的变化情况可见表 8-26 所示。

表 8-26 90Ah 的锰酸锂电池在不同循环次数下的容量统计

循环次数	1	150	300	450	600
可用容量/Ah	92.62	86.15	80.89	75.81	72.29

由图 8-26 可知，随着电池容量的衰退，不同循环次数下的 OCV-SOC 曲线在充电起始阶段（SOC 为 0～20%时）呈现出一定的离散性，但是当 SOC 达到 30%以上时，各曲线基本吻合。由 8.1 节的分析可知，纯电动公交车在实际运行过程中的电池回站 SOC 基本上在 30%以上，因此在换电站参数的冗余设计过程中，可以认为电池的 OCV-SOC 曲线不随电池的老化而发生改变。

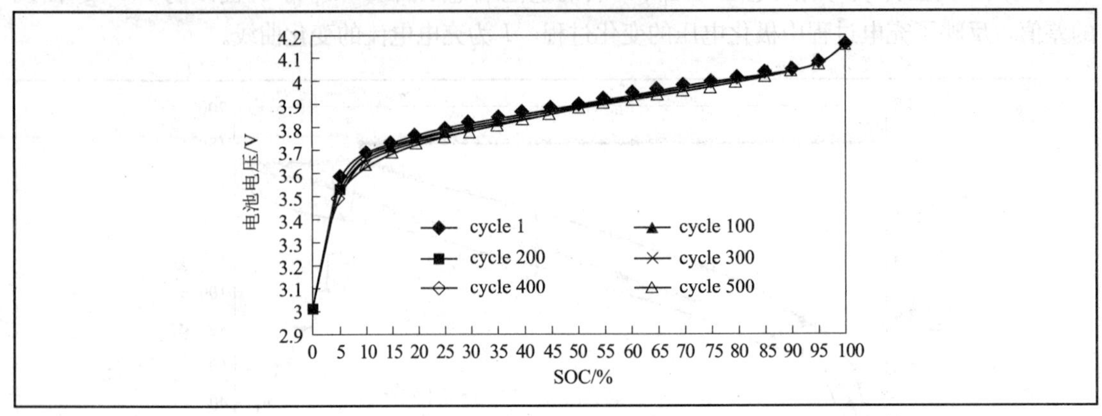

图 8-26 90Ah 的锰酸锂电池在不同循环次数下的 OCV-SOC 曲线

2）使用环境温度的改变对电池 OCV-SOC 曲线的影响

图 8-27 为 90Ah 的锰酸锂电池分别在 25 ℃和 0 ℃下的 OCV-SOC 测试曲线对比。由图 8-27可知，电池在 0 ℃和 25 ℃下的 OCV-SOC 曲线基本重合，因此电池的 OCV-SOC 曲线也不随温度的变化而发生改变。

由前面的分析已知影响电池充电曲线变化的因素包括电池的 OCV-SOC 曲线、欧姆内阻和极化内阻三个方面，由于电池的 OCV-SOC 曲线在一定的 SOC 区间内与电池所处的环境温度和老化程度无关，因此，电池的内阻（包括欧姆内阻和极化内阻）就成为影响电池充电曲线的主要因素。

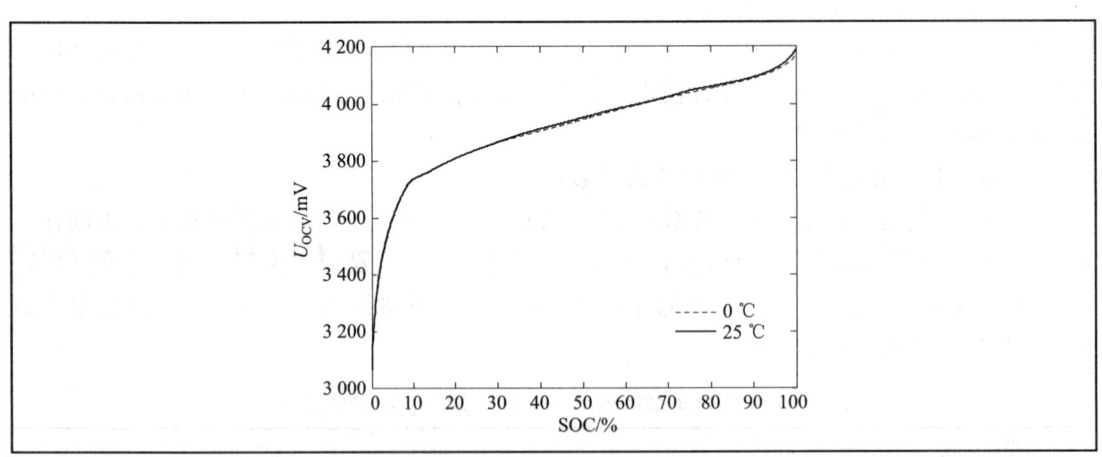

图 8-27 90Ah 的锰酸锂电池在不同温度下的 OCV-SOC 曲线

5. 锂离子电池 OCV-SOC 曲线的表达方法

从图 8-26 中可以看出，锂离子电池的 OCV-SOC 曲线呈现出一定的分段线性特征，为后续分析的需要，依据 OCV-SOC 曲线的特征，可以将整个充电过程中电池的 OCV-SOC 曲线按不同的 SOC 区间分成三个线性段，如式（8-26）所示：

$$U_{\mathrm{OCV}}=f_{\mathrm{E}}(\mathrm{SOC})=\begin{cases}H_0\cdot \mathrm{SOC}+B_0;0<\mathrm{SOC}\leqslant 10\%\\ H_1\cdot \mathrm{SOC}+B_1;10\%<\mathrm{SOC}\leqslant 80\%\\ H_2\cdot \mathrm{SOC}+B_2;80\%<\mathrm{SOC}\leqslant 100\%\end{cases} \tag{8-26}$$

式中：H_0——SOC 在 0～10%时曲线的斜率；

B_0——SOC 在 0～10%时曲线的截距；

H_1——SOC 在 10%～80%时曲线的斜率；

B_1——SOC 在 10%～80%时曲线的截距；

H_2——SOC 在 80%～100%时曲线的斜率；

B_2——SOC 在 80%～100%时曲线的截距。

8.2.2　影响锂离子电池内阻参数变化的因素

1. 电池容量衰退对内阻参数的影响

由上节的内容已知，影响电池充电曲线的主要因素，为电池的内阻，为此设计了两组实验分别验证电池容量衰退和使用环境温度的改变对电池内阻参数的影响。

为了研究电池在容量衰退后欧姆内阻、极化内阻等参数的变化规律，选取 2 块新的额定容量为 90 Ah 的锰酸锂电池在恒温箱中进行循环试验，设定温度为 25 ℃，放电深度为 50%，每隔 8 天进行一次容量、欧姆内阻和电池全内阻测试。充电模式为 30 A 的恒流恒压充电(CCCV)，放电模式为 30 A 的恒流放电，即充电电流和放电电流均为（1/3）C（C 为额定容量）。在经过 400 次的循环试验后，电池的容量从初始的 92 Ah 衰退到约 83 Ah，容量减少了 9 Ah，衰退率为 9.78%。试验循环过程中两块电池的欧姆内阻变化曲线如图 8－28 所示。

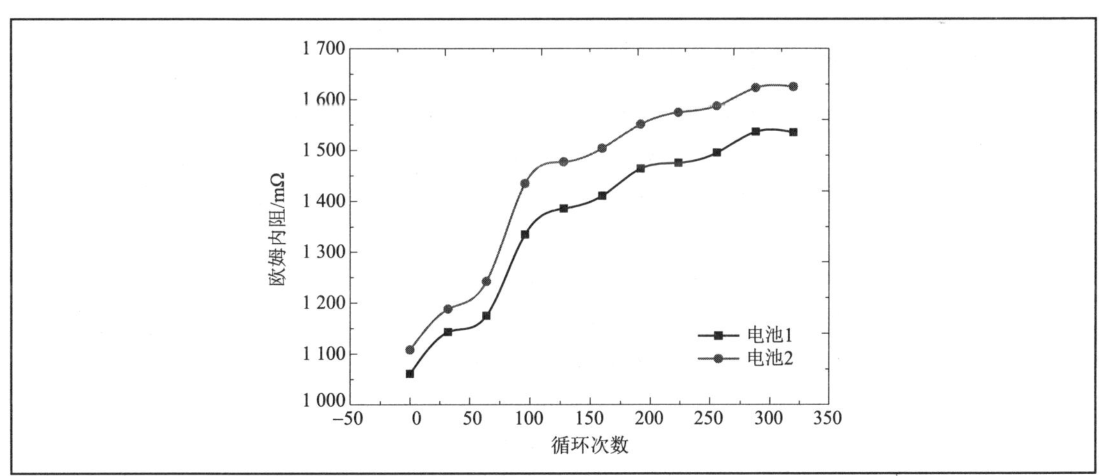

图 8－28　试验循环过程中两块电池的欧姆内阻曲线变化情况

由图 8－28 可知，两块电池的欧姆内阻随着老化过程不断地增加，经历了 320 次充放电循环后，两块电池的欧姆内阻已从初始的 1 000 mΩ 增长到了约 1 500 mΩ 以上，增长率超过 50%。尽管两块电池的内阻在相同循环次数下的增加幅度并不完全相同，但是具有相同的变化趋势和一定的线性度。

图 8－29 为试验循环过程中两块电池的全内阻曲线变化情况。由图 8－29 可知，两块电池的全内阻表现出与欧姆内阻相近的变化趋势，即都是随充放电循环次数的增加而逐渐增大，并且增长率逐渐降低。由于全内阻包含了欧姆内阻和极化内阻，因此其数值水平要高于直流内阻。在整个变化过程中，两块电池全内阻的平均值由 1 282 mΩ 增长到 1 858 mΩ，增长率为 45%，并保持了一定的线性度。

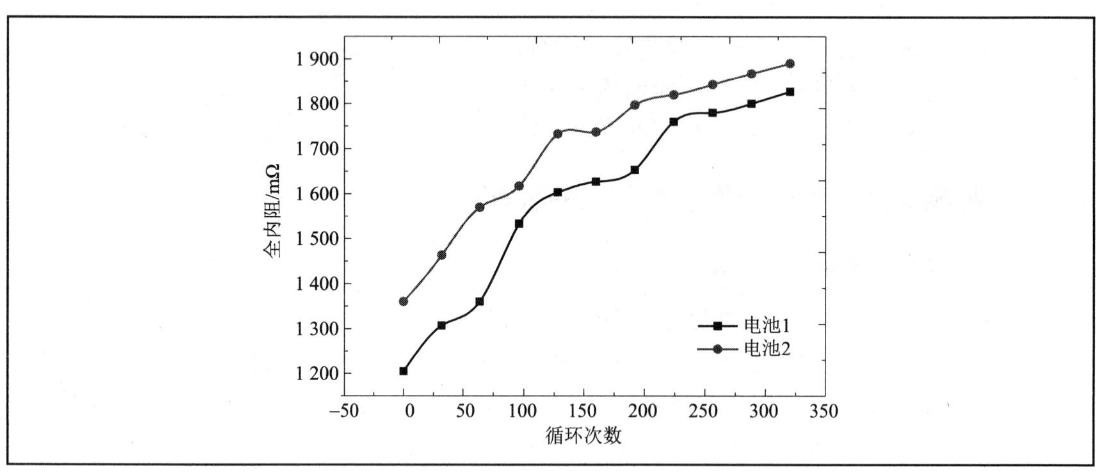

图 8－29　试验循环过程中两块电池的全内阻曲线变化情况

上述测试表明，随着锂离子动力电池在使用过程中容量的衰退，电池的欧姆内阻和全内阻等参数发生了较大的变化，而内阻参数的变化会引起电池的充放电曲线在充电电流相同的情况下出现较大的差异，从而影响电池的充电时间。

2. 温度变化对电池内阻参数的影响

温度是影响电池性能的重要因素，温度对电池的影响关系比较复杂，具有非线性、时滞性及耦合性等特点，本节着重研究温度对电池内阻参数的影响。由于电动汽车的运行不可避免地要受到四季温度变化的影响，因此分析温度变化对电池内阻的影响对于充电时间参数的设计至关重要。

为了研究不同的环境温度条件对电池参数的影响，试验选取了两块新旧程度不同的电池作为试验对象，并设置了 3 个温度点，分别为 40 ℃、25 ℃和 10 ℃。40 ℃模拟电动汽车在高温条件下充电的环境温度，25 ℃为电动汽车在常温下充电的环境温度，10 ℃为电动汽车在低温条件下充电的环境温度，电池在测试温度转换时都经过了 4 h 以上的充分静置，不同温度条件对电池内阻和容量的影响的试验结果如表 8－27 所示。

表 8－27　不同环境温度条件对电池内阻和容量的影响

温度/℃	旧电池容量/Ah	旧电池内阻/Ω	新电池容量/Ah	新电池内阻/Ω
40	46.54	1.97	90.88	1.57
25	46.48	3.03	91.42	2.40
10	43.09	3.87	89.54	3.27

由表 8－27 可以看出，随着温度的升高，新旧电池的全内阻都出现了明显的降低。旧电池与新电池在 40 ℃时的全内阻比在 10 ℃时分别减小了 49％ 和 52％，表明电池内部的固液接触、SEI 膜、浓度差及扩散等电化学过程都与温度密切相关。

8.2.3　不同因素影响电池充电时间的测试方法

通过上一节的试验和测试可知，电池的内阻会随使用过程中容量的衰退、环境温度的变化而发生较大的改变。根据锂离子电池的等效电路模型，电池内阻的改变会造成电池充放电时的端电压与开路电压（U_{OCV}）之间的差值发生变化，造成不同容量、不同温度条件下的电池端电压所对应的电池荷电状态（SOC）不同，进而引起以下两方面的变化。

1. 在同样的放电深度条件下，充电过程中由恒流阶段转向恒压阶段的荷电状态转折点 SOC_c 会发生变化，从而引起充电时间的改变

在充电设备按固定比例减小充电电流、恒压控制电压固定的条件下，不同的 SOC_c 条件下的恒压充电过程如图 8－30 所示。由图 8-30 可知，在相同的恒流充电电流和恒压控制电压下，内阻的不一致会导致进入恒压控制的转换点 SOC_c 的值发生变化，而 SOC_c 的改变则会造成在整个恒压充电过程中所充入的电量发生改变，从而影响恒压段的充电时间。

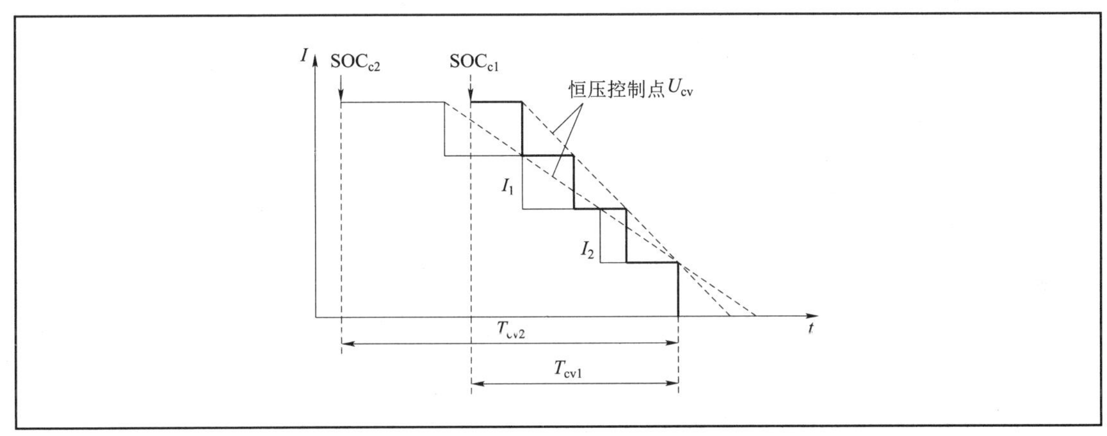

图 8－30　不同 SOC_c 所对应的恒压段充电过程

由式（8-26）可知，由于在恒压充电过程中（SOC 基本大于 80％）电池的 OCV-SOC 曲线基本呈线性关系，因此可以设定 $\Delta Q/\Delta U_{ocv}=\alpha$，即在恒压充电过程中充电电量的变化量 ΔQ 与开路电压的变化量 ΔU_{ocv} 呈线性关系，同时在恒压充电过程中，电池的欧姆内阻和极化内阻（$R_\Omega+R_p$）基本不发生变化，由式（8-26）和图 8－30 可得，在两个相邻的电流变化点 I_1 和 I_2 上的端电压的表达式为

$$\begin{cases} U=U_{ocv1}+I_1\cdot(R_\Omega+R_p) \\ U=U_{ocv2}+I_2\cdot(R_\Omega+R_p) \\ \Delta U_{ocv}/\Delta Q=\alpha \\ \Delta Q=I_2\cdot\Delta t \end{cases} \tag{8-27}$$

式中：ΔQ——两个相邻电流变化点之间的充电电量；

Δt——两个相邻电流变化点之间的充电时间，由式（8-27）可得：

$$\Delta t=\frac{(I_1/I_2-1)\cdot(R_\Omega+R_p)}{\alpha} \tag{8-28}$$

根据充电机的控制方法可知，在恒压充电阶段充电电流按固定比例减少，即 $I_1/I_2=K_c$，所以有：

$$\Delta t=\frac{(K_c-1)\cdot(R_\Omega+R_p)}{\alpha} \tag{8-29}$$

由式（8-29）可知，在恒压充电阶段电流变化率固定的条件下，每两个相邻电流变化点之间的时间是不变的。

由图 8－30 可知，整个恒压充电过程由不同的电流段充电时间组成，设组成整个恒压充电时段的电流段的数量为 N，并且在整个恒压段中电流以固定的比率减小，因此每个电流段的电流可以用 I_{cc}/iK_c 表示，整个恒压段的平均电流 I_{cv-avg} 则可以通过先对各个电流段的电流求和再除以电流段的数量，即

$$I_{cv-avg}=\sum_{i=1}^{N}\frac{I_{cc}}{iK_c}/N \tag{8-30}$$

整个恒压段的所充电量可以用（1－SOC）·Q 表示，利用式（8-30）可得恒压段充电电量与充电时间的关系为

$$T_{cv}=N\cdot(1-SOC_c)\cdot Q/I_{cv-avg}=N\cdot(1-SOC_c)\cdot Q/\sum_{i=1}^{N}\frac{I_{cc}}{iK_c} \tag{8-31}$$

式中：T_{cv}——整个恒压段的充电时间，min；

I_{cc}——恒流段的充电电流，A；

Q——电池需要充电的容量，Ah；

N——恒压阶段中的恒流段数；

SOC_c——电池进入恒压阶段时的荷电状态。

由式（8-31）可知，不同的恒压段充电电量对应不同的恒压充电时间，所以当电池的内阻发生变化后，会导致恒流段到恒压段的转折 SOC_c 改变，恒压段的总充电电量就会发生变化，从而引起整个恒压段充电时间的改变。

2. 在相同的能量消耗下，电池的放电深度会发生变化

在电池的放电过程中，电池所释放的能量 E 与电池组电压 U 和放电电流 I 的关系为

$$E=\int_{t_1}^{t_2}U(t)\cdot I(t)\cdot dt \tag{8-32}$$

式中：$(t_1\sim t_2)$ ——电池的放电周期，min。

当充放电容量的变化足够小时，可认为 $U(t)$ 不发生变化，于是可将 (t_1, t_2) 时间段的放电容量 Q 分为 n 等份，并假设对应的时间段分别为 $t_1\sim t_{a1}$，$t_{a1}\sim t_{a2}$，…，$t_{a(n-2)}\sim t_{a(n-1)}$，$t_{a(n-1)}\sim t_2$，$U(t)$ 分别为 $U(1)$，…，$U(n)$，当 n 足够大时，有：

$$\int_{t_1}^{t_{a1}}I(t)\cdot dt=\int_{t_{a1}}^{t_{a2}}I(t)\cdot dt=\cdots=\int_{t_{a(n-1)}}^{t_2}I(t)\cdot dt=\frac{Q}{n} \tag{8-33}$$

由式（8-32）和式（8-33）可得：

$$E=\int_{t_1}^{t_{a1}}U(1)\cdot I(t)\cdot dt+\int_{t_{a1}}^{t_{a2}}U(2)\cdot I(t)\cdot dt+\cdots+\int_{t_{a(n-1)}}^{t_2}U(n)\cdot I(t)\cdot dt$$

$$=\frac{Q}{n}\cdot\sum_{i=1}^{n}U(i)=Q\cdot U\mid_{t=[t_1\sim t_2]} \tag{8-34}$$

式中：$U\mid_{t=[t_1\sim t_2]}$——$[t_1,\ t_2]$ 时间段内等容量分段后的开路电压的平均值。

如果考虑电池内阻的影响，式（8-34）可以改写成

$$E=Q\cdot U_{avg}=Q\cdot(U_{OCV\_avg}-U_{V\_avg}-U_{p\_avg}) \tag{8-35}$$

由式（8-35）可知，在电动汽车消耗相同能量的条件下，内阻大小的改变会使内阻的能量消耗发生改变，进而造成电池组的放电容量 Q 发生改变。

综上所述，从换电站运行的角度来看，电池容量衰退和环境温度对充电时间的影响可能有以下 4 种模式：

① 电池容量衰退引起的充电过程中恒流阶段和恒压阶段所占时间比例的变化；

② 充电环境温度变化引起的充电过程中恒流阶段和恒压阶段所占时间比例的变化；

③ 电池容量衰退引起的车辆运行过程中放电容量的变化；

④ 车辆运行环境温度变化引起的车辆运行过程中放电容量的变化。

3. 综合考虑温度变化和电池容量衰退对充电时间影响的计算模型

由于锂离子动力电池是一个多因素耦合的非线性系统，目前在理论上并没有建立起适合于各种类型的锂离子电池的准确模型来描述容量衰退与电池内阻变化的关系及温度变化与内阻变化的关系，同时由于电池放电电流的大小和持续时间等放电工况也会影响电池的充放电电压平台，造成在同样的能量消耗条件下即使具有同样的内阻特性也会产生放电容量的不同。

为了形成有效的试验测试方法，评估电池容量衰退和环境温度变化对电池充电时间的影响，需要建立综合考虑温度变化和电池容量衰退对充电时间影响的表达式，即

$$t_{age,temp}=\lambda\cdot\gamma_{cc}\cdot\beta_{cc}\cdot t_{cc}+\gamma_{cv}\cdot\beta_{cv}\cdot t_{cv} \tag{8-36}$$

式中：$t_{age,temp}$——综合考虑电池老化和温度影响后的充电总时间，min；

λ——除电池外的车辆能耗（如空调、电加热器等）修正系数；

γ_{cc}——温度影响恒流充电时间的修正系数；

γ_{cv}——温度影响恒压充电时间的修正系数；

β_{cc}——电池老化影响恒流充电时间的修正系数；

β_{cv}——电池老化影响恒压充电时间的修正系数；

t_{cc}——标准温度条件下，标准容量的电池在充电过程中的恒流段的持续时间，min；

t_{cv}——标准温度条件下，标准容量的电池在充电过程中的恒压段的持续时间，min。

在式（8-36）中，由于恒压段的时间较短，因此除电池外的车辆能耗修正系数 λ 主要影响恒流段，其对于恒压段的影响则可不计入考虑范畴。

由上节的分析可知，公交车的运行工况会影响电池的回站 SOC，而各种不同类型的车辆所搭载的电池的放电倍率是不同的。以下内容将依据北京奥运会换电站的实际运行数据，建立适用于分析电动公交车所用电池在放电过程中的电池内阻与放电容量之间的工况测试参数和测试序列，同时根据北京市的气候特征和电动公交车电池包的温升情况确定工况测试的特征环境温度。

4. 900 s 简化 BJDST（beijing dynamic stress test，即北京市动应力测试）工况

利用北京 90 路纯电动公交车实车采集的运行数据，通过综合分析公交车行驶过程中

的功率分布情况，并利用主成分分析法验证测试工况与样本总体的主要特征量之间的相关性，参考标准动应力测试（dynamic stress test，DST）工况和FUDS（federal urban driving schedule）工况得到反映北京90路纯电动公交车实际运行特点的900 s简化BJDST工况，实验结果如图8-31所示。

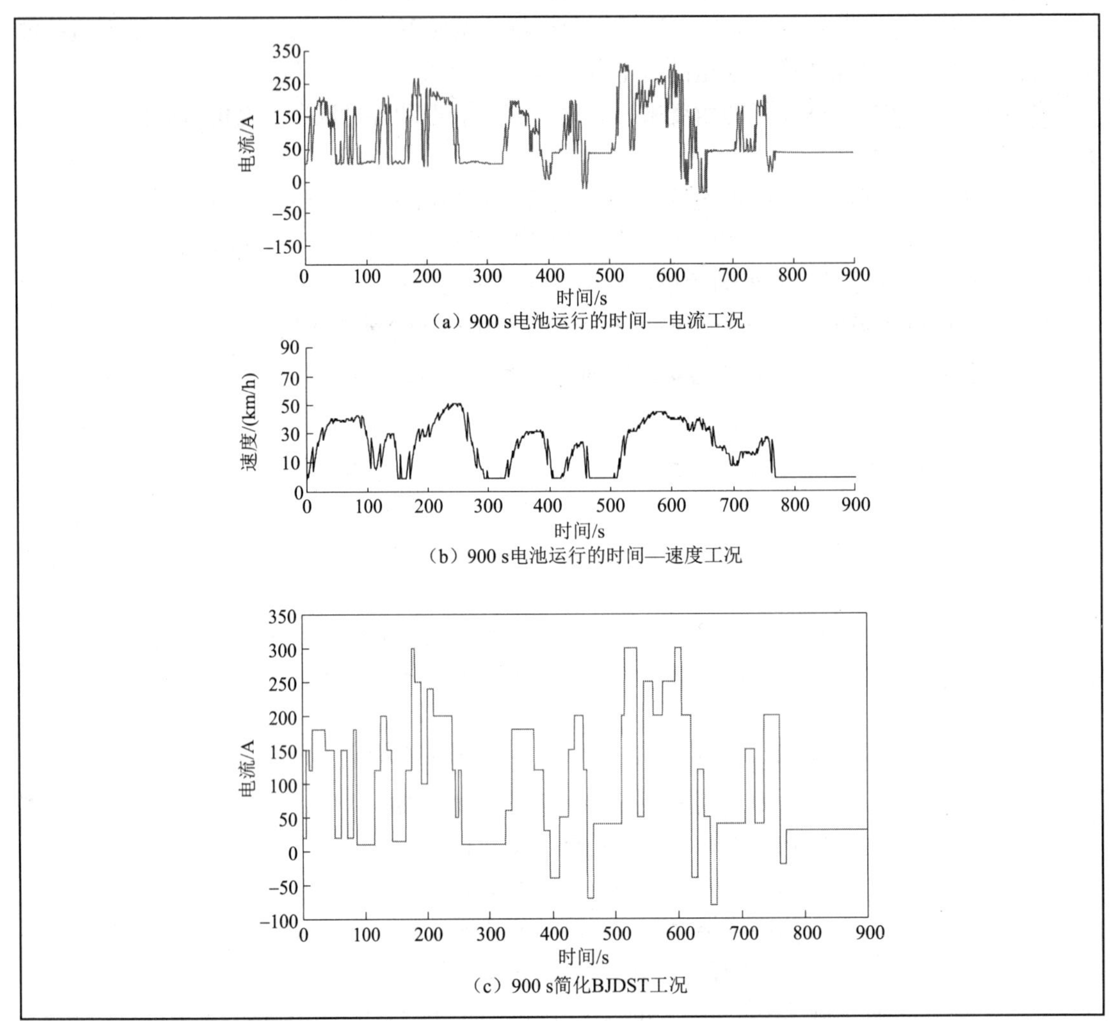

图8-31　主成分分析法得到的90路纯电动公交车的简化测试工况

900 s BJDST工况包含了90路纯电动公交车在实际运行中的怠速、加速、匀速和减速时段的平均功率、各功率段的持续时间、功率分布的标准差及用于描述瞬时功率的最大和最小电流等信息，还包含了能够反映电池动态特性的特征值，如平均放电功率、平均回馈功率、消耗电量、放电电流与回馈电流的最大变化率及放电电流与回馈电流的平均变化率等。

1）工况测试特征温度点的选取

综合电池运行的气候特征及电池表面温度的变化情况可以得到如表8-28所示的电池温度模拟测试的月份对照表。由充换电站的充电特点可知放电温度和充电温度既有所区别，但又保持一定的关联性，因此在冬季分别选取0 ℃作为放电特征温度点和10 ℃作为充电特征温度点；在春季和秋季选取 25 ℃作为充电和放电特征温度点；在夏季选取 40 ℃作为充电和放电特征温度点。

表 8-28　北京市月平均气温与电池测试特征温度点的选取情况

<table>
<tr><td>月份</td><td>1</td><td>2</td><td>3</td><td>4</td><td>5</td><td>6</td></tr>
<tr><td>平均气温</td><td>−4.6 ℃</td><td>−2.2 ℃</td><td>4.5 ℃</td><td>13.1 ℃</td><td>19.8 ℃</td><td>24 ℃</td></tr>
<tr><td>测试温度点</td><td colspan="2">放电 0 ℃；
充电 10 ℃</td><td colspan="2">放电 25 ℃；
充电 25 ℃</td><td colspan="2">放电 25 ℃；
充电 25 ℃</td></tr>
<tr><td>月份</td><td>7</td><td>8</td><td>9</td><td>10</td><td>11</td><td>12</td></tr>
<tr><td>平均气温</td><td>25.8 ℃</td><td>24.4 ℃</td><td>19.4 ℃</td><td>12.4 ℃</td><td>4.1 ℃</td><td>−2.7 ℃</td></tr>
<tr><td>测试温度点</td><td colspan="2">放电 40 ℃；
充电 40 ℃</td><td colspan="2">放电 25 ℃；
充电 25 ℃</td><td colspan="2">放电 0 ℃；
充电 10 ℃</td></tr>
</table>

在明确了试验室测试工况和测试条件后，为计算式（8-36）中的 γ_{cc}、γ_{cv}、β_{cc}、β_{cv} 等充电时间修正系数，设计了如下的工况测试流程。

2）实验对象的选取

分别选取 2 块经过奥运会换电站 3 年商业运行淘汰下来的 90 Ah 的锰酸锂电池和 2 块同型号的新电池作为试验对象。新电池的容量分别为 92.03 Ah 和 90.83 Ah，旧电池的容量分别为 46.78 Ah 和 45.7 Ah。

3）试验步骤如表 8-29 所示

表 8-29　充电时间影响因素试验的步骤

步骤	试验项目	参数	温度 1	温度 2	温度 3
1	静置	10 s	室温	室温	室温
2	恒流充电	30 A	25 ℃	25 ℃	25 ℃
3	恒压充电	4.2 V，5 A	25 ℃	25 ℃	25 ℃
4	静置	2 h	室温	室温	室温
5	BJDST 放电	150 Wh	0 ℃	25 ℃	40 ℃
6	静置	2 h	室温	室温	室温
7	恒流充电	30 A	10 ℃	25 ℃	40 ℃
8	恒压充电	4.2 V，5 A	10 ℃	25 ℃	40 ℃

4）试验的终止条件

为模拟纯电动公交车的实际运行条件，在试验过程中电池的放电能量应与车辆实际运行条件接近，本测试中的回站电池 SOC 按 40%估算，考虑到 90 路纯电动公交车的电池为成组构成及兼顾旧电池的放电能力，选取单体电池的放电能量达到 150 Wh 作为试验的终止条件，即电池按 900 s BJDST 循环工况放电，直到整个放电过程中的放电总能量达到 150 Wh，试验终止。

5）相关数据的对比分析

两组新旧电池在不同特征温度下的试验数据平均值的对比如图 8-32 和表 8-30 所示。

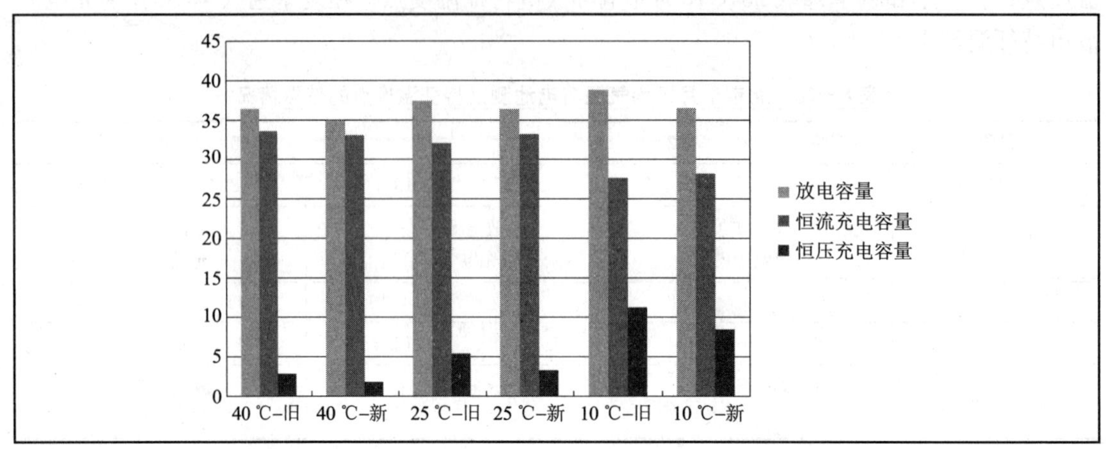

图 8-32 能耗相同条件下的两组新旧电池充放电容量的对比

表 8-30 能耗相同条件下的两组新旧电池在不同温度下的充电时间对比 单位：s

温度	10 ℃			25 ℃			40 ℃		
充电时间	恒流阶段时间	恒压阶段时间	总充电时间	恒流阶段时间	恒压阶段时间	总充电时间	恒流阶段时间	恒压阶段时间	总充电时间
旧电池	3 308	2 653	5 961	3 853	1 380	5 233	4 038	744	4 782
新电池	3 382	1 937	5 319	3 978	791	4 769	3 975	426	4 401

6）相关参数的确定

① 根据式（8-36），由电池老化引起的充电修正系数 β_{cc} 和 β_{cv} 的定义为

$$\beta_{cc}=\frac{t_{cc}^{old}}{t_{cc}^{new}},\beta_{cv}=\frac{t_{cv}^{old}}{t_{cv}^{new}} \tag{8-37}$$

式中：t_{cc}^{old}——25 ℃条件下，旧电池的恒流充电时间；

t_{cv}^{old}——25 ℃条件下，旧电池的恒压充电时间；

t_{cc}^{new}——25 ℃条件下，新电池的恒流充电时间；

t_{cv}^{new}——25 ℃条件下，新电池的恒压充电时间。

根据表 8-29 和式（8-37）得到新、旧电池容量在 100%～50%变动时，β_{cc} 和 β_{cv} 的取值范围分别为

$$\beta_{cc}\in(0.96,1),\beta_{cv}\in(1,1.74) \tag{8-38}$$

由式（8-38）可以看出，电池在由于老化导致容量衰退后，恒流充电时间和恒压充电时间均有所增加，因此总的充电时间相比于容量衰退前有所增加。

② 根据式（8-36），由温度引起的充电修正系数 γ_{cc} 和 γ_{cv} 的定义分别为

$$\gamma_{cc}=\frac{t_{cc}}{t_{cc}^{25}},\gamma_{cv}=\frac{t_{cv}}{t_{cv}^{25}} \tag{8-39}$$

式中：t_{cc}^{25}——旧电池在 25 ℃时的恒流充电时间；

t_{cv}^{25}——旧电池在 25 ℃时的恒压充电时间；

t_{cc}——旧电池分别在 25 ℃、10 ℃和 40 ℃时的恒流充电时间；

t_{cv}——旧电池分别在 25 ℃、10 ℃和 40 ℃时的恒压充电时间。

由式（8-39）可得新旧电池的充电环境温度在 10～25 ℃和 25～40 ℃变化时，γ_{cc}和γ_{cv}的取值范围分别为

$$
\begin{aligned}
&t\in(10,25),\gamma_{cc}\in(0.85,1),\gamma_{cv}\in(2.2,1)\\
&t\in(25,40),\gamma_{cc}\in(1,1.1),\gamma_{cv}\in(1,0.54)
\end{aligned}
\qquad (8-40)
$$

由式（8－40）可知，在环境温度升高后，电流的恒流段充电时间略有减少，而恒压段充电时间则大幅减少，其减少的幅度大于恒流段时间增加的幅度，因此电池的总的充电时间随环境温度的升高而减少。综上所述，通过分析影响锂离子电池充电时间的主要因素，建立了考虑电池容量衰退和环境温度影响的电池充电时间计算模型式（8-36），并根据式（8-36）开展了纯电动公交车的模拟工况测试，进行了同类型的新旧（北京奥运会公交车淘汰下来的电池）锂离子电池的对比，从而确定相关的计算阀值。通过上述方法，可以建立一种针对不同电池容量衰退情况和不同地区建设换电站需要的锂离子电池充电时间的估算方法。

该估算方法的计算阀值是基于锰酸锂电池的测试数据得到的，对于目前另一种在电动公交车中常用的动力电池——磷酸铁锂电池，可以采用相同的估算方法和测试工况，但相关的计算数据必须由磷酸铁锂电池的测试数据得到。

5. 上海世博会纯电动公交车的优化设计参数与原设计参数的对比实例

以上海世博会纯电动公交车的优化设计参数与原设计参数的对比为例，新电池在充电初始 SOC 为 40%（放电深度为 60%，满充电）时的充电时间为 1.98 h，其中恒流充电时间为 1.8 h，恒压充电时间为 0.18 h。假设电池容量在 100%～50%的范围内变化，充电温度在 10～40 ℃的范围内变化，根据式（8-36）、式（8-38）和式（8-40），通过 MATLAB 编程，采用插值法计算电池充电时间随温度和容量的变化关系，可以得到电池的极限充电时间范围为2～2.3 h，计算结果如图 8－33 所示。

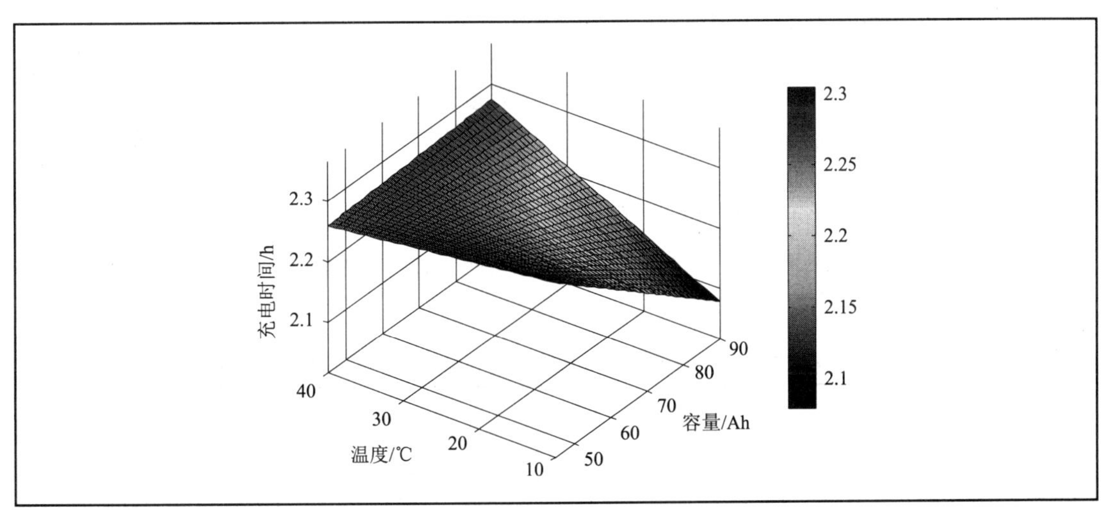

图 8－33　不同条件下的电池充电时间

8.2.4 考虑充电时间改变的换电站冗余设计

在换电站设计阶段，所采用的电池充电时间数据都是基于新电池在室温下的测试数据，当电池在使用过程中出现容量衰退和使用环境温度变化时，电池的充电时间也会相应发生改变，造成换电站核心参数的变化，进而有可能会导致换电站土建和配电设施等方面的变化。因此，在换电站的设计阶段就必须考虑一定的冗余量，以保证换电站的正常运行。

根据目前的相关国家标准，当电池容量衰退到额定容量的80%后应该淘汰，但由于电动公交车在一般情况下的单次运行里程较短，车辆运行多圈后才更换电池，所以对于电池更换式电动公交车应允许电池的容量衰退程度超过20%，以提高换电站的使用经济性，而这时对充电时间的延长进行合理的评估就十分重要。

根据对纯电动公交车换电站优化设计方法的分析，换电站在不同的运行模式下，核心参数的配置数量和使用密度等有所不同，当电池容量降低或充电时间延长时，可能对换电站产生两方面的影响。

（1）当电池充电时间由于容量衰退或环境温度变化而发生改变时，对换电站核心参数产生的影响。

（2）当电池容量改变时，造成换电站的运行模式发生变化。如某换电站在原设计中采用运行两圈集中换电的模式，但当电池容量衰退后，可能无法满足车辆两圈的运行，运行模式必须改成单圈换电模式。

下述内容将以上海世博会纯电动公交车的优化设计参数与原设计参数的对比为例，研究电池充电时间增加后对换电站的影响，并得出相应的冗余设计策略。

1. 单圈集中换电模式下充电站的配置参数在电池容量衰退前后的对比

根据优化设计参数与原设计参数实例对比的相关内容，上海世博会换电站越江线采取的是典型的单圈运行换电模式，在这个仿真实例中，主要考虑电池充电时间的改变对换电站核心参数的影响，因为越江线是单圈单线路的运行模式，所以不存在换电站运行模式改变的问题。

假设越江线车辆的电池容量衰退50%，并选取10 ℃作为最低温度点，由式（8-15）和式（8-39）可得电池的老化修正系数为$\beta_{cc}=0.96$，$\beta_{cv}=1.74$，温度修正系数为$\gamma_{cc}=0.85$，$\gamma_{cv}=2.2$，其他负荷系数为$\lambda=1.1$，电池原有的充电时间为1.98 h（恒流时间为1.8 h，恒压时间为0.18 h）。由式（8-11）可得，当车辆电池容量衰退50%、回站SOC为40%时（此时电池的回站SOC为衰退后电池容量的40%，即相当于衰退前电量的20%），充电时间为2.3 h。

然后，根据越江线的运行数据和2.3 h的充电时间，利用换电站仿真软件模拟换电站运行参数在电池容量衰退前和衰退50%后的变化情况。

换电站负荷曲线在车辆电池组容量衰退前和衰退后的对比如图8-34所示，换电站核心配置参数对比情况如表8-31所示。

表8-31 换电站核心配置参数在电池组容量衰退前后的对比（一）

对比项	车辆数/辆	更换工位数/个	备用电池组数/组	最大充电功率/MW
容量衰退前	50	4	43	1.9
容量衰退后	50	4	46	2.1

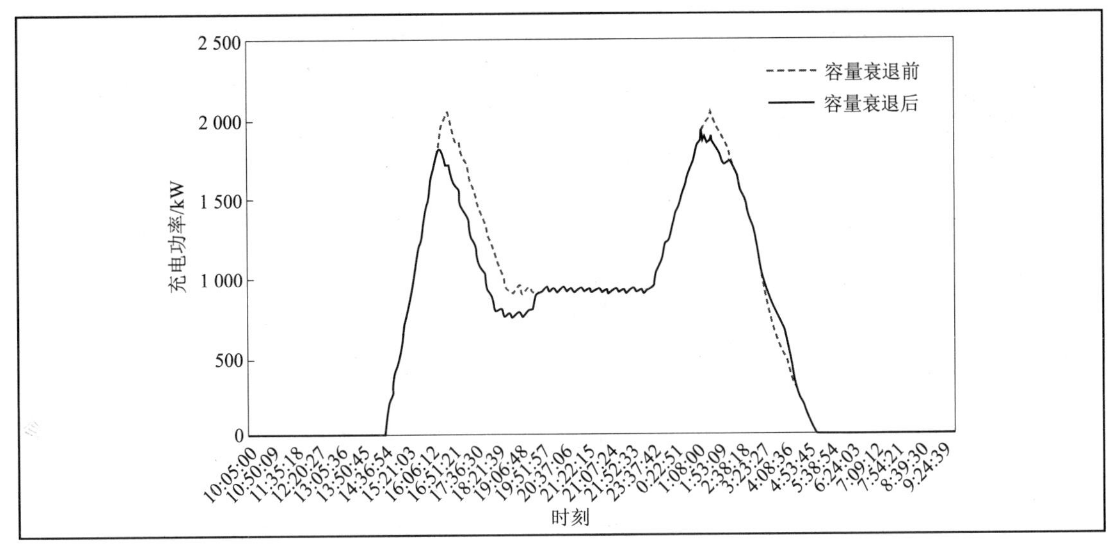

图 8－34　换电站充电负荷曲线在电池组容量衰退前后的对比（一）

通过图 8－34 和表 8－31 可以发现，当上海世博会纯电动公交车的电池容量衰退 50％后，充换电站需要增加三组备用电池，最大充电功率也略有增加。所以在电动公交车单圈运行模式下电池容量衰退和环境温度改变对换电站的备用电池数和配电容量有一定的影响，需要在换电站设计阶段留有一定的冗余量，而更换通道及更换设备的数量则无须进行冗余设计。

该仿真实例主要考虑的是电池容量衰退后电池组无法支撑公交车的多圈运行模式，并分析由于电池容量衰退对换电站运行模式的影响及引起的核心参数的变化。

2. 多圈集中换电模式下充电站的配置参数在电池容量衰退前后的对比

根据车辆在多种运行模式下的仿真对比中的多圈运行实例，假设换电站在初始设计和运行中采用行驶两圈集中换电的模式，在该线路车辆的电池容量衰退 50％后，电池组一次充电不再能满足车辆运行两圈的要求，只能满足车辆运行一圈的需要，运行模式改为单圈运行后集中换电，并选取 10 ℃作为最低温度点，由式（8-28）和式（8-40）可得电池的老化修正系数为$\beta_{cc}=0.96$，$\beta_{cv}=1.74$，温度修正系数为 $\gamma_{cc}=0.85$，$\gamma_{cv}=2.2$，原线路运行单圈后的充电时间为 55 min，由式（8-36）、式（8-39）和式（8-40）得到车辆电池衰退 50％后运行一圈后电池的充电时间变为 78 min。换电站的负荷曲线在车辆电池组容量衰退前后的对比情况如图 8－35 所示，换电站的核心配置参数在车辆电池组衰退前后的对比情况如表 8－32 所示。

表 8－32　换电站核心配置参数在电池组容量衰退前后的对比（二）

对比项	车辆数/辆	更换工位数/个	备用电池组数/组	最大充电功率/kW
多圈集中换电	18	3	16	802
电池容量衰退后单圈换电	18	3	21	940

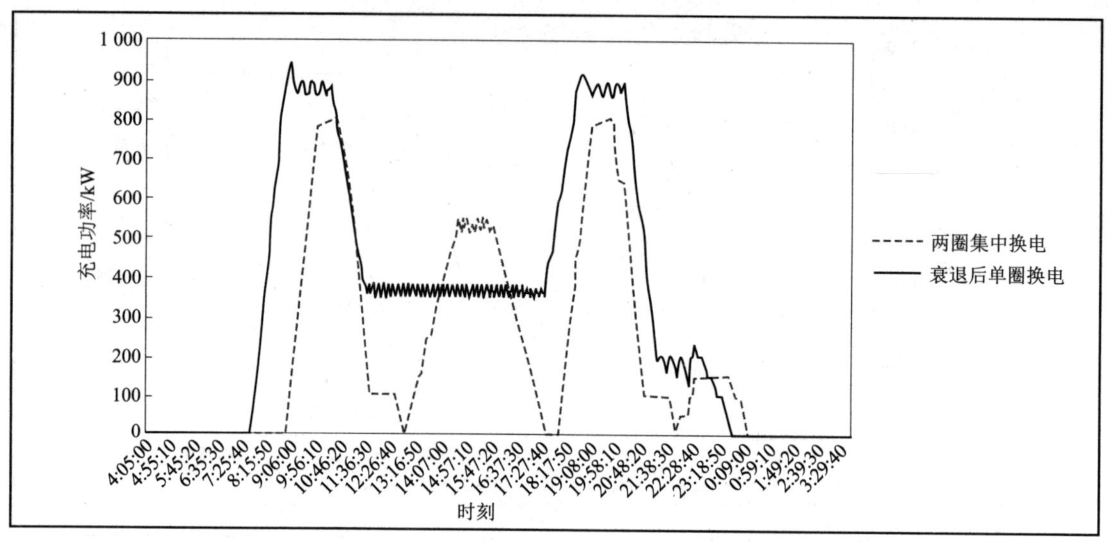

图 8-35 换电站充电负荷曲线在电池组容量衰退前后的对比（二）

通过图 8-35 和表 8-32 可以发现，当公交车的电池容量衰退 50%后，需要对换电站的备用电池数和配电功率进行冗余设计，而更换工位数和更换设备数则保持不变。

3. 多圈均匀错开换电模式下充电站的配置参数在电池容量衰退前后的对比

假设换电站在初始设计中采用均匀错开换电模式，而电池在容量衰退后只能满足车辆单圈运行的需要，换电站的负荷曲线在车辆电池组容量衰退前后的对比情况如图 8-36 所示，换电站的核心配置参数在车辆电池组容量衰退前后的对比情况如表 8-33 所示。

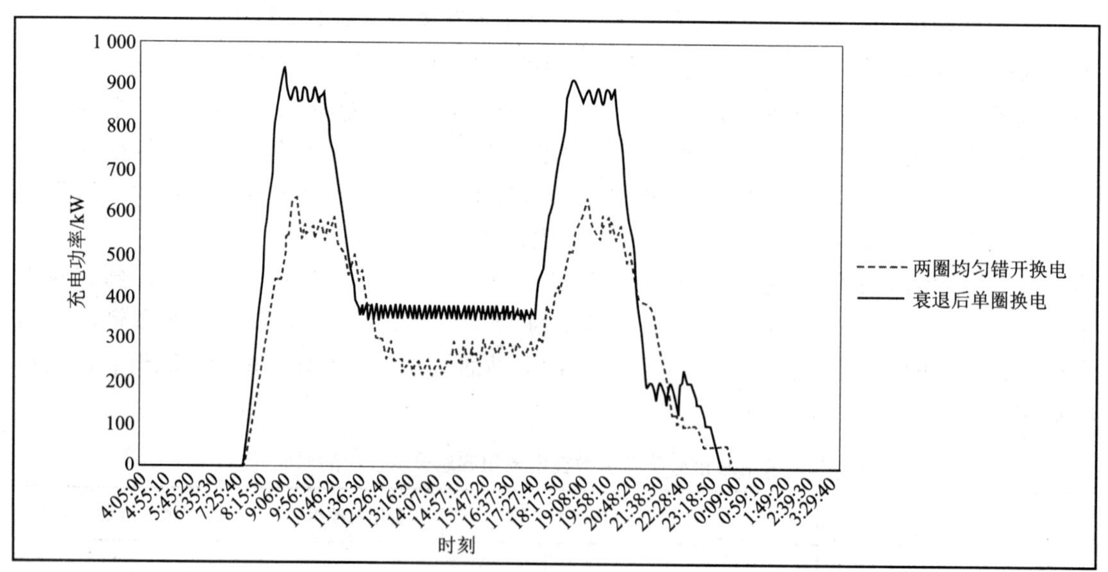

图 8-36 换电站充电负荷曲线在电池组容量衰退前后的对比（三）

表 8-33 换电站核心配置参数在电池组容量衰退前后的对比（三）

对比项	车辆数/辆	更换工位数/个	备用电池组数/组	最大充电功率/kW
多圈均匀错开换电	18	2	13	645
衰退后单圈换电	18	3	21	940

通过图 8-36 和表 8-33 可以发现，当电动公交车的电池容量衰退 40%后，换电站的更换工位数和备用电池数均需要增加才能满足车辆的运行需求，配电容量也会有所增加，因此如果换电站在初始设计阶段采用的是多圈均匀错开换电模式，则应当考虑进行备用电池数、配电容量、更换通道数和装备数量的冗余设计。

4. 结论

综上所述，换电站在不同设计运行模式下受电池容量衰退影响的程度不同，主要表现在以下几个方面：

① 如果换电站的设计运行模式为单圈即换电，当电池容量衰退后需要对备用电池数进行冗余设计，并适当考虑配电功率的冗余；

② 如果换电站的设计运行模式为多圈集中换电，当电池容量衰退后只能满足单圈运行时，需要对备用电池数和配电容量进行冗余设计；

③ 如果换电站的设计运行模式为多圈均匀错开换电，当电池容量衰退后只能满足单圈运行时，需要对更换通道数、备用电池数及配电容量等均进行冗余设计。

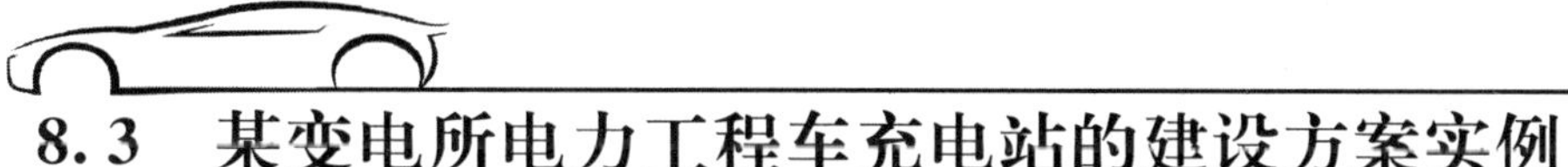

8.3 某变电所电力工程车充电站的建设方案实例

8.3.1 上海某供电所电力工程车的简况

该供电所的电力工程车按车型分为大型车、中型车和小型车三类，各车型的数量、最大行驶里程及最高时速如表 8-34 所示。

表 8-34 各车型参数

配置 \ 车型	大型车	中型车	小型车
数量/辆	8	24	15
最大行驶里程/km	50	90	50

由于对充电时间的要求为原则上在一个晚上完成全部车辆的充电，因此需要根据单辆车一般所需的最长充电时间进行计算并确定充电站的规模。供电所车辆多为抢修和巡查用，一般只需在夜间充满次日车辆最大行驶里程所需的电量即可，因此可将充电过程安排在夜间低

谷电价时段进行。

供电所有两种电能补给方式，分别为整车充电方式和电池组更换方式。

8.3.2 电池组容量的计算

通过类比北京市电动汽车示范线路及充电站的相关运行数据记录可知，大型车的能耗约为0.8 kW·h/km，中型车的能耗约为0.6 kW·h/km，小型车的能耗约为0.3 kW·h/km。

为了保证车辆每天的运行需要，电池组需提供至少能满足当天最大行驶里程所需的电能。同时，综合考虑电池的性能和寿命，取电池的放电深度（DOD）为0.7。

1. 大型车的电池组容量计算

① 每天的耗电量：$Q_1=0.8\times50=40$ kW·h

② 需充电量：$Q_{c1}=40/0.7=60$ kW·h

③ 电池组电压：$U_1=388$ V

④ 电池组容量：$S_1=60/388\times1\,000=154$ Ah

2. 中型车的电池组容量计算

① 每天的耗电量：$Q_2=0.6\times90=54$ kW·h

② 需充电量：$Q_{c2}=54/0.7=77$ kW·h

③ 电池组电压：$U_2=312$ V

④ 电池组容量：$S_2=77/312\times1\,000=247$ Ah

3. 小型车的电池组容量计算

① 每天的耗电量：$Q_3=0.3\times50=15$ kW·h

② 需充电量：$Q_{c3}=15/0.7=21.4$ kW·h

③ 电池组电压：$U_3=288$ V

④ 电池组容量：$S_3=21.4/288\times1\,000=74.4$ Ah

8.3.3 充电时间

考虑到锰酸锂电池的性能和使用寿命，电池的充电电流设为0.3 C（C 为电池容量，一般采用动力电池的3 h放电容量），每组电池所需的充电时间为5 h。兼顾充电机成本及电价政策等因素，如果所有车辆都需要充电，则采取中型车—小型车—大型车的充电顺序，充电时间总计需要10 h。目前，上海市在22：00至次日6：00实行低谷电价政策，因此应充分利用这8 h的时间为车辆进行充电。

此外，考虑到在一些情况下不需要在同一天内对所有车辆都进行充电，因此有可能仅利用8 h的低谷电价时段就可以满足充电需要。

8.3.4 充电机的选择

车辆类型、行驶里程和运营模式决定了充电机的配置。由于变电所设有固定停车场，因此在本案例中采用地面充电机。以下内容将确定充电机的输出功率和需配备的台数。

1. 大型车

① 充电机的输出电压：$U_{c1}=388/3.6\times4.2\times1.05=475$ V；

② 充电机的输出电流：$I_{c1}=180\times0.3=54$ A；

③ 充电机的输出功率：$P_1=U_{c1}\cdot I_{c1}=25.66$ kW。

2. 中型车

① 充电机的输出电压：$U_{c2}=312/3.6\times4.2\times1.05=393$ V；

② 充电机的输出电流：$I_{c2}=270\times0.3=81$ A；

③ 充电机的输出功率：$P_2=U_{c2}\cdot I_{c3}=31.85$ kW。

3. 小型车

① 充电机的输出电压：$U_{c3}=288/3.6\times4.2\times1.05=353$ V；

② 充电机的输出电流：$I_{c3}=90\times0.3=27$ A；

③ 充电机的输出功率：$P_3=U_{c3}\cdot I_{c3}=9.53$ kW。

考虑到充电机的成本因素，充电站选择配置 15 kW 的充电机，则每辆大型车需要 2 台充电机并联充电，共需 16 台；每辆中型车需要 2 台充电机并联充电，共需 48 台；每辆小型车需要 1 台充电机充电，共需 15 台。如果供电所的 48 辆车都需要充电，并且要充分利用低谷电价时段，则充电站可采取中型车—小型车—大型车的充电顺序。如此，整个充电站只需配置 48 台 15 kW 的充电机即可。

8.3.5　配电系统的设计

充电站的负荷级别为 2 级，采用双路供电但不配置后备电源，配电室的设计应符合常规配电系统的设置要求，输出为 0.4 kV/50 Hz。配电容量应包括动力用电及监控和办公等设备的用电量。

1. 配电变压器的容量

整个充电站所需的配电容量即全部用电设备的用电量 S_C 为

$$S_C=S_1+S_2 \tag{8-41}$$

式中：S_1——动力用电总量；

S_2——照明及办公用电量。

动力用电总量 S_1 的估算方法为：

$$S_1=\frac{N\cdot P}{\eta\cdot\cos\varphi}\cdot K \tag{8-42}$$

式中：N——充电设备总数，在此取 $N=48$ 台；

P——充电设备的最大输出功率，在此取 $P=15$ kW；

η——充电设备的效率，在此取 $\eta=0.9$；

$\cos\varphi$——充电设备的功率因数，在此取 $\cos\varphi=0.85$；

K——充电设备的同时系数，在此取 $K=0.7$。

经过计算得到充电站所需的动力用电量为 658.8 kW。此外，设照明及办公设备的用电量为 100 kW，则整个充电站所需的用电量为 758.8 kW。由于在选取变压器的容量时还要考虑留有一定的裕量，因此单台变压器的容量可取 1 000 kW 的数值。

2. 配电室的主接线

配电室设有 2 路 10 kV 的电源进线，网侧电压通过配电变压器等设备转换成供给充电机所适宜的电压，并满足照明和控制设备的用电需求。高压侧装设有高压计量柜，低压侧采用中性点直接接地的三相四线制系统，还应提供独立的接地回路。10 kV 和 0.4 kV 母线均采用单母线分段的主接线形式，通过分段断路器实现互为备用。变压器的低压侧还应装设有谐波抑制与无功补偿装置。此外，配电室必须配备相关消防设施。

8.3.6 充电站的布局

充电站的布局应与充电方式相对应，因此需要根据该供电所拥有的两种电动车辆充电方式设计相应的充电站结构和布局。

1. 整车充电模式

在整车充电模式下，充电站由配电室、中央监控室、电池维护间、充电区、备用电池库和车辆检修车间等部分组成，其基本布局如图 8-37 所示。其中，充电区的布局如图 8-38 所示。

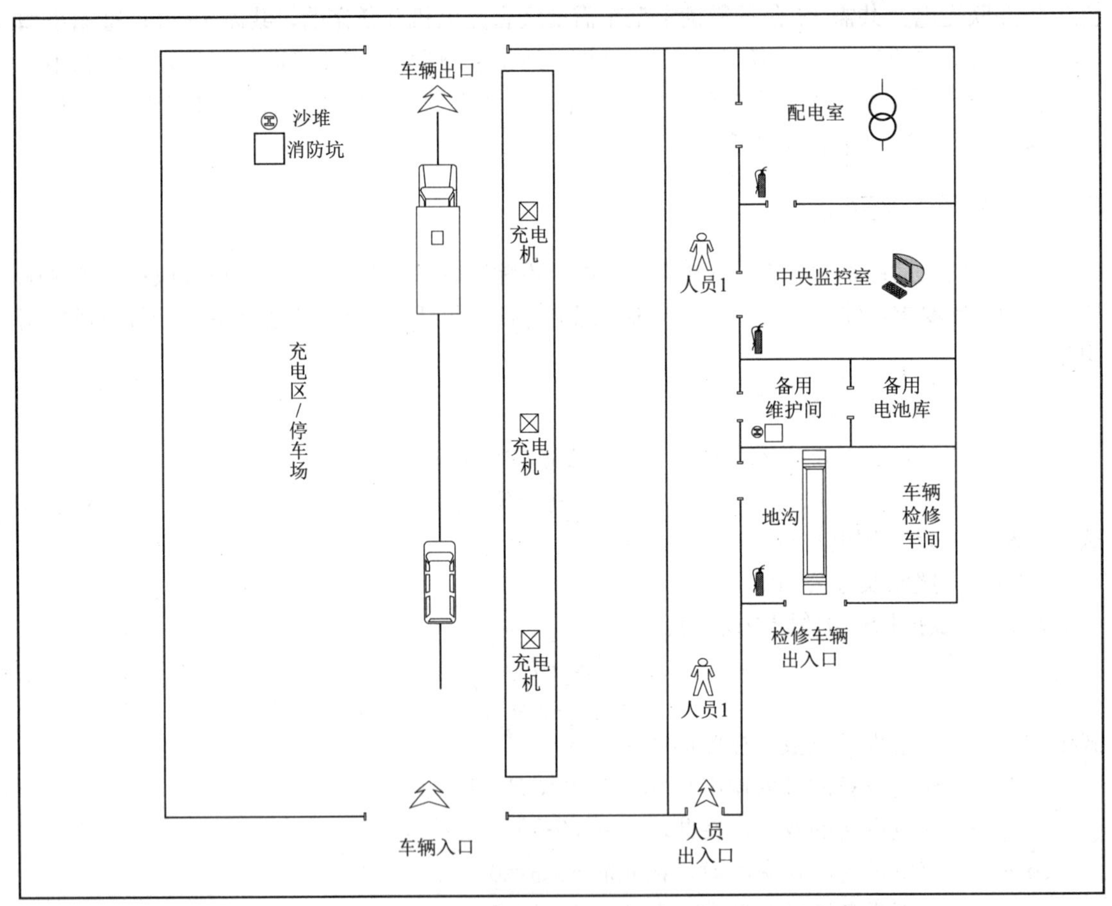

图 8-37 整车充电模式下充电站基本布局

2. 电池组更换模式

在电池组更换模式下，充电站由配电室、中央监控室、电池维护间、车辆检修车间、充电区和电池更换区等部分组成，其基本布局如图 8-39 所示。其中，充电区和电池更换区应紧密结合，这两个部分的布局如图 8-40 所示。

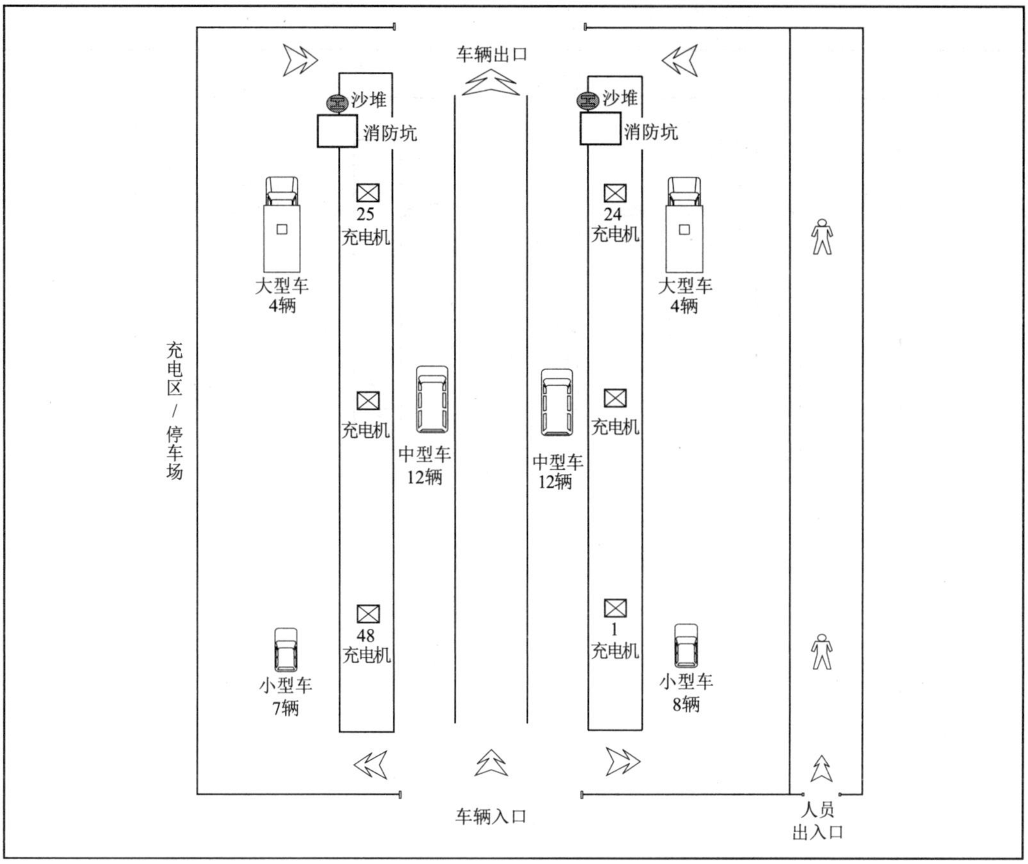

车辆出口
沙堆
消防坑
沙堆
消防坑
25
充电机
24
充电机
大型车
4辆
大型车
4辆
充电区/停车场
充电机
充电机
中型车
12辆
中型车
12辆
48
充电机
1
充电机
小型车
7辆
小型车
8辆
车辆入口
人员
出入口

图 8－38　整车充电模式下充电区布局

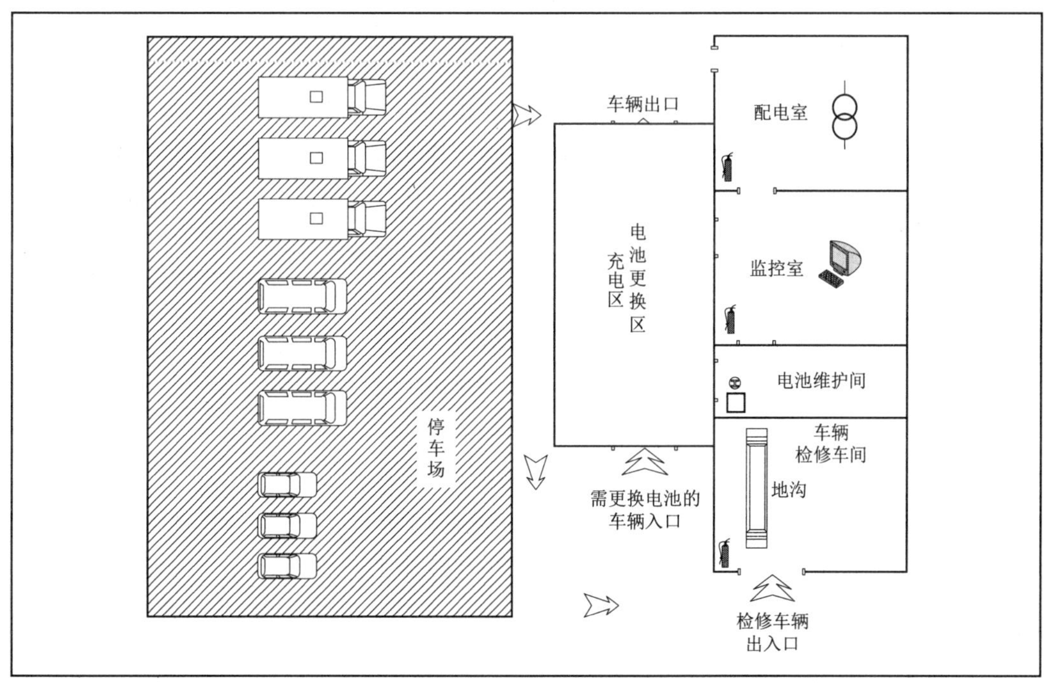

图 8－39　电池组更换模式下充电站基本布局

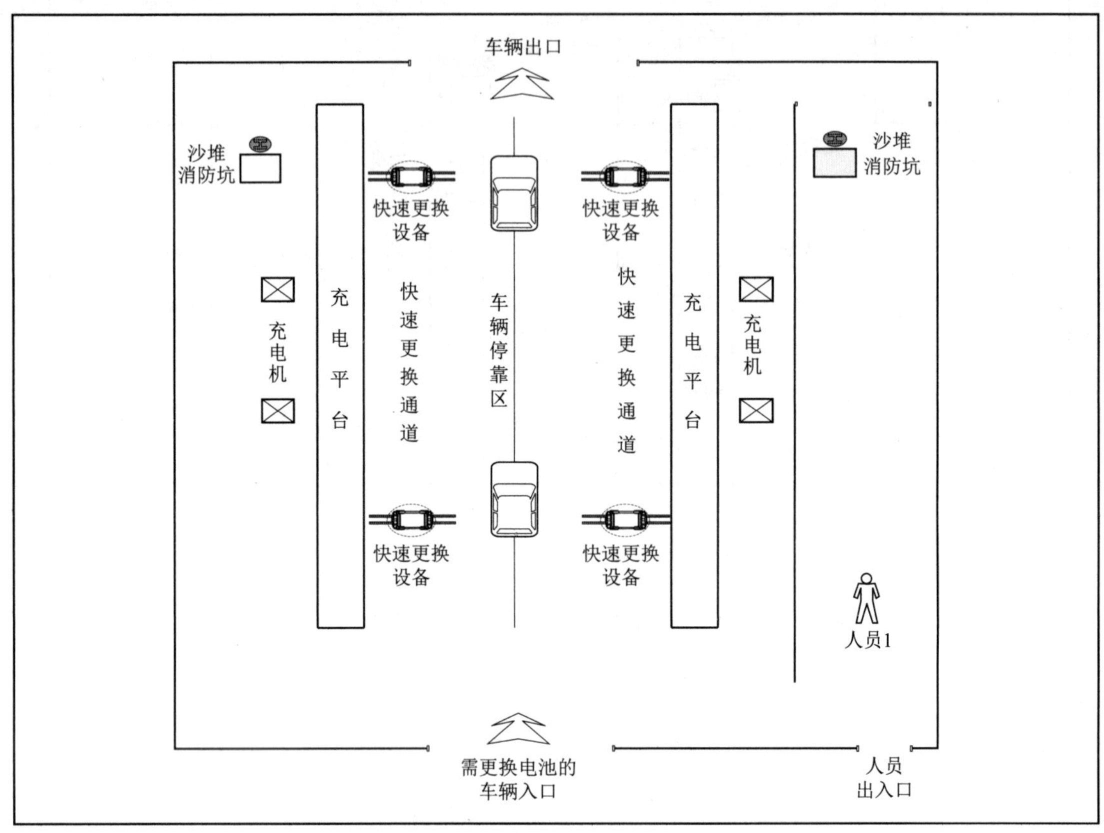

图 8-40　电池组更换模式下的充电区和电池更换区布局

8.3.7　充电站的规模

依据前文关于电动汽车充电站布局和充电方式设计原则的论述，可对充电站各组成部分的用地需求进行初步估算，整车充电模式下的充电站各功能区用地规模的估算结果如表 8-35 所示，电池更换模式下的充电站各功能区用地规模的估算结果如表 8-36 所示。

表 8-35　整车充电模式下的充电站用地规模估算

功能区	面积/m^2	建筑要求	备注
配电室	200	按设计部门要求	
中央监控室	200	按设计部门要求	
电池维护间	50	防风、防雨、防火	
车辆检修车间	100	按设计部门要求	
充电区	3 000	应设置遮雨棚	兼作停车场
备用电池库	50	按设计部门要求	
其他	100		其他辅助设施
合计	3 700		

表 8-36　电池更换模式下的充电站用地规模估算

功能区	面积/m^2	建筑要求	备注
配电室	200	按设计部门要求	
中央监控室	200	按设计部门要求	
电池维护间	50	防风、防雨、防火	
车辆检修车间	100	按设计部门要求	
充电区及电池更换区	300	按设计部门要求	充电平台上设有多层电池存储架
其他	2 500		停车场及辅助设施
合计	3 350		

8.3.8　充电站的谐波计算

根据前文所述，已知该充电站的设计服务能力为大型车辆 8 台、中型车辆 24 台及小型车辆 15 台。经过对充电机设计容量及充电站中车辆的充电需求分析，并考虑到成本的因素，充电站选择配置 48 台 15 kW 的充电机。又根据前文对充电站容量的分析，选取单台变压器的容量为 1 000 kVA。根据以上数据可以得到充电站的仿真参数为：

1. 充电站和充电机的参数

① 变压器：10 kV/0.4 kV 或 35 kV/0.4 kV，1 000 kVA；

② 充电机：最大输出电压为 393 V，最大输出电流为 40.5 A，功率为 15 kW，总计 48 台；

③ 变压器高压侧的短路容量：127.4 MVA（10 kV/0.4 kV），250 MVA（35 kV/0.4 kV）。

2. 仿真计算结果

将仿真计算得到的各次谐波电流含有率（%）乘以相应的基波有效值（rms）可以求出各次谐波电流的大小。取整个充电过程中的各次谐波电流的最大值与按国标规定换算后的各次谐波电流的允许值进行比较，以判断是否满足国标规定。二者比较的数据仿真结果如表 8-37 和表 8-38 所示。

1）充电站采用 10 kV/0.4 kV 的变压器

表 8-37　采用 10 kV/0.4 kV 变压器时各次谐波电流的仿真结果　　单位：A

充电机数量	1台			31台			48台		
谐波次数	最大值	允许值	是否满足国标的规定	最大值	允许值	是否满足国标的规定	最大值	允许值	是否满足国标的规定
2	0.264 613 5	33.124	Y	1.293 84	33.124	Y	1.024 251	33.124	Y
3	0.291 363 1	25.48	Y	0.399 420 6	25.48	Y	0.520 086	25.48	Y
4	0.060 857 6	16.562	Y	0.382 32	16.562	Y	0.201 666	16.562	Y
5	0.384 640 8	25.48	Y	7.431 006	25.48	Y	8.662 369	25.48	Y
6	0.634 15	10.829	Y	0.281 313	10.829	Y	0.249 429	10.829	Y
7	0.226 103 3	19.11	Y	3.014 31	19.11	Y	4.047 508	19.11	Y
8	0.027 824	8.153 6	Y	0.332 64	8.153 6	Y	4.606 94	8.153 6	Y

续表

充电机数量	1台			31台			48台		
谐波次数	最大值	允许值	是否满足国标的规定	最大值	允许值	是否满足国标的规定	最大值	允许值	是否满足国标的规定
9	0.068 718 8	8.663 2	Y	0.177 21	8.663 2	Y	0.106 14	8.663 2	Y
10	0.040 256	6.497 4	Y	0.074 48	6.497 4	Y	0.121 064	6.497 4	Y
11	0.136 515 2	11.848 2	Y	1.074 64	11.848 2	Y	1.205 303	11.848 2	Y
12	0.037 651 2	5.478 2	Y	0.175 122	5.478 2	Y	0.083 398	5.478 5	Y
13	0.109 189 1	10.064 6	Y	0.843 918	10.064 6	Y	0.889 048	10.064 6	Y
14	0.033 388 8	4.713 8	Y	0.155 52	4.713 8	Y	0.078 528	4.713 8	Y
15	0.044 505 8	5.223 4	Y	0.103 74	5.223 4	Y	0.076 037	5.223 4	Y
16	0.033 270 4	4.076 8	Y	0.120 96	4.076 8	Y	0.058 896	4.076 8	Y
17	0.083 246 6	7.644	Y	0.484 374	7.644	Y	0.567 324	7.644	Y
18	0.033 980 8	3.567 2	Y	0.104 328	3.567 2	Y	0.063 684	3.567 2	Y
19	0.072 639	6.879 6	Y	0.374 11	6.879 6	Y	0.472 323	6.879 6	Y

表 8－37 中的计算结果表明，充电站在采用 10 kV/0.4 kV 的变压器时，在实际运行中产生的各次谐波电流的数值均在国标规定的允许范围之内，因此无须装设谐波抑制装置。

2）充电站采用 35 kV/0.4 kV 的变压器

表 8－38　采用 35 kV/0.4 kV 变压器时各次谐波电流的仿真结果　　单位：A

充电机数量	1台			31台			48台		
谐波次数	最大值	允许值	是否满足国标的规定	最大值	允许值	是否满足国标的规定	最大值	允许值	是否满足国标的规定
2	0.071 375	15	Y	1.033 562	15	Y	0.425 087	15	Y
3	0.047 954	12	Y	0.645 538	12	Y	0.141 122	12	Y
4	0.013 865	7.7	Y	0.304 813	7.7	Y	0.15	7.7	Y
5	0.115 057	12	Y	2.419 56	12	Y	2.970 446	12	Y
6	0.020 935	5.1	Y	0.120 874	5.1	Y	0.103 5	5.1	Y
7	0.070 754	8.8	Y	0.931 216	8.8	Y	1.295 913	8.8	Y
8	0.010 103	3.8	Y	0.192 698	3.8	Y	0.086 05	3.8	Y
9	0.012 789	4.1	Y	0.123 502	4.1	Y	0.060 235	4.1	Y
10	0.010 892	3.1	Y	0.050 625	3.1	Y	0.056 793	3.1	Y
11	0.036 438	5.6	Y	0.409 638	5.6	Y	0.415 5	5.6	Y
12	0.008 435	2.6	Y	0.063 941	2.6	Y	0.055 5	2.6	Y
13	0.030 63	4.7	Y	0.306 772	4.7	Y	0.313 222	4.7	Y
14	0.008 526	2.2	Y	0.076 203	2.2	Y	0.023 034	2.2	Y
15	0.008 79	2.5	Y	0.053 43	2.5	Y	0.036 801	2.5	Y
16	0.010 376	1.9	Y	0.045	1.9	Y	0.029 257	1.9	Y
17	0.022 589	3.6	Y	0.141 896	3.6	Y	0.208 5	3.6	Y

续表

充电机数量	1台			31台			48台		
谐波次数	最大值	允许值	是否满足国标的规定	最大值	允许值	是否满足国标的规定	最大值	允许值	是否满足国标的规定
18	0.005 674	1.7	Y	0.051 48	1.7	Y	0.021 042	1.7	Y
19	0.019 392	3.2	Y	0.130 268	3.2	Y	0.163 465	3.2	Y

表 8－38 中的计算结果表明，充电站在采用 35 kV/0.4 kV 的变压器时，在实际运行中产生的各次谐波电流的数值均在国标规定的允许范围之内，因此无须装设谐波抑制装置。

8.4　北京奥运会纯电动公交车充电站的谐波治理实例

8.4.1　供电系统及充电站规模

2008 年北京奥运会期间主办方投入了 50 辆纯电动客车分别在奥运村内部环线、北部赛区内部环线及媒体村内部环线三条线路上运行，提供 24 h 的不间断服务，最短发车间隔为 5 min。在北土城新建奥运会电动汽车充电站，充电站的总体布局如图 8－41 所示。根据高压供电方案，充电站新装电力设备（充电机、电梯、水泵等）容量为 2 903 kW，电光设备容量（空调、照明等）为 100 kW，总用电容量为 30 003 kV・A，最大负荷预计约为 2 402 kW。充电站的配电系统采用两台容量为 1 600 kV・A 的变压器和一台容量为 315 kV・A 的变压器，共计 3 515 kV・A。充电站采用两路电缆进线，由黄寺变电站通过双路电缆供电。充电站总共配置 210 台 9 kW 的充电机，采用两路进线平均分配的方式，每路进线接 105 台充电机。充电站的主接线如图 8－42 所示。

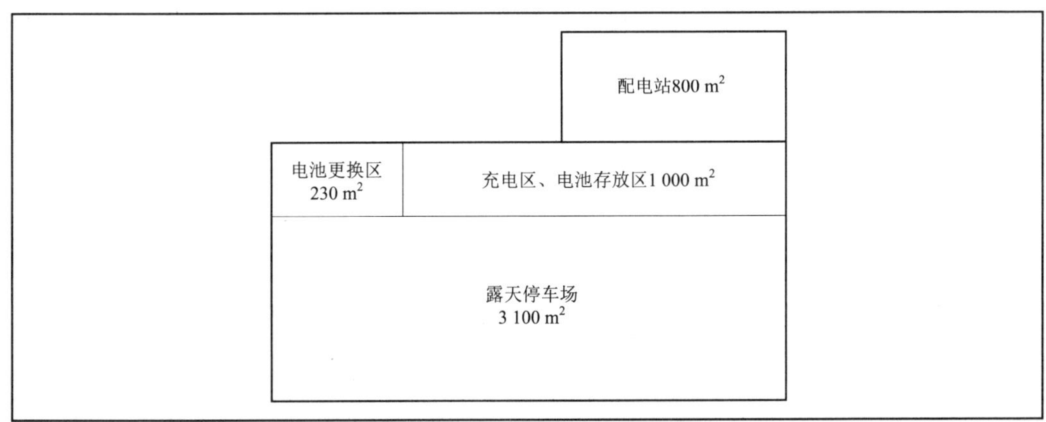

图 8－41　北京奥运会充电站的总体布局

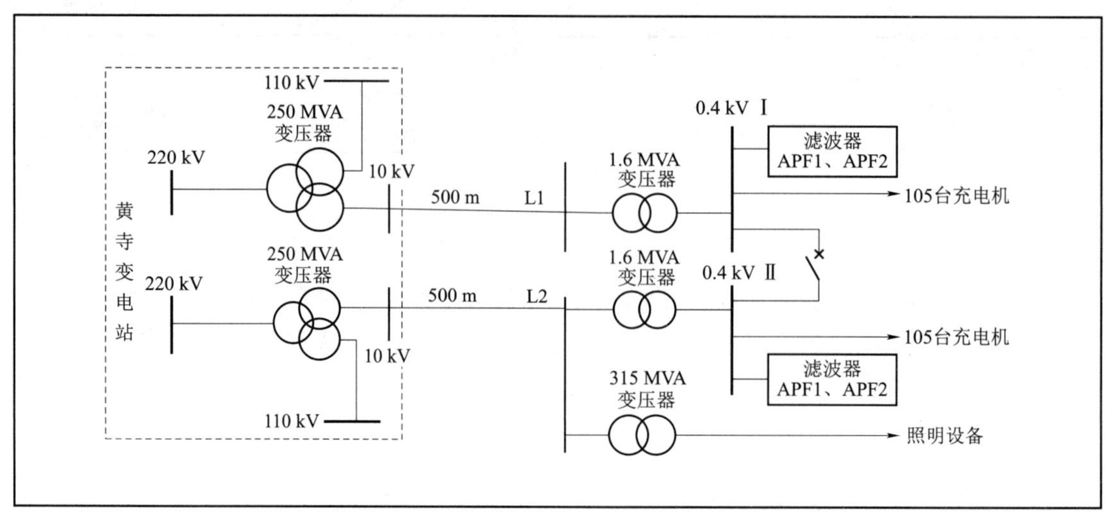

图 8-42 北京奥运会充电站的主接线示意图

8.4.2 谐波的测量和计算

1. 谐波电流的计算

表 8-39 为对单台充电机 0.4 kV 侧谐波电流的实测数据，根据表 8-39 中的数据分别计算充电站在以 70%和 50%的负荷率运行时折算到 10 kV 侧的谐波电流，结果如表 8-40 所示。在计算时需要注意，图 8-42 中的两条 0.4 kV 母线均接有 105 台充电机，因此对于多谐波源在同一线路上产生的同次谐波电流需进行叠加计算。其中两个谐波源产生的谐波电流叠加的计算公式为

$$I_h=\sqrt{I_{h1}^2+I_{h2}^2+K_h \cdot I_{h1} \cdot I_{h2}} \tag{8-43}$$

式中：I_h——叠加电流，A；

I_{h1}——谐波源 1 产生的第 h 次谐波电流，A；

I_{h2}——谐波源 2 产生的第 h 次谐波电流，A；

K_h——系数，$h=5$ 时，$K_h=1.28$；$h=7$ 时，$K_h=0.72$。

两个谐波源产生的谐波电流叠加后，再与第三个谐波源产生的谐波电流叠加，以此类推，得出充电站的谐波电流的相关数据。

表 8-39 单台充电机的谐波电流实测数据（0.4 kV 侧）

谐波次数	5	7	总电流
谐波电流/A	6.58	3.84	14.30

表 8-40 多台充电机同时工作时的谐波电流（10 kV 侧）

进线	充电站的负荷率	70%		50%	
	谐波次数	5	7	5	7
L1	谐波电流/A	12.74	4.49	9.1	3.2
	谐波电流允许值/A	0.82	1.12	0.82	1.12

续表

进线	充电站的负荷率	70%		50%	
	谐波次数	5	7	5	7
L2	谐波电流/A	12.74	4.49	9.1	3.2
	谐波电流允许值/A	0.95	1.28	0.95	1.28

2. 谐波电流允许值的计算

国家标准给出了各电压等级线路在基准容量下的谐波电流允许值。如果在实际应用中电网公共连接点的最小短路容量与标准中规定的基准短路容量不同，则需要按式（8-44）修正谐波电流的允许值。

$$I_h=\frac{S_{\mathrm{K1}}}{S_{\mathrm{K2}}}\cdot I_{h\mathrm{p}} \tag{8-44}$$

式中：I_h——修正后的第 h 次谐波电流的允许值，A；

S_{K1}——公共连接点的最小短路容量，MVA；

S_{K2}——标准规定的基准短路容量，MVA；

$I_{h\mathrm{p}}$——标准中规定的第 h 次谐波电流的允许值，A。

图 8-42 中仅标出了电动汽车充电站的供电回路，而在实际情况中变电站的 10 kV 侧还接有其他负荷。由于国家标准给出的谐波电流允许值是针对某一电压等级下的总体负荷的，因此，如果充电站在公共连接点（即变电站的 10 kV 侧）处为第 i 个负荷，则充电站的谐波电流允许值还应按式（8-45）进行修正。

$$I_{hi}=I_h\cdot(S_i/S_{\mathrm{t}})^{1/\alpha} \tag{8-45}$$

式中：I_{hi}——第 i 个负荷的谐波电流允许值，A；

I_h——修正后的谐波电流允许值，A；

S_i——第 i 个负荷的协议供电容量，MVA；

S_{t}——公共连接点处供电设备的容量，MVA；

α——相位叠加系数，$h=5$ 时，$\alpha=1.2$；$h=7$ 时，$\alpha=1.4$。

将相关数据代入式（8-45）中进行测算，可得在图 8-42 所示的线路 L1 中，$S_i=1.6$ MVA，$S_{\mathrm{t}}=250$ MVA；在图 8-42 所示的线路 L2 中，$S_i=1.915$ MVA，$S_{\mathrm{t}}=250$ MVA。具体的计算结果如表 8-40 所示。

表 8-40 所示的结果表明，充电站产生的主要谐波（即 5 次谐波和 7 次谐波）的含量明显超出了国家标准规定的允许值，需要加装滤波装置进行谐波治理。

8.4.3　谐波治理

根据对充电站谐波的分析计算和实测数据，设计在充电站的 0.4 kVⅠ段和 0.4 kVⅡ段母线均装设有源滤波器 APF1 和 APF2，如图 8-42 所示。在充电站投入运行前，通过实际测量考核谐波的治理效果。

充电站的设计工作能力为满足 30 组电池同时充电的需求，考虑到各台充电机的实际运行情况，同时系数取 0.7，充电站正常运行时的最大负荷相当于为 21 组电池同时充电。试验时，同时投入 22 组电池充电，负荷非平均分布在两段母线上，试验中谐波治理设备的工作负荷情况如表 8-41 所示。其中Ⅰ段母线的滤波装置在测量期间有过一段时间的暂停，以比较和验证谐波治理的有效性。

表 8-41　谐波治理设备的工作负荷情况

记录时间	各项电流数据/A	0.4 kV Ⅰ段母线			0.4 kV Ⅱ段母线		
		A相	B相	C相	A相	B相	C相
00:13	总负荷电流	1 045	1 067	1 068	698	706	698
	APF1 电流	192.4	197.0	196.4	136.8	130.2	136.0
	APF2 电流	178.2	180.0	179.0	155.0	156.2	162.3
00:20	总负荷电流	1 105	1 126	1 119	703	711	704
	APF1 电流	192.3	197.0	196.5	160.0	151.2	159.4
	APF2 电流	178.0	179.0	180.0	156.0	156.6	162.6
00:35	总负荷电流	1 098	1 117	1 115	707	718	709
	APF1 电流	193.0	196.0	196.0	160.0	152.0	159.0
	APF2 电流	178.0	180.0	180.0	156.0	156.0	164.0
01:24	总负荷电流	1 216	1 234	1 220			
	APF1 电流	停					
	APF2 电流	停					
01:50	总负荷电流				514	512	515
	APF1 电流	停			136.8	129.0	134.8
	APF2 电流	停			130.4	129.6	135.4
02:20	总负荷电流	789	799	802	490	493	490
	APF1 电流	停			116.0		
	APF2 电流	停			110.0	110.3	114.0
02:30	总负荷电流	386	391	402	250	243	249
	APF1 电流	停			86.0	80.0	84.0
	APF2 电流	停			79.0	79.0	82.0
02:40	总负荷电流	74	70	99	65	56	73
	APF1 电流	停			11.0	10.0	10.5
	APF2 电流	停			9.6	9.6	9.6
03:00	总负荷电流	63	60	87	61	53	68
	APF1 电流	停			7.0	7.0	7.0
	APF2 电流	停			6.0	6.4	7.0
03:40	总负荷电流	30	28	29	25	21	18
	APF1 电流	7.0	5.0	5.0	7.0	6.0	5.0
	APF2 电流	9.0	5.0	5.0	6.0	6.0	4.5

表 8-41 中的试验结果表明，当投入谐波治理设备时，电流总谐波畸变率仅为 8%；而在不使用谐波治理设备时，电流总谐波畸变率则高达 30%。

随后由专业部门对充电站进行谐波测试，得到的测试结果为：Ⅰ段母线中 5 次谐波和 7

次谐波的含量分别为 0.17 A 和 0.4 A，小于谐波评估报告的 0.95 A 和 1.28 A；Ⅱ段母线中 5 次谐波和 7 次谐波的含量分别为 0.11 A 和 0.28 A，也小于谐波评估报告中的 0.82 A 和 1.12 A。

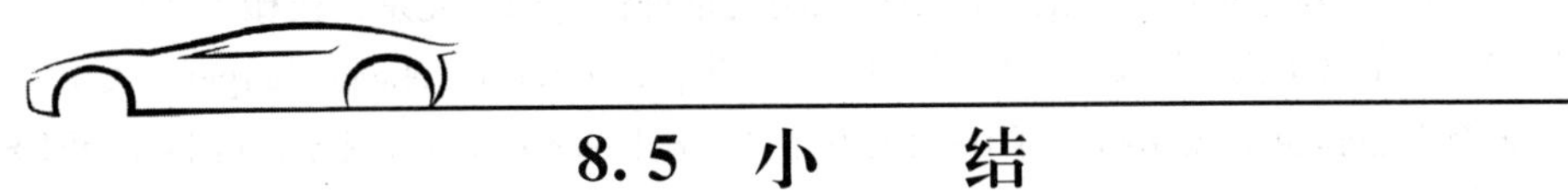

8.5 小　结

本章给出了纯电动公交车换电站核心参数的优化设计方法及考虑锂离子动力电池充电时间改变后的换电站冗余设计方法。此外，本章还分析了一个电动工程车充电站的典型设计方案。最后，针对充换电站中存在的谐波问题，给出了谐波计算、测量和治理的实例，可供相关人员在充换电站的设计和运行过程中参考。

参考文献

[1] 王兆安，杨君，刘进军，等．谐波抑制和无功功率补偿 [M]. 北京：机械工业出版社，1998.

[2] CHAN M S W，CHAU K T，CHAN C C. Modeling of electric vehicle chargers [C] //Proceedings of 24th annual conference of the IEEE Industrial electronics society. Aachen：IEEE，1998 (1)：433-498.

[3] BASU M，GAUGHAN K，COYLE E. Harmonic distortion caused by EV battery chargers in the distribution systems network and its remedy [C] //39th International diversities power engineering conference 2004. Bristol：IEEE，2004 (2)：869-873.

[4] LEWIS L R，CHO B H，LEE F C，et al. Modeling，analysis and design of distributed power systems. [C] //PESC′89-aunual IEEE power electronics specialists conference. Milwaukee，WI：IEEE，1989 (1)：152-159.

[5] 牛利勇．纯电动公交车充电系统关键技术研究 [D]. 北京：北京交通大学，2008.

[6] 张占松，蔡宣三．开关电源的原理与设计 [M]. 北京：电子工业出版社，1998.

[7] 白同云，吕晓德．电磁兼容设计 [M]. 北京：北京邮电大学出版社，2001.

[8] 黄李，张维戈，姜久春．2008 年奥运会电动汽车充电站电气设计方案 [J]. 建筑电气，2007，26 (8)：18-21.

[9] 王云艳，姜久春，牛利勇．电动汽车充电站管理系统 [J]. 微机发展，2005，15 (11)：57-59.

[10] 卢艳霞，张秀敏，蒲孝文．电动汽车充电站谐波分析 [J]. 电力系统及其自动化学报，2006，18 (3)：51-54.

[11] 黄梅，黄少芳．电动汽车充电站谐波的工程计算方法 [J]. 电网技术，2008，32 (20)：20-23.

[12] 王震坡，孙逢春，林程．电动公交车客车充电站容量需求预测与仿真 [J]. 北京理工大学学报，2006，26 (12)：1061-1064.

[13] 王春光．电动汽车发展的根本出路：标准化、快换电池与统筹管理 [J]. 世界汽车，1999 (1)：20-21.

[14] 中国机械工业联合会．供配电系统设计规范：GB 50052—2009 [S]. 北京：中国计划出版社，2009.

[15] 中国机械工业联合会．低压配电设计规范：GB 50054—2011 [S]. 北京：中国计划出版社，2011.

[16] 中华人民共和国住房和城乡建设部．20 kV 及以下变电所设计规范：GB 50053—2013 [S]. 北京：中国计划出版社，2014.

[17] 中华人民共和国建设部．民用建筑电气设计规范：JGJ 16—2008 [S]. 北京：中国建筑工业出版社，2008.

[18] 中华人民共和国建设部．民用建筑设计通则：GB 50352—2005 [S]. 北京：中国建筑工

业出版社，2005.

[19] 全国电压电流等级和频率标准化技术委员会．电能质量公用电网谐波：GB/T 14549—1993 [S]. 北京：中国标准出版社，1994.

[20] 中国电力企业联合会．电力装置的电测量仪表装置设计规范：GB/T 50063—2008 [S]. 北京：中国计划出版社，2008.

[21] 全国电磁兼容标准化技术委员会．电磁兼容 试验和测量技术 供电系统及所连设备谐波、谐间波的测量和测量仪器导则：GBT 17626.7—2008 [S]. 北京：中国标准出版社，2008.

[22] 中国电力工业部．低压电气及电子设备发出的谐波电流限值（设备每相输入电流≤16A)：GB 17625.1—1998 [S]. 北京：中国标准出版社，1998.

[23] 全国电气安全标准化技术委员会．电气安全名词术语：GB 4776—2008 [S]. 北京：中国标准出版社，2008.

[24] 中国电力企业联合会．电动车辆传导充电系统　第一部分：一般要求：GB/T 18487.1—2015 [S]. 北京：中国标准出版社，2015.

[25] 国家机械工业局．电动车辆传导充电系统 电动车辆与交流/直流电源的连接要求：GB/T 18487.2—2001 [S]. 北京：中国标准出版社，2001.

[26] 国家机械工业局．电动车辆传导充电系统电动车辆交流/直流充电机（站)：GB/T 18487.3—2001 [S]. 北京：中国标准出版社，2001.

[27] 国家机械工业局．电动汽车安全要求 第一部分：车载储能装置：GB/T 18384.1—2001 [S]. 北京：中国标准出版社，2005.

[28] 中国国家质量监督检验检疫总局．电击防护 装置和设备的通用部分：GB/T 17045—2008 [S]. 北京：中国标准出版社，2008.

[29] 中国国家质量监督检验检疫总局．建筑物电气装置 第 4－41 部分：安全防护 电击防护：GB 16895.21—2011 [S]. 北京：中国标准出版社，2011.

[30] 中国国家质量监督检验检疫总局．外壳防护等级（IP 代码)：GB 4208—2008 [S]. 北京：中国标准出版社，2008.

[31] 中国电器工业协会．工业用插头插座和耦合器　第 1 部分：通用要求：GB/T 11918—2001 [S]. 北京：中国标准出版社，2001.

[32] 国家机械工业局．电动道路车辆用锂离子蓄电池：GB/Z 18333.1—2001 [S]. 北京：中国标准出版社，2001.

[33] 美国汽车工程师协会．商用车控制系统局域网络（CAN 总线）通信协议（物理层一屏蔽双绞线)：SAE 1939－11 [S]. 美国纽约：SAE International，2015.

[34] 美国汽车工程师协会．商用车控制系统局域网络（CAN 总线）通信协议（数据链路层)：SAE 1939－21 [S]. 美国纽约：SAE International，2016.

[35] 孙逢春．电动汽车发展现状及趋势 [J]. 科学中国人，2006（8)：44-47.

[36] 张翔．电动汽车建模与仿真的研究 [D]. 合肥：合肥工业大学，2004.

[37] 张翔．论中国电动汽车产业的发展 [J]. 汽车工业研究，2006（2)：2-12.

[38] 丁成斌，苏彦宏．电动汽车的研究现状及发展前景 [J]. 甘肃科技，2004，20（4)：83-85.

[39] 万钢．中国“十五”电动汽车重大科技专项进展综述 [J]. 中国科技产业，2006（2)：110-117.

[40] GOMEZ J C，MORCOS M M. Impact of EV battery chargers on the power quality of distribution system [J]. IEEE transactions on power delivery. 2003 (3)：975-981.
[41] BERISHA S H，KARADY G G，AHMAD R，et al. Current harmonics generated by electric vehicle battery chargers [C] //Proceedings of the 1996 international conference on power electronics，drives and energy systems for industrial growth. New Dethi：IEEE，1996 (1)：584-589.
[42] STAATS P T，GRADY W M，ARAPOSTATHIS A，et al. A statistical method for predicting the net harmonic currents generated by a concentration of electric vehicle battery chargers [J]. IEEE transactions on power delivery. 1997，12 (3)：1258-1266.
[43] 吴天明，赵新力，刘建存 . MATLAB电力系统设计与分析 [M]. 北京：国防工业出版社，2007.
[44] 中华人民共和国国家技术监督局 . 电能质量　公用电网谐波：GB/T 14549—1993 [S]. 北京：中华人民共和国国家技术监督局，1994.
[45] 黄少芳 . 电动汽车充电机（站）谐波问题的研究 [D]. 北京：北京交通大学，2008.
[46] 崔玉峰，杨晴，张林山，等 . 国内外电动汽车发展现状及充电技术研究 [J]. 云南电力技术. 2010，38 (2)：9-12.
[47] 薛继超，张伯俊，刘金翠 . 电动汽车现状及未来 [J]. 天津工程师范学院学报，2007，17 (4)：45-49.
[48] 陈玉进 . 电动汽车充电设备特点及对电网影响探讨 [J]. 湖北电力，2009，33 (6)：48-50.
[49] 陈新琪，李鹏，胡文堂，等 . 电动汽车充电站对电网谐波的影响分析 [J]. 中国电力，2008，41 (9)：31-36.
[50] 周泉 . 电动汽车充电站规划与设计 [D]. 镇江：江苏大学，2013.
[52] NASTRAN J，CAJHEN R，SELIGER M，et al. Active power filter for nonliner AC load [J]. IEEE transactions on power electron，1994，9 (1)：92-96.
[51] EMANUEL A E，YANG M. On the harmonic compensation in nonsinusoidal systems [J]. IEEE transactions on power delivery，1993，8 (1)：393-399.
[52] BHAVARAJU V B，ENJETI P. A novel active line conditioner for a three-phase system [C] //Proceedings of IEEE industry application society annual meeting in 1993 Toronto：IEEE，1993 (2)：979-985.
[53] COMPOS A，JOBS Q，ZIOG P D，et al. Analysis and design of a series voltage unbalance compensator based on a threc-piase VSI operating with unbalanced switching functions [C] //Proceedings of PESC′95-Power elec horucs specialist conference. Taipei：IEEE，1994，9 (5)：269-274.
[54] DIXON J W，AVENGES，MORAN L. A series active power filter based on a sinusoidal current controlled voltage source invert [J]. IEEE transactions on indusial electronics，1995，44 (5)：639-644.
[55] RISSIK H. The mercury arc current converter [M]. London：Pitman，1935.
[56] 吴竟昌，孙树勤，宋文男，等 . 电力系统谐波 [M]. 北京：水利电力出版社，1988.

[57] 阿里拉加，布莱德勒，伯德格尔．电力系统谐波 [M]. 唐统一，吴震春，孙树勤，译．徐州：中国矿业大学出版社，1991.
[58] 陆廷信．供电系统中的谐波分析测量与抑制 [M]. 北京：机械工业出版社，1990.
[59] 许克明，徐云，刘付平．电力系统高次谐波 [M]. 重庆：重庆大学出版社，1991.
[60] 韦佳贝．电动汽车充电站配电系统设计 [M]. 北京：北京交通大学出版社，2015.